Le Plan
COMMISSARIAT GÉNÉRAL DU PLAN

Rapport de l'instance d'évaluation de la politique de l'emploi et recours à des opérateurs externes

Président
Dominique Balmary

Rapporteurs
Carine Chevrier-Fatôme
Bernard Simonin

Secrétariat et administration
Jacqueline Pierre-Léandre

Février 2004

ISBN : 2-11-005689-4

AVANT-PROPOS

Par Alain Etchegoyen
Commissaire au Plan

À l'heure où le chômage apparaît comme le souci majeur des Français, la politique de l'emploi est au cœur de toute politique. L'État intervient massivement dans ce domaine et, quelque libérales que puissent être les orientations de tel ou tel gouvernement, les sommes consacrées à cette politique de l'emploi tournent autour de 2 % du PIB. L'État gère directement la plus grande partie de ces crédits, mais la nature même du problème de l'emploi dans ses évolutions les plus récentes, la complexité des suivis individuels et la territorialisation des opérations efficaces ont conduit à le convaincre d'externaliser un certain nombre d'opérations. Pour intervenir dans l'entreprise, sur le marché, dans le développement local ou sur la formation professionnelle, l'État a eu de plus en plus recours à des opérateurs externes. Ces opérations de sous-traitance peuvent être évaluées à environ 700 millions d'euros pour l'année 2002. L'élaboration de ces chiffres a été l'un des premiers travaux de l'instance d'évaluation présidée par Dominique Balmary.

Ce rapport d'évaluation consiste, de manière générale, à désenchevêtrer des données difficiles à interpréter et à essayer de constituer une typologie des opérations externalisées. C'est un travail ingrat mais nécessaire quand on se situe dans la perspective d'une évaluation des politiques publiques. Il est d'ailleurs probable que l'usager de ces crédits se perd totalement dans le maquis des sigles multiples qui peuplent les politiques de l'emploi : CNASEA, EDEN, PLIE, EUROPLIE, ARACT, CRAE, PADE, BCA, OPG, AGEFIPH, ETTI, GPEC, LIGE, CIE, SAE, SIFE, ACOSS... Quand s'agit-il de programmes ? Quand s'agit-il d'organismes ? Quand s'agit-il de l'État ? Une mission locale pour l'emploi, est-ce le recours à un opérateur externe ou l'intervention directe de l'État ? Ces sigles, ces questions, ces interrogations mêmes peuvent sembler rébartatives, bureaucratiques ou technico-administratives.

Pourtant l'évaluation des politiques passe par ces voies escarpées et tortueuses. Il est nécessaire de savoir si les sommes importantes qui sont investies dans les politiques de l'emploi le sont avec pertinence et efficacité. L'externalisation pourrait être une mode importée des entreprises marchandes ou une facilité pour éviter les terrains les plus ardus. Le contexte européen et les exemples de pays voisins (Pays-Bas, Allemagne, Royaume-Uni) ou lointains (Australie) sont sollicités pour nuancer les jugements ou constater similitudes et différences.

Globalement, le recours aux opérateurs externes va s'intensifier mais il faudra en améliorer les modalités car deux carences majeures de l'État apparaissent qui parasitent son souci d'efficacité et de proximité : d'une part, ses lenteurs et lourdeurs dans la gestion des rapports avec ses sous-traitants ; d'autre part, sa préoccupation trop minime d'évaluer les performances de ces derniers. Sans doute ces carences ne sont-elles pas sans liens entre elles : il est difficile d'évaluer ses opérateurs externes qu'on a soi-même mis dans des conditions de travail périlleuses.

Pour ce rapport dense et difficile, je tiens à remercier Dominique Balmary, le président de l'instance d'évaluation, et ses deux rapporteurs, Carine Chevrier-Fatôme, de l'IGAS, et Bernard Simonin, du Commissariat général du Plan. Tous se sont obstinés avec beaucoup de mérite à recueillir et structurer des données essentielles. Je suis certain qu'ils contribueront à une amélioration de la politique de l'emploi qui reste, encore pour longtemps, une priorité nationale. Le Plan en est d'autant plus conscient que le Premier ministre, par sa lettre du 21 novembre 2003, a indiqué ce qu'il attend désormais de nos travaux de prospective en la matière.

SOMMAIRE

Synthese

Le recours à des opérateurs externes pour la mise en œuvre de la politique de l'emploi par la puissance publique n'a donné lieu jusqu'à présent à aucune étude transversale. Et pourtant, l'observation conduite sur une période d'une vingtaine d'années fait apparaître que l'appel de l'État à des tiers est fréquent, de plus en plus même, et qu'il est implicitement admis comme allant de soi.

La singularité de l'évaluation proposée dans ce rapport tient à ce que ces pratiques ne peuvent être véritablement assimilées à une politique publique. Il s'agit d'une « technique managériale », dont l'analyse montre qu'elle s'est développée au coup par coup, sans stratégie organisée ni doctrine de gestion prédéterminée.

Il est pourtant possible de mettre en évidence une corrélation, implicite certes, mais tangible, entre les principes d'action de la politique de l'emploi et le recours à des tiers, au long d'une période marquée par l'alourdissement de la situation de l'emploi et par un souci permanent de l'État de maîtriser les effectifs de la fonction publique.

Un développement du recours aux opérateurs externes lié aux transformations de l'action publique pour l'emploi

Les transformations objectives du marché du travail – développement des formes précaires d'emploi et du chômage de longue durée notamment – ont amené les pouvoirs publics à faire moins confiance aux seules vertus de la réglementation, mais à intervenir directement sur le marché, voire dans les entreprises, de façon très opérationnelle. Aussi, ont-ils développé des mesures et des prestations toujours plus diversifiées, plus volumineuses et de plus en plus individualisées.

Le recours à des opérateurs externes peut alors s'interpréter, pour une bonne part, comme la reconnaissance de la nécessité de faire intervenir d'autres acteurs sur le marché du travail que les seuls agents du Service public de l'emploi pour mettre en œuvre ces actions et favoriser ainsi la poursuite d'objectifs, certes quantitatifs mais aussi davantage qualitatifs, de la politique active de l'emploi :

- faciliter le retour à l'emploi de publics prioritaires : chômeurs de longue durée, allocataires de minima sociaux, travailleurs handicapés, jeunes non qualifiés ;
- inciter les employeurs à modifier leurs pratiques de gestion dans un sens favorable à un accroissement global de l'emploi et/ou au maintien dans l'emploi de salariés susceptibles de se retrouver au chômage.

Le Service public de l'emploi (SPE) désigne les services de l'administration ministérielle et les organismes nationaux qui ont pour mission la mise en œuvre de la politique de l'emploi aux différents échelons territoriaux. Il est composé :

- des services de l'administration centrale et des services déconcentrés du ministère en charge de l'Emploi ;
- de l'Agence nationale pour l'emploi (ANPE) ;
- de l'Association nationale pour la formation professionnelle des adultes (AFPA).

Les actions de formation professionnelle ne faisant pas partie du champ de l'évaluation, l'instance d'évaluation n'avait pas, de fait, à étudier les pratiques de l'AFPA.

L'instance d'évaluation n'avait pas non plus pour mission d'examiner les relations internes au Service public de l'emploi. C'est donc dans leurs fonctions de commanditaires vers des opérateurs se trouvant hors du Service public de l'emploi que l'activité des services du ministère et de l'ANPE a été évaluée.

L'ANPE recourt à des opérateurs externes pour assurer un seul type d'actions : des prestations de services aux chômeurs pour faciliter leur accès à l'emploi.

Les services du ministère font appel à des opérateurs externes pour une gamme beaucoup plus variée d'actions : services aux demandeurs d'emploi, appui-conseil aux employeurs, tâches de gestion.

Ce mouvement progresse tout au long des vingt années observées, accompagnant l'augmentation des moyens de la politique de l'emploi. Les aspects quantitatifs ont joué un rôle important sur l'ensemble de la période : éviter de charger les services de l'administration des lourdes tâches de gestion induites par le développement considérable de la politique de l'emploi et des mesures concernant des centaines de milliers de personnes chaque année. Cette externalisation, transparente pour les usagers, a donné au ministère en charge de l'Emploi la possibilité d'augmenter encore le poids de ces mesures traditionnelles lorsqu'il l'a jugé utile. La décision de confier à l'UNEDIC la gestion de l'aide à l'emploi des jeunes (loi du 29 août 2002) en est une illustration récente.

Toutefois, deux moments, qui ont été particulièrement riches en création d'actions nouvelles et en modification de dispositifs existants, ont concomitamment connu un recours accru à des opérateurs externes :

- la fin des années quatre-vingt, avec les mesures d'aide au reclassement pour les personnes licenciées, le développement du conseil aux entreprises dans le cadre de la « modernisation négociée », le développement des actions d'insertion par l'activité économique ;

- la fin des années quatre-vingt-dix et le début des années deux mille, avec la création ou la réorganisation de nombreux dispositifs d'accompagnement des demandeurs d'emploi et d'appui-conseil aux employeurs, se traduisant par une très forte augmentation des crédits consacrés au financement des opérateurs externes.

Ces deux périodes sont les seules, en plus de vingt ans, à avoir connu une embellie économique et une nette diminution du chômage. La contrainte quantitative qui pèse en permanence sur la politique de l'emploi semble avoir laissé, à ce moment-là, place à la volonté de promouvoir, sur une large échelle, une politique de qualité fondée en particulier sur l'individualisation des services rendus aux usagers. Réussir cette politique supposait, bien sûr, qu'on améliore la qualité des services rendus par les agents du SPE ; mais le recours aux opérateurs externes s'est imposé aussi comme l'un des leviers essentiels du succès de cette politique de qualité.

Des motifs de recours aux opérateurs externes très divers

L'examen de l'ensemble des mesures et prestations de la politique active de l'emploi assorties d'une intervention d'opérateurs externes amène à conclure que deux fonctions seulement, mais elles sont majeures, relèvent toujours de la responsabilité exclusive du Service public de l'emploi :

- la rédaction des textes (lois, décrets, circulaires) ;

- le contrôle de l'exécution de l'action.

Toutes les autres fonctions connaissent des exemples d'externalisation. Ce constat s'applique tout particulièrement à celles qui correspondent à la phase de mise en œuvre de la politique de l'emploi.

L'intervention sur le marché du travail est le domaine où les opérateurs externes sont les plus présents et les actions les plus variées. Dans le cadre de son activité de placement, l'ANPE est ainsi amenée à proposer aux demandeurs d'emploi des prestations de services très diversifiées, dont la réalisation est confiée, en grande partie, à des sous-traitants. Mais d'autres dispositifs conduisent à confier à des opérateurs externes des responsabilités plus larges : diagnostic des besoins des demandeurs d'emploi, construction de parcours d'insertion ou, même, définition d'une stratégie d'action sur un territoire ou pour une catégorie de public.

Le soutien au développement d'activités et d'emplois dans les secteurs marchand et non marchand est également un domaine où l'appel à des tiers est fréquent, qu'il s'agisse de l'appui-conseil aux entreprises, de l'aide à la création d'entreprise ou du soutien aux initiatives locales pour l'emploi. Là encore, les opérateurs peuvent se voir attribuer des responsabilités plus ou moins larges, allant de la simple prestation de services à un employeur à l'organisation, sur un territoire, d'une stratégie globale d'action dont ils assurent la maîtrise d'œuvre.

Des fonctions de gestion (paiement, etc.). Le ministère fait, notamment, appel au Centre national pour l'aménagement des structures des exploitations agricoles (CNASEA) pour assurer des tâches de gestion concernant plusieurs des mesures les plus importantes de la politique de l'emploi. Cette externalisation, transparente pour les usagers, donne au ministère la possibilité de faire varier rapidement le poids de ces mesures lorsqu'il le juge utile.

Le recours aux opérateurs externes ne se limite pas toutefois à la seule mise en œuvre des actions. Il est utilisé aussi, bien que plus rarement, pour les deux autres phases de l'action publique où la responsabilité de l'État apparaît très directement engagée : la conception de la politique de l'emploi, son suivi et son évaluation. Ainsi, le ministère peut associer des réseaux d'opérateurs à ses réflexions sur les évolutions souhaitables des dispositifs auxquels ces derniers participent ; par ailleurs, de nombreux organismes publics et privés collaborent aux évaluations qu'il pilote.

Quant aux situations qui ont amené le Service public de l'emploi à faire appel aux opérateurs externes, cinq cas peuvent être distingués :

- une « pure » externalisation de capacité : le Service public de l'emploi n'a pas les moyens humains d'assurer lui-même la réalisation d'une action déjà existante et décide, pour ne pas mettre en péril le cœur de métier des services, d'en confier au moins une partie à d'autres organismes (le transfert au CNASEA du paiement des coûts de fonctionnement des stages pour les chômeurs de longue durée en est un exemple). L'externalisation de capacité s'explique notamment par les à-coups dans les montants annuels des crédits affectés aux mesures, qui perturbent la gestion administrative courante ;

- la décision d'externaliser un type d'action, auparavant réalisé en interne, mais dont on estime, au bout d'un certain temps, que le Service public de l'emploi est moins bien placé que d'autres organismes pour assurer sa réussite. Ainsi, des organismes délégataires gèrent le programme EDEN d'aide à la création d'entreprise alors que les précédentes mesures d'aide à la création d'entreprise étaient gérées par les services déconcentrés du ministère ;

- la décision de créer un nouveau type d'action et, dans le même temps, de financer des organismes tiers préexistants pour assurer sa réalisation (actions d'appui-conseil à l'aménagement et à la réduction du temps de travail, par exemple). Ce cas, comme le précédent, peut être le signe que le SPE éprouve des difficultés à définir précisément le contenu des services qu'il souhaite proposer aux usagers et la manière de les dispenser. En externalisant, le SPE fait l'hypothèse que les prestataires possèdent une maîtrise de l'ingénierie des actions à réaliser que lui-même ne possède pas ;

- la création de nouveaux types d'actions et des structures chargées de les mettre en œuvre, mais avec un cofinancement par d'autres institutions « partenaires » de l'État (collectivités territoriales, organismes dépendant des partenaires sociaux, Commission européenne). Les exemples en sont nombreux : création des missions locales afin de développer les actions pour l'insertion sociale et professionnelle des jeunes ; création de l'Association pour la gestion du fonds pour l'insertion professionnelle des personnes handicapées (AGEFIPH), etc. ;

- l'intégration, dans la politique de l'emploi, d'actions créées à l'initiative d'autres acteurs (notamment des réseaux associatifs) et dont la réalisation continue à être assurée par les mêmes structures, extérieures au SPE. Les structures d'insertion par l'activité économique (entreprises d'insertion, associations intermédiaires, etc.) en sont l'exemple le plus notable.

On observe ainsi tout un échelonnement de situations, allant d'un pôle où l'État est seul responsable d'une action dont il a assuré entièrement la conception et dont ses services savent maîtriser complètement la réalisation technique, à un autre pôle qui est celui d'un partage de responsabilité entre l'État et des acteurs qu'il juge légitime et efficace d'associer à sa politique. Il n'est, bien sûr, pas indifférent de remarquer que cette dernière forme de recours à des opérateurs externes prend de l'ampleur dans les années quatre-vingt-dix, au moment où sont conduites des réflexions générales sur le positionnement de l'État dans un environnement marqué par l'économie mondiale de marché, la construction de l'Europe et l'approfondissement de la décentralisation.

Des montants financiers importants

La grande disparité des modalités d'externalisation et du contenu des actions concernées rend délicate toute tentative de récapitulation des données physiques et financières visant à apprécier le poids d'ensemble de l'externalisation dans la politique active de l'emploi. Il est néanmoins possible d'énoncer deux constats :

- au total, sur l'année 2002, plus de 700 M€ ont été injectés par le Service public de l'emploi sur le « marché de l'offre de services » pour la mise en œuvre de la politique active de l'emploi. Ce montant représente un peu moins de 3 % des dépenses de l'État pour cette politique si l'on y inclut les mesures d'abaissement du coût du travail à portée générale. Il représente 6 % environ des dépenses de l'État si l'on exclut ces dernières mesures.

- les crédits destinés à la rémunération des opérateurs externes peuvent varier sensiblement d'une année sur l'autre. Mais ils ont connu une rapide augmentation au cours de ces dernières années sous l'effet de la forte croissance du volume des prestations aux demandeurs d'emploi sous-traitées par l'ANPE. Celles-ci ont représenté, à elles seules, en

2002 la moitié des sommes consacrées par le Service public de l'emploi au paiement des opérateurs.

Une grande dispersion de l'offre de services

L'importance des sommes en jeu et leur croissance rapide sur la période récente conduisent à s'interroger sur la capacité des opérateurs externes à répondre aux attentes du Service public de l'emploi. Celles-ci ne sont d'ailleurs pas identiques suivant que les actions s'adressent aux demandeurs d'emploi ou concernent les employeurs. Dans les deux cas, la maîtrise technique par les opérateurs des actions à réaliser est, bien entendu, une exigence de base. Mais pour les actions en direction des demandeurs d'emploi, le SPE attend également des opérateurs qu'ils drainent vers lui des publics « cachés », hors de portée des outils communs de la politique de l'emploi : habitants des territoires ruraux ou des quartiers « sensibles », catégories particulièrement marginalisées, peu mobiles ou méfiantes à l'égard des institutions. Ce souci traduit la préoccupation croissante de l'État d'assurer l'effectivité du principe d'égal accès aux droits et aux services, et la perception de plus en plus vive qu'une partie du « cœur » des publics visés par la politique de l'emploi n'y accède pas. Aussi, la connaissance ancienne et intime des territoires et des publics auprès desquels ils devront intervenir est-elle souvent un critère de choix essentiel dans la sélection des prestataires. L'architecture des procédures de sélection et de suivi des opérateurs favorise la prise en compte de cette dimension, car les décisions reposent souvent sur l'échelon le plus proche du terrain, même si ces choix peuvent être encadrés par des procédures régionales d'habilitation.

La question du choix des opérateurs pour les interventions auprès des employeurs se pose de manière différente. Le plus souvent, il s'agit moins de s'assurer d'une égalité de traitement entre l'ensemble des entreprises potentiellement concernées par une action que d'inciter ces entreprises à profiter des avantages financiers proposés par le Service public de l'emploi pour adopter des pratiques de gestion des ressources humaines rejoignant l'intérêt général. Les procédures adoptées conduisent en général à ce que l'employeur choisisse lui-même le prestataire qui va intervenir dans son entreprise parmi un large éventail d'organismes habilités par le SPE. L'appartenance à un même territoire peut être un élément de son choix. Mais bien d'autres critères peuvent intervenir : reconnaissance de l'organisme par la branche professionnelle à laquelle appartient l'entreprise concernée, procédures de certification, réputation nationale de grands organismes de conseil.

Pour répondre aux attentes du SPE et des usagers (demandeurs d'emploi, employeurs), il existe deux grandes catégories d'opérateurs. Ceux dont la mission essentielle et permanente est de participer à la mise en œuvre de la politique de l'emploi, et qui, en tant que tels, sont reconnus comme des acteurs à part entière de cette politique. La quasi-totalité de ces opérateurs sont des organismes publics ou des associations (missions locales, plans locaux pour l'insertion et l'emploi, AGEFIPH, réseaux des structures d'insertion par l'activité économique, etc.). Certains sont nationaux, la plupart ont un territoire d'action plus limité et sont intégrés aux dispositifs locaux de concertation plus ou moins formalisés qui peuvent être mis en place par le SPE. Le ministère se situe en général vis-à-vis de ces organismes dans une logique d'aide financière à l'exercice de leur mission et non dans une logique d'achat de prestations. En tant qu'acteurs reconnus de la politique de l'emploi, leur organisation interne et leurs actions ont déjà fait l'objet d'études, d'évaluations ou de rapports d'inspection. Aussi, sans les ignorer, l'instance d'évaluation a-t-elle plutôt concentré son analyse sur une autre partie de l'offre de services, beaucoup moins bien connue et correspondant pourtant à la majeure partie des actions : celle qui assure la sous-traitance de prestations techniques pour une durée limitée.

L'organisation déconcentrée des procédures de choix des prestataires permet souvent aux agents du SPE d'avoir une bonne connaissance personnelle des organismes susceptibles d'intervenir. Mais la dispersion géographique de la commande publique et son fractionnement entre de nombreux dispositifs ont pour effet qu'il est actuellement impossible au plan national de dresser une liste, même approximative, de l'ensemble des organismes qui interviennent effectivement à un moment donné. Il est encore moins envisageable d'en avoir une vision historique ou de repérer tous les opérateurs potentiels qui constituent le(s) « marché(s) de l'offre de services ».

On peut, cependant, tirer plusieurs enseignements des études menées par l'instance d'évaluation sur cette question du marché des opérateurs :

- le nombre des organismes qui participent à la mise en œuvre de la politique de l'emploi est très élevé (plusieurs milliers chaque année) ;

- on observe des zones où la ressource en offre de services semble très abondante et peut répondre rapidement à un développement ou à une transformation de la demande publique, et d'autres zones où quelques grands prestataires, faute de concurrence, acquièrent le statut de « partenaire obligé » du SPE. Comme on pouvait s'y attendre, l'opposition urbain/rural est structurante pour expliquer ces différences ;

- les motifs qui ont poussé les opérateurs à se positionner sur ce marché, ainsi que les profils de ces opérateurs, sont divers suivant les dispositifs.

Pour la plupart des actions d'appui-conseil aux employeurs, le SPE dispose de crédits d'un montant relativement faible. Aussi, les opérateurs n'en attendent-ils pas des marchés importants. Dans la plupart des cas, ils participent à ces actions parce que c'est l'occasion pour eux de se faire connaître d'une clientèle nouvelle, avec laquelle ils espèrent bien continuer à travailler par la suite. Les profils des intervenants peuvent être très variés, allant des grands cabinets de conseil internationaux aux consultants individuels.

Les prestations aux demandeurs d'emploi mobilisent la plus grande partie des financements destinés aux opérateurs externes. Elles sont assurées par quatre grands types d'intervenants qui, dans les départements observés par l'instance d'évaluation, sont par ordre d'importance décroissante :

- des organismes de formation sous statut associatif ou de société commerciale ;

- des associations des secteurs social et socioculturel ;

- des organismes publics ou parapublics de formation ;

- des cabinets et associations de conseil en gestion des ressources humaines, en recrutement ou en formation.

On peut noter la très faible place occupée par les entreprises de travail temporaire, contrairement à la situation qui prévaut dans d'autres pays.

L'offre de prestations aux demandeurs d'emploi apparaît, au total, peu structurée. La pérennité de nombreux organismes est incertaine et ceux-ci connaissent une forte rotation de leur personnel. Cette situation a nécessairement des conséquences négatives sur la professionnalisation de cette offre.

Des modalités de gestion perfectibles

Porter une appréciation sur la gestion, par le Service public de l'emploi, des relations avec les opérateurs externes exige de tenir compte des logiques d'action différentes qui sont celles des services du ministère d'une part, des services de l'ANPE d'autre part.

Les premiers ont à assurer, dans des délais souvent très courts, la mise en œuvre de décisions gouvernementales qui se renouvellent à un rythme parfois rapide. Les services déconcentrés du ministère doivent, par ailleurs, concilier en permanence la poursuite des objectifs nationaux qui leur sont transmis par l'administration centrale et celle des objectifs locaux définis par le préfet. On pressent ainsi la multiplicité des critères de performances que se fixent implicitement les services lors du recours à des opérateurs externes, les critères de « bonne gestion » ne pesant peut-être pas autant que ceux de la rapidité de la réponse à la commande politique ou que ceux d'une insertion réussie dans un environnement territorial complexe.

Les seconds bénéficient d'une relative stabilité de leurs objectifs et d'une bonne visibilité de leurs moyens grâce aux contrats de progrès pluriannuels qui organisent la relation de l'ANPE avec l'État. Ces contrats de progrès impliquent une évaluation régulière du service produit par l'ANPE en contrepartie de sa subvention. Dans ce contexte, le strict contrôle des opérateurs externes qui interviennent pour le compte de l'ANPE est perçu comme une nécessité.

Qu'il s'agisse des services du ministère ou de ceux de l'ANPE, on constate un même mouvement vers une formalisation croissante du cadre juridique et financier dans lequel s'inscrivent les relations avec les prestataires. Les procédures d'achat public tendent à gagner du terrain face aux pratiques de subventions, ce mouvement s'étant accéléré ces derniers temps avec l'introduction du nouveau code des marchés publics. Toutes les actions donnent lieu à des conventions au contenu juridique de plus en plus homogène malgré l'hétérogénéité des situations à l'origine du recours aux opérateurs externes.

Les relations avec les sous-traitants

Des différences sensibles apparaissent toutefois, sur le terrain, entre les services du ministère et ceux de l'ANPE quant à leur capacité de maîtrise des relations avec les sous-traitants.

La précision des cahiers des charges sur les procédures à suivre et les objectifs à atteindre, le mode de sélection des prestataires, la cohérence des systèmes internes de gestion et d'information, l'existence de fonctions de suivi des opérateurs dans les Agences locales de l'emploi sont autant d'éléments qui assurent à l'ANPE une bonne maîtrise de la gestion des crédits consacrés aux opérateurs externes. De même, est bien suivi le contenu de l'action de ces derniers, bien que le contrôle qualité soit encore à développer et que la fixation des prix payés aux prestataires tienne encore peu compte des réalités des territoires.

Sur tous ces points, les services du ministère doivent encore progresser. Mais il faut souligner que ces progrès seront difficiles à réaliser si l'on ne remédie pas à la faiblesse actuelle de l'appui technique aux services déconcentrés dans le domaine de la formation des agents, de l'évolution de l'organisation interne des services, ou encore de l'amélioration des instruments de pilotage de la sous-traitance mis à leur disposition.

Les différences entre les services du ministère et l'ANPE sont toutefois moins sensibles si l'on se situe dans une perspective à moyen terme d'amélioration du service aux usagers et d'efficience de la politique de l'emploi. Deux questions, qui ne sont d'ailleurs pas sans liens, méritent en effet d'être mieux prises en compte par le SPE dans son ensemble :

- *Comment bien intégrer les services fournis à l'usager par chaque prestataire dans l'action plus globale qui doit être conduite par le SPE pour ce même usager ?* De plus en plus, en effet, l'action publique pour l'emploi demande, pour être efficace, que l'on sache combiner les nombreux types d'action qui peuvent être mobilisés, afin de proposer une offre de services individualisée qui se révèle cohérente dans la durée. La réussite de cette intégration suppose que le suivi et l'évaluation de l'action des prestataires ne se limitent pas à la vérification de la bonne application des procédures prévues, ni même à la mesure d'indicateurs ponctuels de résultats. Il est nécessaire que les agents du SPE s'appuient sur l'expérience des opérateurs pour enrichir leurs connaissances des usagers et du contexte dans lequel se réalisent les prestations, afin de disposer de tous les éléments utiles à l'actualisation de leur diagnostic sur les besoins de ces derniers et sur les opportunités qui s'offrent à eux. Or il est remarquable que les opérateurs soient nombreux à regretter le peu d'appétit des agents du SPE pour les informations qualitatives qu'ils pourraient leur transmettre. Un risque de déperdition de l'efficacité globale de l'action du Service public de l'emploi résulte de ce manque d'intérêt et de relations : une série de prestations mal coordonnées ne constituera pas une offre de services réellement utile à l'usager, même si chacune des prestations a été bien réalisée.

– *Comment concourir à la professionnalisation des sous-traitants afin de favoriser la consolidation d'une offre de qualité sur l'ensemble des territoires ?* La dispersion actuelle de l'offre de services rend peu probable une professionnalisation qui se réaliserait par une structuration interne du milieu (organisation d'une offre de formation continue adaptée aux besoins des salariés du secteur, diffusion des techniques d'intervention innovantes, adoption de règles de déontologie, etc.). Or le SPE ne dispose pas actuellement de moyens substantiels dédiés à cette professionnalisation. Beaucoup d'agents cherchent à aider les opérateurs à surmonter les problèmes qu'ils peuvent rencontrer dans la réalisation de leurs prestations. Mais il s'agit là d'initiatives individuelles qui ne s'inscrivent pas dans une stratégie explicite du SPE.

Les relations avec les autres opérateurs

À tous les niveaux, le SPE semble éprouver beaucoup de difficultés à qualifier les relations qu'il entretient avec les nombreux opérateurs – organismes publics et associations pour la plupart – qui assurent des fonctions plus larges que la simple exécution d'un contenu précis de prestations à fournir : maîtrise d'œuvre déléguée pour organiser des actions en direction de certaines catégories de public ; coordination sur un territoire de l'intervention des prestataires auprès des usagers ; appui technique et méthodologique pour aider le SPE à mener son action ; initiatives locales que le SPE décide *ex-post* de soutenir, etc.

Aussi, ces relations, pourtant très diversifiées, se trouvent-elles souvent regroupées sous le vocable de « partenariat », fréquemment utilisé par le ministère en charge de l'Emploi pour exprimer son désir d'associer durablement à la mise en œuvre de la politique de l'emploi une très large gamme d'acteurs du secteur public et du secteur privé. L'usage immodéré de ce terme, commode mais vague, peut toutefois être un obstacle à la clarification indispensable des droits et des obligations de chaque partie, et tout particulièrement sur les points suivants :

- la fixation précise des résultats attendus par le SPE de l'intervention de l'opérateur et les conséquences d'une réussite ou d'un échec dans l'atteinte de ces résultats ;
- le degré d'autonomie accordé par le SPE à ce dernier pour organiser son action ;
- ses obligations en termes de restitution d'informations ;
- l'organisation des procédures d'évaluation qui doivent permettre d'apprécier l'efficacité de l'action menée.

Les difficultés qu'éprouve le ministère pour définir le contenu de la fonction de « maître d'ouvrage » qu'il est amené à exercer, ainsi que pour former ses cadres à la maîtrise de cette fonction peuvent parfois entraîner chez ces derniers un sentiment de perte de responsabilités, faute d'une conception claire de ce que doit être leur rôle lorsque existent des intermédiaires entre eux et les opérateurs de terrain ou lorsque l'action à conduire suppose des coopérations avec d'autres institutions. Or la fonction de maîtrise d'ouvrage a pris et prendra, selon toute vraisemblance, une place croissante dans les activités des services centraux et déconcentrés.

Un consensus sur les conséquences positives de l'appel à des tiers, mais peu de données objectives sur leur efficacité réelle

Les problèmes observés dans les conditions techniques du recours aux opérateurs externes n'empêchent pas que se dégage un réel consensus sur ses conséquences positives. De l'avis de tous les acteurs de la politique de l'emploi, ce recours a permis d'enrichir la gamme des services proposés aux usagers et d'accroître la capacité d'action du Service public de l'emploi. Il a également permis d'introduire et de diffuser de nombreuses innovations dans le contenu des actions et il s'est révélé favorable à la bonne application du principe d'équité.

Le recours aux opérateurs externes a, par ailleurs, été un facteur essentiel de souplesse de gestion. La politique de l'emploi est, par nature, contracyclique ; elle doit aussi s'adapter en permanence à des modifications qualitatives du marché du travail, largement imprévisibles. Le fait de pouvoir, à tout moment, externaliser une action, tout comme l'absence de doctrine qui fait du recours aux opérateurs externes une procédure de gestion ponctuelle, non généralisable par nature, offrent l'avantage pour l'administration de l'emploi de pouvoir y recourir au gré de ses propres impératifs, sans être contrainte par un cadre normatif étroit.

On manque néanmoins de données objectives pour conclure, de manière générale, que le recours aux opérateurs externes a été un facteur d'efficience de la politique de l'emploi, le gain en efficience devant être apprécié à la fois en termes d'amélioration des résultats obtenus au regard des objectifs généraux de la politique de l'emploi (baisse du chômage, insertion professionnelle des personnes les plus éloignées de l'emploi) et en termes de maîtrise des coûts. Le manque de données disponibles en la matière peut s'expliquer de plusieurs façons :

- le recours aux opérateurs externes n'a pas eu en France pour motif premier la recherche de l'efficience, contrairement à ce qui a pu être observé dans d'autres pays où cet objectif et cette méthode ont été des éléments essentiels de réforme de Services publics de l'emploi dont on mettait en doute le bon fonctionnement. Les procédures d'évaluation de la politique active de l'emploi n'ont donc pas fait de cette question un objet central d'analyse jusqu'ici ;

- la mesure comparée de l'efficience d'une action publique suivant qu'elle est réalisée en interne ou confiée à des prestataires se heurte à de nombreuses difficultés méthodologiques. Elle est, notamment, rendue délicate par la nécessité de la réaliser en fonction de divers horizons temporels. Un choix d'externalisation peut être efficient à court terme et se révéler dommageable à moyen terme s'il se traduit pour les agents du SPE par une perte des compétences indispensables à la conduite de la politique de l'emploi. Inversement, un choix d'externalisation peu efficient dans un premier temps, peut gagner progressivement en efficience si le SPE améliore sa maîtrise de la gestion des opérateurs.

Les éléments très partiels d'évaluation dont on dispose aboutissent néanmoins à des conclusions encourageantes : les demandeurs d'emploi ayant bénéficié de certaines des prestations réalisées par des opérateurs externes ont de meilleures chances d'accès à l'emploi [1] ; l'opinion des usagers (employeurs ou demandeurs d'emploi) sur la qualité et sur l'utilité des prestations qui leur ont été fournies est largement positive.

La consolidation des pratiques de recours aux opérateurs externes

Définir les orientations susceptibles d'améliorer les relations entre le SPE et ses opérateurs afin qu'elles répondent mieux à l'avenir aux objectifs de la politique de l'emploi suppose de se prononcer sur trois questions :

- L'équilibre quantitatif actuel entre la réalisation en interne des actions et le recours aux opérateurs externes nécessite-t-il d'être profondément modifié ?
- Quelles sont les fonctions que le SPE doit assurer lui-même dans tous les cas et quelles sont celles qui peuvent être externalisées ?
- Quelle doit être la place de l'appel aux modalités du marché pour réguler les relations du SPE avec les opérateurs ?

L'équilibre entre réalisation en interne et appel à des tiers

L'appel aux opérateurs externes s'est principalement développé, comme on l'a vu, dans trois domaines : les services individualisés aux demandeurs d'emploi ; l'appui-conseil aux entreprises ; les tâches de gestion des mesures pour l'emploi. Dans aucun de ces domaines, il n'est indispensable de modifier profondément les équilibres actuels.

---

1. Il faut noter que ces résultats comparent la situation de demandeurs d'emploi selon qu'ils ont, ou non, bénéficié de certaines prestations, mais qu'ils ne comparent pas les effets de ces prestations selon qu'elles sont réalisées directement par le SPE ou qu'elles sont confiées à des opérateurs externes. Par ailleurs, ces résultats portent sur l'efficacité des actions et non sur leur efficience, faute de prendre en compte des données financières.

Au sein du SPE, le choix a été fait de confier à l'ANPE la responsabilité de la délivrance des *prestations aux demandeurs d'emploi*. L'ANPE apparaît donc comme le « maître d'œuvre délégué » du ministère pour un volet de la politique active de l'emploi dont on a constaté l'importance croissante. Pour remplir cette mission, l'ANPE fait elle-même un large appel aux opérateurs externes. Une transformation de la situation actuelle pourrait résulter soit d'une remise en cause par le ministère de la nature de ses relations avec l'ANPE, soit d'une décision de modifier sensiblement le volume des actions que l'ANPE confie aux opérateurs externes.

Les constats de l'évaluation n'apportent pas d'éléments en faveur de telles transformations. L'instance d'évaluation préconise la confirmation de la compétence de l'ANPE pour la délivrance des prestations financées par l'État et destinées aux publics de la politique active de l'emploi. La responsabilité de l'ANPE pourrait même être utilement étendue aux quelques prestations en direction des demandeurs d'emploi qui relèvent encore de la responsabilité directe des services du ministère et dont celui-ci externalise la mise en œuvre.

Par ailleurs, et si, conformément à l'hypothèse de l'instance d'évaluation, le volume global des prestations à délivrer aux demandeurs d'emploi ne décroît pas dans les années qui viennent, il n'apparaît pas souhaitable de diminuer ou d'augmenter sensiblement l'équilibre quantitatif entre les prestations délivrées directement par l'ANPE et celles qu'elle externalise. Actuellement, la plupart de ces prestations sont délivrées par des opérateurs externes. Augmenter encore leur part risquerait de priver une partie des agents de l'ANPE de la possibilité de développer leurs compétences et de disposer de l'expérience nécessaire pour apprécier la qualité du travail des prestataires. Un mouvement de réinternalisation, dans un contexte prévisible de stabilité des effectifs de l'Agence, nuirait certainement à la réalisation d'autres fonctions essentielles : mise en relation offre/demande d'emploi ; diagnostic des besoins des demandeurs d'emploi et orientation vers les prestations adéquates ; suivi de l'activité des prestataires ; conseil aux employeurs.

Les perspectives du ministère quant à l'importance future des *actions d'appui-conseil aux entreprises* demeurent incertaines. Mais, jusqu'à présent, celles-ci ont toujours été confiées à des prestataires et rien n'indique qu'elles pourraient être réalisées plus facilement en interne dans l'avenir. Le recours aux opérateurs externes devrait donc demeurer la modalité générale de réalisation de ce type d'action

Enfin, les services du ministère ayant certainement à développer en priorité, dans les années à venir, leurs capacités à définir des stratégies d'action sur le marché du travail, il paraît peu opportun qu'ils assument des tâches lourdes de *gestion courante* actuellement bien assurées par les opérateurs externes. Il reste toutefois à déterminer qui, de l'ANPE ou de l'UNEDIC est le mieux à même d'assurer la gestion des principales mesures d'incitation financière à l'embauche dans les entreprises, cette gestion étant actuellement partagée entre les deux organismes.

Fonctions à assurer en interne, fonctions qui peuvent être externalisées

Les avantages qui résultent de la diversité des relations avec les opérateurs externes (souplesse de gestion, adaptation rapide à des situations très hétérogènes, etc.) doivent conduire à maintenir un grand pragmatisme dans les décisions du SPE quant aux fonctions à externaliser. Toutefois, ces avantages ne pourront être concrétisés sans entrer en contradiction avec les autres objectifs qui doivent être ceux de l'appel aux opérateurs externes – efficience et respect du principe d'égal accès aux services –, qu'à la condition de clarifier la nature des relations que le SPE entretient avec ses opérateurs et de définir des procédures adéquates pour s'adapter à leur diversité.

Il faut aussi que soient précisées les fonctions qui, quelles que soient les modalités d'externalisation, doivent être conservées par l'administration et qui, pour certaines d'entre elles, méritent d'être renforcées si l'on veut que le ministère améliore sa maîtrise sur les actions que le SPE est amené à externaliser. Outre les fonctions toujours assurées jusqu'à présent par l'administration et qui doivent continuer à l'être car elles restent au cœur des missions de l'État – *rédaction des textes et contrôle* –, trois autres fonctions devraient relever de l'administration et y être encore développées :

– *la conception de l'architecture d'ensemble des systèmes d'information*, afin d'assurer leur cohérence. Ceci suppose, en particulier, que les conventions passées avec les opérateurs comportent des clauses détaillant la nature des informations à fournir, les méthodes pour les obtenir, les délais de leur restitution, les conséquences du non-respect de ces clauses. Il faut aussi que les critères de choix des opérateurs incluent la capacité de ces derniers à fournir les informations demandées, tout particulièrement lorsque leur sont confiées des fonctions qui excèdent la simple délivrance de services ponctuels aux usagers ;

- *l'exploitation de ces systèmes d'information* par chacune des structures qui compose le SPE dans les champs d'action qui la concernent ;

- *l'évaluation* : progresser dans l'évaluation de l'action des opérateurs suppose des améliorations portant à la fois sur les techniques et sur les procédures. Il ne paraît pas souhaitable de définir un dispositif standardisé d'évaluation, systématiquement placé sous l'unique responsabilité du ministère. L'expérience a montré toute l'importance de la phase d'appropriation des résultats par les acteurs et la nécessité de disposer de procédures adaptées à leurs attentes pour que cette appropriation se réalise effectivement. Mais, dans tous les cas, l'administration doit faire en sorte que soient produits et rassemblés les éléments d'information indispensables à la réalisation des évaluations au niveau national comme au niveau des territoires. Elle doit également s'assurer, dès la création des actions, que les évaluations nécessaires à la conduite de la politique publique de l'emploi seront bien réalisées.

La loi organique relative aux lois de finances (LOLF) du 1er août 2001 offre un cadre d'action rénové qui devrait grandement faciliter la mise en place des systèmes d'information et d'évaluation nécessaires à un pilotage plus resserré de l'ensemble de la chaîne de l'action publique, ainsi qu'à une mesure plus poussée de la performance, dans ses trois dimensions d'efficacité socio-économique, de qualité de service et d'efficience. Elle devrait notamment permettre de réduire le cloisonnement actuel entre les évaluations nationales des actions et les évaluations locales des opérateurs à qui sont confiées ces actions. Mais des progrès sensibles en la matière supposent un effort particulier dans la conception des évaluations nationales, dans le développement des évaluations régionales, ainsi que dans la présentation et dans la diffusion de leurs résultats, afin qu'ils permettent d'éclairer l'action à tous les niveaux.

L'appel aux modalités du marché

Dans le cadre de la stratégie européenne pour l'emploi, la Commission européenne, a proposé aux États membres un cadre de référence pour améliorer l'efficacité et l'efficience des Services publics de l'emploi [1]. Tout en réaffirmant leur rôle central, elle a souligné la nécessité pour eux de s'adapter à un environnement en évolution rapide. L'élimination progressive de leur monopole sur le marché du travail les confronte à la nécessité « *de définir plus précisément quel est leur rôle propre et la valeur qu'ils ajoutent au marché, par rapport aux fournisseurs commerciaux et non commerciaux de services* ». La Commission a été jusqu'à évoquer des hypothèses de désengagement du SPE, ou encore de mise en concurrence avec des agences privées, quitte à ce que le SPE développe lui-même des services payants.

La prise en compte de ces orientations par les pays de l'Union européenne ne signifie pas pour autant qu'est en train de s'instaurer un modèle uniforme d'organisation de la mise en œuvre de la politique active de l'emploi, avec des formes de relations entre le SPE et les opérateurs privés identiques d'un pays à l'autre. Même s'il semble y avoir une tendance croissante à l'externalisation, ces pratiques n'existent pas dans plusieurs pays et, au total, la France apparaît comme l'un des pays où le volume du recours aux opérateurs externes est le plus important.

Toutefois, plusieurs pays (Allemagne, Pays-Bas, Royaume-Uni) ont mis en place au cours de ces dernières années des réformes de grande ampleur de l'organisation de l'action publique sur le marché du travail qui font un large appel aux opérateurs externes, et ils ont été plus loin que la France dans l'adoption des modalités du marché pour organiser les relations entre le SPE et ses opérateurs. Cela s'est traduit par l'usage de trois formes d'action qui ne sont cependant pas nécessairement associées entre elles :

- la mise en concurrence des opérateurs dans un marché largement ouvert à toutes les catégories d'intervenants potentiels ;

- le paiement des opérateurs en fonction des résultats obtenus, et non en fonction des moyens engagés ;

---

1. *Il s'agit de la communication 641 de la Commission européenne, diffusée en 1998 et intitulée* « Moderniser les services publics de l'emploi pour soutenir la stratégie européenne pour l'emploi ».

– une certaine liberté laissée au « client » dans le choix de l'opérateur.

Les évaluations menées dans ces pays permettent d'avoir aujourd'hui une idée assez précise des avantages et des inconvénients de ces méthodes et d'en tirer quelques conclusions sur l'opportunité de les développer en France.

La mise en concurrence des prestataires est une modalité d'action déjà très utilisée en France. Au regard des pratiques françaises, les expériences étrangères semblent riches de deux enseignements :

- Il ne paraît pas opportun de développer une concurrence par les prix, car le risque est trop élevé que les prestations fournies par la suite soient de faible qualité ou conduisent à un « écrémage » des bénéficiaires finaux. En revanche, la capacité de l'administration à fixer un prix adéquat apparaît comme un facteur essentiel d'efficience ;

- La « maturité » d'un marché de l'offre de services suppose un nombre de prestataires qui ne soit pas trop élevé. Il l'est actuellement en France et cela nuit à une dynamique de professionnalisation du milieu. Des procédures d'habilitation plus strictes et/ou une mise en concurrence et un choix des opérateurs réalisés au niveau régional pourraient favoriser cette dynamique.

Le paiement aux résultats n'est pratiquement pas utilisé en France. Rien ne semble justifier qu'il en soit toujours ainsi à l'avenir. Par rapport aux pratiques actuelles, cette modalité aurait en effet l'intérêt d'amener le SPE à mieux préciser ses attentes à l'égard des opérateurs et les objectifs qu'il leur fixe. Au vu des évaluations étrangères, il apparaît cependant difficile de trouver un système de paiement équilibré qui, à la fois, incite les opérateurs à tenir compte de l'ensemble des objectifs poursuivis par l'action publique et leur assure une juste rémunération de leurs performances indépendamment des variations du contexte dans lequel ils évoluent. Aussi voit-on, dans ces pays, des essais successifs d'ajustement qui se traduisent parfois par une grande fréquence de modification des modalités de paiement, voire par une excessive instabilité. Avant donc de se prononcer sur l'opportunité en France du paiement aux résultats, il serait indispensable de réaliser des expérimentations accompagnées de procédures d'évaluation assez complètes pour qu'on puisse en tirer des leçons précises.

Enfin, laisser au demandeur d'emploi *la liberté de choisir son opérateur,* comme peuvent déjà le faire les employeurs pour les prestations d'appui-conseil, est certainement un objectif de responsabilisation intéressant. On peut vouloir y tendre, mais il convient, là encore, de ne pas se hâter. La dispersion actuelle de l'offre de services en France et l'absence d'un système d'information sur le contenu et sur la qualité des prestations fournies par les opérateurs, qui pourrait être utilisé par les demandeurs d'emploi pour guider leur choix, invitent à la prudence tant que ces carences ne sont pas corrigées. Cette liberté suppose aussi, pour qu'elle soit efficacement exercée, que le demandeur d'emploi soit motivé pour bénéficier des actions qui lui sont proposées.

La place des organismes à qui sont confiées des fonctions plus larges que la simple sous-traitance

Parallèlement aux relations que le Service public de l'emploi entretient avec ses sous-traitants, se pose la question de l'évolution souhaitable des rapports qu'il a développés avec les organismes publics et associatifs à qui ont été confiées des fonctions plus larges : maîtrise d'œuvre déléguée pour organiser des actions en direction de certaines catégories de public ; coordination, sur un territoire, de l'intervention des prestataires auprès des usagers ; appui technique et méthodologique pour aider le SPE à mener son action , etc.

Dans les limites des fonctions qu'il paraît légitime de confier à des opérateurs externes, cette coopération doit être confortée. Bien encadrée, elle permet en effet au SPE de bénéficier de l'apport des compétences propres à ces opérateurs et d'une mise en cohérence de l'action publique face à la dispersion de l'offre de services des nombreux sous-traitants. Les relations avec ces structures et les modalités du soutien qui leur est accordé par le SPE doivent s'inscrire dans une perspective d'appui à la professionnalisation des réseaux d'opérateurs qu'elles coordonnent, de développement et de mise en cohérence de leur offre de services.

La volonté de coopération doit s'accompagner d'une clarification des droits et des obligations de ces réseaux, dans leurs relations avec le ministère : définition précise des résultats attendus et des soutiens financiers qui leur sont apportés ; modalités de suivi et d'évaluation de leur action. De plus, le ministère doit également repérer de nouveaux réseaux d'opérateurs avec lesquels travailler et s'efforcer d'éviter les risques de « fermeture » sur des réseaux plus anciens dont les capacités d'innovation et de développement s'affaibliraient.

La voie traditionnelle du soutien aux organismes à but non lucratif pour assurer des fonctions d'intermédiation n'est naturellement pas la seule possible. Le développement du marché de l'offre de services et la diversification des commanditaires amèneront des entreprises à se positionner sur ce segment d'activité. Afin d'assurer l'effectivité du principe d'égal accès aux droits et aux services, ainsi que la qualité et l'efficience de ces derniers, le ministère devra ne négliger aucune opportunité et chercher à mobiliser l'ensemble de l'offre potentielle de services en organisant des appels d'offres ouverts à toutes les catégories d'organismes.

Organiser les relations entre les commanditaires

L'organisation d'un marché des opérateurs externes plus transparent et plus efficient suppose que l'on porte une grande attention à l'évolution qui se dessine, ou se renforce, du nombre de commanditaires intervenant dans la gestion du marché du travail. La nouvelle étape de la décentralisation qui résultera de l'adoption prochaine du projet de loi relatif aux responsabilités locales, la nouvelle loi sur le RMI-RMA, l'engagement renforcé des partenaires sociaux dans la politique active de l'emploi vont avoir pour effet de modifier les équilibres actuels qui ont longtemps réservé au SPE une place et une responsabilité presque monopolistiques dans la conduite de la politique de l'emploi. Les collectivités territoriales et les partenaires sociaux verront certainement, dans l'avenir, leur rôle accru par rapport au SPE, même si ce dernier conserve une place essentielle dans la structuration du marché de l'emploi. Faute alors d'une coordination entre les anciens et les nouveaux commanditaires, le marché des opérateurs, et le marché de l'emploi lui-même, peuvent être soumis à des mouvements techniquement incohérents, économiquement coûteux et socialement inéquitables.

Les deux niveaux d'une nécessaire mise en cohérence

La mise en cohérence des rapports que les institutions commanditaires (SPE, collectivités territoriales, organismes dépendant des partenaires sociaux) vont être amenées à développer avec des opérateurs externes doit être pensée à deux niveaux :

- le premier niveau concerne les actions qui relèvent précisément de la politique active de l'emploi. Tous les commanditaires vont être amenés à demander aux opérateurs la réalisation de prestations au contenu très proche, sinon identique. De plus, il n'y a pas de partage clair des publics, dont on puisse affecter une partie bien circonscrite à tel ou tel commanditaire. Tous peuvent, ou non, être inscrits à l'ANPE et bénéficier des prestations qu'elle gère. Il est trop tôt pour apprécier les conséquences de cette situation, mais deux types de risques peuvent être d'ores et déjà signalés :

  - un risque d'inefficience et de mauvaise allocation des moyens, les mêmes services étant offerts aux mêmes personnes sur les mêmes territoires par plusieurs institutions ; inversement, d'autres territoires pourraient être démunis d'une offre de services adéquats ;

  - un risque, pour les demandeurs d'emploi, de multiplier des démarches inutiles et de ne pas pouvoir bénéficier des services auxquels ils ont droit, faute de disposer des informations nécessaires pour repérer l'interlocuteur susceptible de les faire accéder à ces services ;

- le second niveau de la coordination nécessaire est celui du point de rencontre, à établir, entre l'offre de services de la politique de l'emploi et l'offre de services dans les champs voisins de la formation professionnelle, de l'appui au développement économique, ou encore de l'action sociale. Les opérateurs susceptibles d'intervenir dans ces divers domaines d'action sont, en grande partie, les mêmes et une modification dans les modalités de la commande publique dans l'un de ces domaines peut déséquilibrer l'offre de services dans les autres domaines. Par ailleurs, il apparaît de plus en plus nécessaire que les individus puissent bénéficier d'une continuité dans l'accès aux services dispensés dans ces différents domaines et susceptibles de leur assurer une meilleure maîtrise de leur parcours professionnel. Or cette continuité n'est pas assurée aujourd'hui, faute d'une coordination suffisante entre les diverses institutions responsables de l'offre de services pour chacun des statuts que peut connaître une personne d'âge actif (salarié, non salarié, demandeur d'emploi, etc.).

Le rôle de l'État dans la régulation de la commande publique

L'instance n'avait pas à prendre parti sur la forme que peut prendre la structuration nécessaire des relations entre les différents commanditaires qui agissent, ou vont agir, sur le marché du travail, objet d'autres travaux. Mais, au regard de ses objectifs, l'instance a logiquement été conduite à envisager un certain nombre de pistes fonctionnelles, concernant les rapports entre commanditaires et opérateurs.

Si l'on s'en tient au premier niveau de coordination qui vient d'être évoqué, deux points méritent d'être soulignés.

a) *La façon dont l'État peut assurer une régulation de la commande publique va dépendre étroitement de l'évolution future de ses relations avec l'ANPE,* lesquelles ne peuvent rester exactement les mêmes qu'auparavant, du fait des transformations du contexte. Les orientations qui se dessinent aujourd'hui pour l'avenir de l'ANPE semblent conduire à la coexistence de relations de nature différente avec les diverses catégories de commanditaires :

- des relations étroites entre l'État et l'ANPE, continuant à être régulées par des contrats de progrès, intégrant éventuellement l'UNEDIC (cf. la convention en cours pour le PARE) ;

- une activité de l'ANPE, en tant qu'opérateur parmi d'autres, sur des marchés concurrentiels où les commanditaires seraient les collectivités territoriales (Conseils généraux en premier lieu), mais aussi les entreprises (dans le cadre des opérations de reclassement en particulier).

Ce double mode de régulation de l'activité du SPE est certainement réalisable, mais il faut être conscient qu'il peut conduire, à plus ou moins brève échéance, à des scénarios très différents. Tout en considérant qu'une autonomie accrue de l'ANPE devrait lui permettre de mieux répondre aux attentes légitimes des institutions commanditaires autres que l'État, l'instance estime qu'il conviendra de prêter une grande attention aux risques de tension et de contradiction de priorités, voire d'éclatement, que pourrait subir l'ANPE. C'est pourquoi elle préconise le maintien de la place de l'ANPE en tant que maître d'œuvre délégué pour la gestion du marché de l'emploi et la délivrance, directe ou indirecte, des prestations aux demandeurs d'emploi financées par l'État.

b) *L'action de régulation de l'État peut varier sensiblement dans son ampleur et dans ses méthodes.*

Si l'État peut et doit voir se réduire son rôle initial d'opérateur, sa fonction régulatrice demeure centrale dans cette phase de l'histoire du marché de l'emploi, en raison :

- des risques d'incohérence évoqués plus haut ;
- de l'immaturité du marché des opérateurs ;
- du constat selon lequel l'action publique sur le marché du travail ayant été jusqu'à présent du seul ressort de l'État, les autres institutions manquent encore d'expérience en la matière ;
- de la nécessité de disposer d'une information transparente sur le fonctionnement du marché du travail et de pouvoir concentrer les moyens disponibles en vue d'actions ciblées et rapides, alors que s'annonce une transformation profonde de ce marché, susceptible d'entraîner de nombreuses tensions et de susciter des opacités et des segmentations nouvelles.

Il pourrait ainsi résulter de ce constat :

- *l'élargissement de la vocation du contrat de progrès avec l'ANPE.* Celui-ci fixerait, comme à l'ordinaire, les objectifs correspondant aux missions classiques de l'Agence et à la délivrance des prestations financées par l'État. Mais il intégrerait aussi l'objectif d'assurer la régulation de la commande publique de services aux opérateurs externes et définirait l'équilibre que l'ANPE devrait respecter entre la mission confiée par l'État et celles de ses autres commanditaires ;
- *la réaffirmation de l'obligation d'inscription à l'Agence* pour tout demandeur d'emploi souhaitant bénéficier de prestations d'aide à

l'insertion professionnelle quel qu'en soit le financeur, tant pour des motifs de transparence que d'efficience et d'équité. Celle-ci pourrait éventuellement être complétée par une fonction de diagnostic systématique sur le niveau de services nécessaire à chaque demandeur d'emploi, qui serait confiée à l'ANPE ;

– *l'approfondissement du mouvement de territorialisation* de la politique active de l'emploi, avec un fort rôle de coordination confié au niveau régional. La territorialisation correspond à l'idée, largement partagée aujourd'hui dans les pays développés, qu'une action publique efficace, ayant pour ambition non seulement d'adapter les compétences aux besoins exprimés par les entreprises, mais aussi de maintenir la cohésion sociale, passe par des formes nouvelles de gouvernance locale. Concomitamment à ce mouvement, devraient être précisés les rôles respectifs des différents niveaux de l'administration de l'emploi dans la régulation de la commande publique et de l'offre de services. L'administration centrale devrait voir sa fonction managériale renforcée dans les domaines de la gestion financière, du suivi et de l'évaluation des actions mises en œuvre par les opérateurs externes, ainsi que dans le contrôle et le suivi du marché des opérateurs. Le niveau régional devrait être le lieu de la régulation de ce marché et de la coordination des commanditaires. Le niveau départemental devrait être celui de la vérification de la cohérence opérationnelle.

Une stratégie moins encadrée peut être imaginée pour assurer la régulation de la commande publique. Le rôle de l'État serait alors principalement de construire les conditions d'une « concurrence praticable », où chaque commanditaire pourrait organiser, dans de bonnes conditions, ses propres relations avec des opérateurs qu'il choisirait le plus souvent seul.

Outre la production réglementaire relative aux garanties dont devrait être assortie cette liberté et le contrôle de son application, l'action de l'État pourrait alors se limiter aux fonctions que, dans tous les cas, il devrait continuer à assurer pour garantir un niveau de sécurité acceptable dans le fonctionnement du marché :

– organiser les systèmes d'information, de suivi et d'évaluation nécessaires à la transparence du marché ;

- organiser la concertation entre les commanditaires afin de stabiliser un système homogène de rémunération des services qui permette d'assurer l'efficience globale de la commande publique ;

- inciter l'ensemble des commanditaires à coopérer dans des dispositifs communs de soutien à la professionnalisation des opérateurs.

Cette deuxième stratégie est, aux yeux de l'instance, à considérer. Mais elle est à tout le moins prématurée dans le contexte des changements importants à venir, on l'a vu, du marché du travail et des institutions.

Les bouleversements en germe qui développent, et c'est heureux, un partage plus large des responsabilités dans la politique de l'emploi, vont parallèlement réclamer l'exercice par la puissance publique d'une régulation renouvelée nécessaire à la sécurité et à l'efficience du fonctionnement du marché du travail. C'est à l'abri de cette régulation que pourra se développer harmonieusement, et dans le consensus, le marché des opérateurs, aujourd'hui partenaires inévitables des responsables de la mise en œuvre de la politique de l'emploi. Rien n'interdira ensuite, une fois le marché organisé et l'action des différents commanditaires mise en cohérence, que le « système » évolue vers une responsabilité plus grande encore de chacun, jusqu'aux demandeurs d'emploi eux-mêmes qui pourraient devenir davantage acteurs de leur propre reclassement et choisir, de manière éclairée et sûre, les opérateurs auxquels ils confient leur sort.

INTRODUCTION

L'évaluation, son objet, ses objectifs, son actualité

Depuis le milieu des années soixante-dix, la place de la politique de l'emploi dans l'action gouvernementale et dans l'effort du pays a connu une croissance continue. Les sommes consacrées à celle-ci atteignent aujourd'hui plus de 2 % du PIB [1]. L'arsenal des mesures destinées tant à faciliter le retour à l'emploi des personnes connaissant le plus de difficultés sur le marché du travail qu'à inciter les employeurs à modifier leurs pratiques de gestion des ressources humaines dans un sens favorable à un accroissement global de l'emploi, s'est considérablement diversifié.

Pour conduire son action, le ministère en charge de l'Emploi s'appuie sur le Service public de l'emploi (SPE), présent aux différents niveaux territoriaux. Celui-ci est composé des services du ministère, ainsi que de deux grandes agences publiques : l'Agence nationale pour l'emploi (ANPE) et l'Association pour la formation professionnelle des adultes (AFPA). Mais l'ampleur prise par la politique a conduit le ministère à s'appuyer progressivement sur d'autres acteurs. Les collectivités territoriales, les partenaires sociaux, la Commission européenne participent à l'action de l'État en faveur de l'emploi, ou encore conduisent des actions qui leur sont propres. Devant la montée du chômage, l'extension concomitante de ses interventions, la technicité croissante des mesures qu'il a dû prendre, l'État a également été amené à recourir à des opérateurs externes – publics ou privés – pour qu'ils assurent la mise en œuvre d'une partie des actions qui relèvent de sa responsabilité.

Cette pratique constitue aujourd'hui une modalité de travail établie et quotidienne pour le SPE et elle mobilise des financements importants. Elle

---

1. *Roguet (B.), « Le coût de la politique de l'emploi en 2001 »,* in Bilan de la politique de l'emploi en 2001, *Les Dossiers de la DARES, La Documentation française, 2003.*

est ancienne, mais ce recours aux opérateurs externes n'a pourtant jamais fait l'objet jusqu'à présent d'une analyse d'ensemble. C'est pourquoi le ministère des Affaires sociales, du Travail et de la Solidarité a souhaité qu'une évaluation soit lancée sur ce sujet. Le projet en a été présenté par la Direction de l'animation de la recherche, de l'évaluation et des statistiques (DARES) du ministère au Conseil national de l'évaluation. Celui-ci l'a approuvé en mai 2001.

L'instance d'évaluation a débuté ses travaux en février 2002 et les a poursuivis jusqu'en décembre 2003. Sa composition figure en annexe 2.

1. Le champ de l'évaluation

Le champ de l'évaluation a été défini, de manière globale, par le cahier des charges rédigé par la DARES et le Commissariat général du Plan (*cf.* annexe 1). La délimitation exacte de ce champ a nécessité ensuite de clarifier un certain nombre de points quelque peu problématiques sur le terrain complexe et peu exploré sur lequel l'instance allait s'aventurer : notion de « recours aux opérateurs externes », liste des actions à prendre en compte, ainsi que celle des commanditaires et des opérateurs concernés. Les premières réunions de l'instance d'évaluation ont été consacrées à cette tâche.

1.1. Qu'entend-on par l'expression « recours aux opérateurs externes » ?

La notion même de « recours à des opérateurs externes » peut prêter à des interprétations diverses. Le cahier des charges de l'évaluation utilise ainsi les termes « externalisation », « sous-traitance », « délégation » pour définir partiellement ou en totalité le champ du sujet.

Les incertitudes sur le contenu de ces termes ont conduit l'instance d'évaluation à un travail sémantique préalable. Il existe en effet diverses définitions de l'externalisation dans le secteur public, par exemple : « *un outil de gestion qui permet à une organisation de déléguer certaines fonctions non stratégiques, précédemment exercées par elle, à des prestataires de services extérieurs* [1] », ou encore « *l'opération par laquelle*

---

1. *Cf. article de Lignières (P.) et Babin (L.), « L'externalisation : au cœur des préoccupations de l'État »,* Droit Administratif, *mai 2002.*

une personne publique confie à un opérateur extérieur une activité ou un service qu'elle prend normalement elle-même en charge [1] ».

Dans ces définitions, l'externalisation est caractérisée par le fait de confier à des tiers la gestion de tâches « non stratégiques », c'est-à-dire qui ne relèvent pas du service public, comme l'entretien et le gardiennage des infrastructures, la maintenance informatique, la gestion d'un parc immobilier. Il est vite apparu qu'elles rendaient mal compte des pratiques du SPE car celui-ci est amené à confier à des opérateurs externes la réalisation d'actions qui sont véritablement au cœur de l'action publique pour l'emploi. En outre, l'externalisation est appréhendée dans ces définitions comme un mouvement allant de l'intérieur du service public vers l'extérieur, ce qui n'est pas toujours le cas des actions étudiées par l'instance, on le verra.

Aussi, « *la notion d'externalisation prise dans son acception la plus large, c'est-à-dire désignant le fait pour une entité de se procurer des services opérationnels ou fonctionnels à l'extérieur, au lieu de les assurer par ses propres moyens* [2] » est apparue d'elle-même comme celle qui rendait le mieux compte de la diversité des pratiques de recours à des opérateurs externes, telles qu'elles étaient utilisées par le Service public de l'emploi. De plus, cette définition présente l'avantage de désigner un mode d'action observé dans le secteur privé comme dans le secteur public.

Peuvent être dès lors retenues diverses modalités juridiques du recours à des opérateurs externes : le contrat de mandat, qui désigne, au sens de l'article 1984 du code civil, « *l'acte par lequel une personne donne à une autre le pouvoir de faire quelque chose pour le mandant et en son nom* » ; le contrat d'entreprise ou de services, par lequel un client confie à un prestataire indépendant le soin de réaliser des prestations de services. Le contrat d'entreprise peut se décliner en un ou plusieurs contrats de sous-traitance qui, aux termes de l'article 1er de la loi n° 75-1334 du 31 décembre 1975, désignent « *l'opération par laquelle un entrepreneur confie par un sous-traité, et sous sa responsabilité, à une autre personne appelée sous-traitant tout ou partie du contrat d'entreprise* ».

---

1. Cf. article de Jean-David Dreyfus, AJDA, *18 novembre 2002.*
2. Définition issue de l'intervention de Me Vincent Fauchoux, avocat du cabinet Desprez-Dian-Guignot dans le cadre du salon « Externaliser », novembre 2001.

Cette définition permet également d'intégrer les divers instruments utilisés par les services de gestion commanditaires dans leurs relations avec les opérateurs externes : le marché public, la subvention, la délégation de service public. Elle peut s'appppliquer à des situations où le SPE finance seul un opérateur, ou bien à des situations de cofinancement d'organismes dans le cadre de partenariats.

1.2. Les actions à prendre en compte

Le champ des actions de politique de l'emploi à prendre en compte était délimité dans le cahier des charges par quatre critères :

- les actions devaient relever de la compétence de l'État. Ce choix résultait du constat selon lequel la prééminence de l'État était incontestable dans ce domaine de l'action publique, contrairement à la situation prévalant pour d'autres politiques sociales largement décentralisées ;

- les actions devaient faire partie de la « politique active de l'emploi [1] », ce qui excluait en particulier l'indemnisation du chômage et les préretraites. L'activité de placement était également hors du champ de l'évaluation en raison de sa particularité et du processus spécifique d'évaluation du contrat de progrès de l'ANPE. L'instance était cependant consciente que la distinction entre placement et mise en œuvre de la politique active de l'emploi peut se révéler délicate dans la mesure où nombre d'instruments de la politique de l'emploi sont constitués de prestations ponctuelles, ou non (accompagnement vers l'emploi), qui sont proposées aux demandeurs d'emploi, en appui de l'action de placement, afin de les aider dans leur recherche d'emploi.

  Les frontières de la politique active de l'emploi sont également difficiles à tracer lorsqu'il s'agit de la distinguer de la formation professionnelle ou de l'action sociale. Le cahier des charges précisait que les actions de formation professionnelle confiées à des organismes

---

1. La dépense pour l'emploi est traditionnellement répartie en « dépenses passives », qui correspondent à des revenus de remplacement pour des personnes sans emploi (indemnisation du chômage et incitation au retrait d'activité telle que les préretraites), et en « dépenses actives », qui correspondent aux crédits consacrés aux actions et aux institutions (ANPE en particulier) ayant pour objectif de faciliter le retour à l'emploi des chômeurs.

de formation, y compris lorsqu'elles s'adressaient à des demandeurs d'emploi, ne devaient pas être prises en compte. En effet, l'achat de prestations de formation professionnelle présente des spécificités marquées et appelle vraisemblablement un autre type d'évaluation que celle qui était envisagée ici. Par ailleurs, le recours à des opérateurs externes pour réaliser des actions d'accompagnement social n'a été retenu par l'instance d'évaluation que dans le cas où il s'inscrivait dans une action plus générale d'accompagnement vers l'emploi commanditée par le SPE ;

- le champ géographique de l'évaluation était circonscrit à la France métropolitaine, compte tenu des particularités de la politique de l'emploi menée dans les DOM, qui s'appuie souvent sur des mesures propres à ces territoires ;

- l'évaluation devait enfin s'intéresser à l'ensemble des actions menées depuis le milieu des années quatre-vingt. Cette période ne marque certes pas le commencement du recours aux opérateurs externes, qui remonte aux années soixante-dix. Mais l'examen des actions menées sur près de vingt ans permettait d'englober toutes les catégories d'action qui ont fait l'objet d'un appel aux opérateurs externes depuis les débuts de la politique de l'emploi et offrait une perspective suffisante pour mesurer la montée en charge de ce phénomène.

1.3. Les « commanditaires » et les « opérateurs » concernés

Le recours aux opérateurs externes suppose la confrontation d'une demande, formulée par des « commanditaires », et d'une offre de services, émanant d'« opérateurs ».

Le cahier des charges a considéré que l'instance d'évaluation n'avait pas à examiner les relations internes au Service public de l'emploi, bien que l'ANPE soit, de très loin, le principal opérateur du ministère dans la mise en œuvre de la politique active de l'emploi. Etait retenu le postulat que l'ANPE, de même que l'AFPA, [1] devaient être regardés comme des

1. La formation professionnelle ayant été écartée du champ de l'évaluation, l'activité de l'AFPA ne pouvait être incluse dans la présente étude que sous l'angle de son service d'appui à la définition du projet de formation (dit « service S2 »), qui fait partie des prestations proposées aux demandeurs d'emploi pour faciliter

« opérateurs internes » dont les relations avec le ministère chargé de l'emploi étaient régulées à l'aide notamment de contrats de progrès pluriannuels régulièrement évalués [1]. C'est donc dans leurs fonctions de commanditaires vers des opérateurs se trouvant hors du Service public de l'Emploi que l'activité du ministère et celle de l'ANPE ont été évaluées.

Hors cette limitation, tous les organismes recevant des financements du SPE pour réaliser des services opérationnels ou fonctionnels participant à la mise en œuvre de la politique active de l'emploi devaient être pris en compte, quels que soient leur statut juridique (associations, sociétés, organismes publics...) et leur nature, publique ou privée. D'autre part, devaient être retenus tant les opérateurs « de premier niveau », chargés de délivrer eux-mêmes les services pour lesquels ils recevaient des financements, que les opérateurs « de second niveau », ayant pour mission de coordonner l'action des opérateurs de premier niveau ou d'apporter une aide méthodologique au SPE dans sa gestion des opérateurs de premier niveau.

L'instance d'évaluation a dû, encore, faire le départ entre la fonction d'opérateur et la fonction d'employeur. Une bonne partie des actions de la politique active de l'emploi consiste en effet à inciter les employeurs à recruter des « publics prioritaires ». Les employeurs, publics ou privés, lorsqu'ils acceptent de recruter ces publics, participent, en quelque sorte, à la mise en œuvre de la politique de l'emploi et reçoivent des avantages financiers pour cette participation (primes, exonérations de charges sociales). L'instance d'évaluation n'a pas considéré pour autant qu'il s'agissait d'« opérateurs », sauf si l'activité principale de ces employeurs

---

leur retour à l'emploi et que l'AFPA sous-traite parfois à d'autres organismes. Ce service ayant fait l'objet d'une étude spécifique réalisée à la demande du Comité d'évaluation du contrat de progrès de l'AFPA, l'instance d'évaluation n'a conduit aucune étude particulière sur l'activité de l'AFPA.

1. L'évaluation du troisième contrat de progrès de l'ANPE ayant débuté peu avant les travaux de l'instance, il avait été décidé que, pour éviter de financer des études redondantes, le Comité d'évaluation du troisième contrat de progrès de l'ANPE ne lancerait aucune étude sur les pratiques de recours aux opérateurs externes à l'ANPE et qu'il disposerait des travaux menés par l'instance. Parallèlement, l'instance a disposé des études plus générales sur l'activité de l'ANPE qui ont été commanditées par le Comité d'évaluation du troisième contrat de progrès de l'ANPE, ainsi que des rapports intermédiaires du Comité (le rapport final étant prévu pour 2004).

s'agissait d'« opérateurs », sauf si l'activité principale de ces employeurs consistait à œuvrer à l'insertion professionnelle de publics en difficulté en leur proposant des contrats de travail provisoires et des services d'accompagnement destinés à leur faciliter l'accès ultérieur à un autre emploi.

1.4. Les objectifs de l'évaluation

Trois séries d'objectifs ont été assignés initialement à l'évaluation [1] :

- *progresser dans la connaissance du phénomène*. L'évaluation devait apprécier l'importance du recours aux opérateurs externes, identifier les raisons qui, historiquement, ont conduit à faire appel à ces pratiques dans les différents domaines où elles existent et rassembler les éléments de connaissance sur la mesure comparée de l'efficacité et l'efficience de ce recours par rapport à une réalisation en interne des mêmes actions ;

- *apprécier les modalités de gestion* du recours à des tiers. Il s'agissait d'analyser la façon dont l'État et les établissements publics choisissent les prestataires, suivent, pilotent et maîtrisent leur action. Il fallait aussi examiner, sur le plan juridique et financier, les relations contractuelles entre l'État et les organismes concernés ainsi que les modalités d'évaluation de celles-ci ;

- *réfléchir aux conséquences* de ces pratiques sur l'organisation interne du SPE et sur ses relations à l'environnement institutionnel : leur impact sur l'évolution des métiers et des compétences des agents du SPE ; la cohérence de l'action administrative et sa réception par les usagers ; les relations du SPE avec les autres institutions qui participent à l'action publique pour l'emploi, notamment au niveau local.

Au vu de ces objectifs, la mission confiée à l'instance d'évaluation pouvait être perçue comme essentiellement technique, visant principalement à apprécier la capacité du Service public de l'emploi à maîtriser la gestion des nouvelles modalités de mise en œuvre de la politique de l'emploi dont l'usage s'était imposé au fur et à mesure que cette politique gagnait en

---

1. Compte rendu de la réunion du Conseil national de l'évaluation en date du 17 mai 2001.

importance. Pour y répondre, l'instance a suivi la démarche habituellement adoptée dans les évaluations :

- elle a procédé à une analyse bibliographique qui s'est révélée très vite limitée en raison de la faible appréhension du phénomène dans les travaux portant sur la politique de l'emploi ;

- elle a conduit des entretiens et des auditions avec les personnes qui avaient été particulièrement impliquées, à un niveau politique ou administratif, dans les processus de décision ayant abouti au recours à des tiers (*cf.* annexe 3) ;

- elle a piloté les études qu'il lui a paru nécessaire de lancer afin de répondre aux objectifs fixés à l'évaluation (*cf.* liste des études et de leurs auteurs en annexe 4).

Mais, lors des nombreuses réunions de l'instance d'évaluation, les débats auxquels ont activement participé l'ensemble de ses membres ont progressivement fait apparaître que la compréhension des décisions « techniques » relatives au contenu des actions à externaliser, à la sélection des opérateurs, ou encore au cadre juridique et financier des rapports entre le SPE et les opérateurs supposait de situer l'analyse et la réflexion dans un cadre plus vaste.

La façon dont l'État conçoit sa mission de régulation de l'emploi et du marché du travail, ses choix d'associer ou non à sa politique d'autres institutions publiques et d'autres acteurs privés pour participer à la poursuite de l'intérêt général influencent en effet largement ces décisions techniques. Or, dans un champ d'interventions qui n'ont rien de régaliennes, aucune définition de la mission de l'État ne s'impose *a priori* et n'a vocation à rester immuable. La justification du partage entre les fonctions qui doivent être assurées en propre par les services de l'État et les fonctions qui peuvent être confiées à d'autres en est rendue d'autant plus difficile.

L'actualité européenne, tout comme l'actualité nationale, ont conféré à ces questions une importance particulière. En vue d'en améliorer l'efficacité et l'efficience, plusieurs pays européens ont récemment décidé d'entamer une transformation profonde de l'organisation de l'action publique pour l'emploi, qui s'est traduite par un rôle accru donné aux opérateurs externes. Ils se sont appuyés pour le faire sur les orientations proposées en 1998 par la Commission européenne dans le cadre de la stratégie européenne pour l'emploi.

Le contexte national est également porteur d'inflexions significatives dans les logiques et dans les modalités d'action de l'État dans le domaine de l'emploi. Quatre facteurs, au moins, devraient contribuer à d'importantes évolutions :

– la nouvelle étape de la décentralisation dans les champs du développement économique, de la formation professionnelle et du revenu minimum d'insertion ;

– l'engagement accru des partenaires sociaux dans la politique active de l'emploi ;

– l'accent croissant mis sur l'efficacité et l'efficience de l'action publique dans le cadre de la réforme de l'État et, en particulier, de la mise en œuvre de la loi organique relative aux lois de finances (LOLF) ;

– les perspectives du marché du travail liées au retournement démographique prévu à partir de 2006.

La situation qui se dessine sous l'effet de ces facteurs apparaît totalement nouvelle. En particulier, les évolutions institutionnelles vont avoir pour effet de modifier sensiblement les équilibres antérieurs, en donnant plus de poids aux collectivités territoriales et aux partenaires sociaux dans la « commande » d'actions en faveur de l'emploi. La question de la régulation de l'offre de services ne se posera plus alors dans les mêmes termes qu'auparavant. La multiplication possible des « commanditaires » suppose de repenser la mission de l'État afin d'assurer la transparence et l'équité sur le marché du travail.

Pour répondre aux objectifs fixés initialement à cette évaluation, tout en les replaçant dans la problématique plus large qui vient d'être évoquée, l'instance d'évaluation a choisi d'organiser son rapport en trois parties.

- La première partie porte sur la connaissance du phénomène et sur les raisons qui, historiquement, ont conduit le Service public de l'emploi à faire appel aux opérateurs externes dans les différents domaines d'action où ces pratiques se sont fait jour.

- La deuxième partie présente une analyse détaillée des modalités de gestion du recours aux opérateurs externes par le Service public de l'emploi.

- La troisième partie propose des perspectives d'action pour l'avenir, compte tenu du bilan des pratiques actuelles et des évolutions du contexte national comme du contexte européen, telles qu'elles peuvent être perçues aujourd'hui.

PREMIÈRE PARTIE

LE RECOURS AUX OPÉRATEURS EXTERNES : UN ÉTAT DES LIEUX

Le premier constat de l'évaluation est, sans doute, celui du faible nombre de travaux antérieurs relatifs au recours aux opérateurs externes dans la mise en œuvre de la politique de l'emploi. Si l'intervention de tiers a pu être étudiée dans le domaine de la formation professionnelle ou l'examen de certains dispositifs particuliers, elle n'a donné lieu à aucune étude globale ni transversale.

Et pourtant, l'analyse conduite sur une période d'une vingtaine d'années montre que le recours de l'État à des tiers est fréquent, de plus en plus même, qu'il est implicitement admis comme allant de soi, comme vient de le montrer encore la décision de confier à l'UNEDIC la gestion de la récente aide à l'emploi des jeunes (loi du 29 août 2002).

Le caractère parcellaire des écrits existants met en lumière la singularité de notre projet d'évaluation, ce que confirment les observations des enquêtes de terrain diligentées par l'instance.

Le recours à des opérateurs externes ne peut en effet se définir comme une politique publique en tant que telle, objet homogène d'évaluation et participant d'une modification de la conduite de l'action publique. Si l'on s'appuie sur les cinq critères classiques d'une politique publique, à savoir *« un ensemble de mesures engageant un cadre général d'action qui dépasse le seul niveau d'agrégation de mesures isolées pour conférer une cohérence d'ensemble, se fondant sur une dimension d'allocation autoritaire, basée sur le monopole de la puissance publique, s'adressant à un public ou une série de publics et représentant une décision publique* [1] », le recours aux opérateurs externes en matière d'emploi, s'il s'incarne dans une série d'actions, ne présente pas un cadre général d'action ni une cohérence d'ensemble. La première hypothèse de travail retenue par l'instance est donc d'aborder le recours à des opérateurs externes comme une « technique managériale », un « mode de management public » voire un « objet politique non identifié », et non comme une politique publique proprement dite.

Force est de constater, par ailleurs, que le recours à des opérateurs externes, analysé donc comme technique managériale, « ne s'intègre pas dans un cadre cognitif cohérent ». Faute de trouver trace d'une ligne directrice d'action, l'instance d'évaluation a été amenée à rechercher dans le contexte de la politique de l'emploi les conditions d'émergence des pratiques de recours à des tiers.

Si ces pratiques ne semblent pas s'inscrire dans une stratégie d'action progressive et pensée de la part des acteurs de la politique de l'emploi, il est pourtant possible de mettre en évidence une corrélation, implicite certes, mais tangible, entre les principes d'action de la politique de l'emploi et le recours à des tiers (chapitre Premier). La mise en exergue de ces éléments de contexte nous conduit à dresser un état des lieux des dispositifs de la politique active de l'emploi concernés aujourd'hui par ces pratiques et à en reconstituer le poids financier. Plus de 700 M€ ont financé en 2002 des opérateurs externes pour la mise en œuvre de la politique active de l'emploi (chapitre 2). Face à cette demande importante, l'instance a, enfin, analysé l'état de l'offre de prestations sur un marché encore peu structuré et en pleine évolution, ainsi que la nature des relations qui s'établissent entre les opérateurs externes et le Service public de l'emploi (chapitre 3).

---

1. T. Berthet dans sa note pour l'instance d'évaluation, à partir de l'ouvrage d'Y. Mény et J.-C. Thoenig, Politiques publiques, *Paris, PUF, 1989.*

Chapitre Premier

Logiques d'action du service public de l'emploi et recours aux opérateurs externes

Un constat s'impose immédiatement à l'observateur : les pratiques de recours à des opérateurs externes n'ont pas été régulées par une doctrine préalable et explicite, valable pour les nombreux dispositifs de la politique de l'emploi, qui en aurait fixé les cadres et assuré une certaine continuité dans le temps. Le ministère en charge de la politique active de l'Emploi a pris ses décisions mesure par mesure ou programme par programme. On pourrait en conclure à une complète hétérogénéité de ces pratiques et à l'impossibilité de repérer un fil directeur pour rendre compte de leur histoire.

Nous avons pourtant repéré un fil directeur qui pourra, peut-être, sembler ténu, lorsque nous avons replacé les évolutions des pratiques de recours aux opérateurs externes dans l'histoire plus générale de la politique de l'emploi depuis le début des années quatre-vingt. L'hypothèse avancée dans ce chapitre est que le recours aux opérateurs externes a été très dépendant des évolutions des principes d'action privilégiés par la politique de l'emploi. Mais, quelles que soient ces évolutions, il a néanmoins toujours été utilisé pour répondre à deux mêmes objectifs, dans un contexte marqué par un souci permanent des gouvernements successifs de maîtriser les effectifs de la fonction publique d'État :

- offrir rapidement aux usagers de la politique de l'emploi (demandeurs d'emploi et entreprises) des services diversifiés et individualisés ;

- éviter de charger les services du ministère de l'Emploi des lourdes tâches de gestion induites par le développement considérable de la politique de l'emploi et des mesures concernant des centaines de milliers de personnes chaque année.

Pour rendre compte de l'impact des logiques d'action du service public de l'emploi sur le recours aux opérateurs externes, ce chapitre a été organisé en cinq sections :

- un bref résumé des évolutions dans la manière de concevoir et de mettre en œuvre la politique de l'emploi depuis les années quatre-vingt, qui permet d'expliquer le développement du recours aux opérateurs externes ;

- une présentation des pratiques de services individualisés aux demandeurs d'emploi progressivement adoptées par le Service public de l'emploi, qui ont eu une grande influence sur le recours aux opérateurs externes ;

- une analyse du conseil aux entreprises, en tant qu'il révèle une nouvelle conception de l'action pour inciter celles-ci à adopter des modes de gestion favorables aux objectifs poursuivis par le gouvernement ;

- une proposition de périodisation mettant en évidence les liens entre l'amélioration de la situation de l'emploi et la possibilité de développer les services individualisés aux usagers ;

- une étude plus détaillée de la politique menée depuis 1998, qui a été marquée par la volonté de recourir aux opérateurs externes pour construire une action locale cohérente sous la conduite du SPE.

Les termes utilisés

Un certain nombre de termes sont utilisés fréquemment dans ce rapport, dont le sens mérite d'être précisé.

La *politique active de l'emploi*, telle que retenue ici, se compose de l'ensemble des crédits du budget du ministère de l'Emploi consacrés aux actions et aux institutions ayant pour objectif de faciliter le retour à l'emploi des chômeurs, l'accès à un premier emploi pour ceux qui entrent sur le marché du travail et le maintien dans l'emploi des personnes menacées de licenciement. Les actions qui la composent peuvent être de natures très diverses. Il peut s'agir de *programmes* ou de *mesures* dont on attend des effets macro-économiques sur le marché du travail et qui procurent à leurs bénéficiaires un changement immédiat de statut professionnel (le contrat jeunes en entreprise par exemple). Il peut s'agir aussi d'actions plus ponctuelles, les *prestations*, dont le bénéfice n'a pas d'effet immédiat sur le statut de la personne et dont on n'attend pas non plus d'effets structurels rapides sur le marché du travail, mais qui doivent permettre d'accélérer le retour à l'emploi (une prestation d'évaluation des compétences et des capacités professionnelles d'un demandeur d'emploi par exemple).

Le ministère qui, au sein du gouvernement, a la responsabilité politique de la conception et de la conduite de la politique de l'emploi – le ministère des Affaires sociales, du Travail et de la Solidarité actuellement – est désigné, par souci de simplicité, sous le terme « *le ministère* ». Le terme « *État* » n'est employé que pour évoquer des questions plus générales que la conduite de la politique de l'emploi (par exemple, la réforme de l'État).

Le *Service public de l'emploi (SPE)* désigne les services de l'administration ministérielle et les organismes nationaux qui ont pour mission la mise en œuvre de la politique de l'emploi aux différents échelons territoriaux. Il est composé :

- des *services de l'administration centrale* du ministère en charge de l'Emploi et *des services déconcentrés* – Directions régionales du travail, de l'emploi et de la formation professionnelle (*DRTEFP*) et Directions départementales du travail, de l'emploi et de la formation professionnelle (*DDTEFP*) ;
- de l'Agence nationale pour l'emploi (*ANPE*) : direction générale, directions régionales, directions déléguées, agences locales ;
- de l'Association nationale pour la formation professionnelle des adultes (*AFPA*) : direction générale, délégations régionales.
- des services des droits de femmes (depuis 1991)
- des directions départementales de l'action sanitaire et sociale

On peut noter que cette définition s'écarte de celle qui est couramment retenue par la Commission européenne et par l'OCDE, où les termes *Service public de l'emploi* désignent en général les équivalents de l'ANPE et n'incluent pas les services du ministère en charge de la politique de l'Emploi.

Le terme *opérateur* désigne dans ce rapport tous les organismes, *autres que ceux composant le SPE*, qui concourent à la mise en œuvre de la politique active de l'emploi. Ils sont de statuts divers (public, associatif, privé), peuvent avoir un champ d'action national ou local, peuvent se voir confier par le SPE des tâches très différentes (*cf.* chapitre 2) : prise en charge de la gestion de certaines mesures, délivrance de prestations ponctuelles, organisation des actions en faveur de certaines catégories de publics.

1. Un recours aux opérateurs externes lié aux évolutions du contenu et du volume des actions pour l'emploi

La dynamique du mouvement d'externalisation au cours de ces vingt dernières années ne peut être séparée de celle de la politique de l'emploi : évolutions majeures des ressources financières et humaines qui lui ont été allouées ; transformations sensibles dans la manière de concevoir les programmes et les mesures qui la composent.

Face à la montée du chômage, la croissance très rapide des dépenses pour l'emploi dans les années soixante-dix et au début des années quatre-vingt avait principalement servi à indemniser les demandeurs d'emploi et à élargir les possibilités de retrait anticipé de la vie active [1]. La politique active de l'emploi avait, certes, été développée en faveur des jeunes mais les pouvoirs publics en étaient restés à deux grands types d'actions [2] :

– les stages de formation pour les demandeurs d'emploi ;

– les incitations financières à l'embauche pour les entreprises.

Le développement des mesures de la politique de l'emploi avait bien eu des conséquences importantes sur le contenu et sur l'organisation du travail des agents du Service public de l'emploi, avec la multiplication des tâches administratives liées à la création et au suivi des dossiers des bénéficiaires des mesures. Mais dominait largement alors la conception d'une action publique dont l'efficacité était attendue principalement du bon ajustement des règles et des incitations, définies au niveau central, aux besoins des employeurs et des publics. Il en résultait des attentes à l'égard des agents du Service public de l'emploi conformes à leurs tâches traditionnelles : gestion administrative et contrôle des dossiers dans les services déconcentrés du ministère, information des employeurs (campagnes nationales relayées notamment par les prospecteurs-placiers de l'ANPE), information, conseil et orientation des demandeurs d'emploi (conseillers professionnels de l'ANPE).

Assurer ces fonctions ne nécessitait donc pas, *a priori*, de faire appel à des opérateurs externes, si ce n'est à des organismes de formation pour réaliser les stages proposés aux publics. Le choix avait été fait en effet, dès le développement de ces stages au milieu des années soixante-dix, de s'appuyer sur une offre diversifiée, souple et disséminée sur le territoire, répondant aux besoins de jeunes peu qualifiés. Le poids de leur réalisation ne pesait donc pas sur le grand instrument de la politique publique de

---

1. Quarante ans de politique de l'emploi, *DARES, La Documentation française, 1995.*

2. À L'exception des mesures, définies dès 1963-1964 dans le cadre du FNE, pour favoriser la gestion sociale des restructurations et la mobilité de la main-d'œuvre.

l'emploi que constituait l'AFPA, orientée plutôt vers d'autres publics et d'autres formations que celles que l'on cherchait à développer alors pour les jeunes demandeurs d'emploi. L'État avait d'ailleurs déjà acquis une certaine maîtrise des relations avec d'autres organismes de formation, publics ou privés, avec le soutien de leurs initiatives développé dans le cadre de la politique publique de formation professionnelle continue orchestrée alors par le secrétariat général à la Formation professionnelle et relayée par les chargés de mission auprès des préfets de région (les services de l'emploi et ceux de la formation professionnelle étant alors distincts, aux niveaux central et déconcentré).

Il n'y a pas eu, au cours des années suivantes, de rupture brutale dans la façon de concevoir et de mettre en œuvre la politique de l'emploi, qui aurait eu pour effet d'initier un mouvement massif de recours aux opérateurs externes et qui permettrait de dater et d'expliquer l'origine de ces pratiques.

La première forme de recours à un organisme extérieur s'inscrit d'ailleurs dans une complète continuité des orientations antérieures de la politique de l'emploi : l'appel au Centre national pour l'aménagement des structures des exploitations agricoles (CNASEA) pour assurer des tâches de gestion relatives à plusieurs des mesures de masse de la politique de l'emploi, concernant des centaines de milliers de personnes chaque année [1].

Entamé avec le paiement des rémunérations des stagiaires de la formation professionnelle dans les années soixante-dix, développé au moment de la création des contrats emploi-solidarité (1990), avec le paiement des aides aux employeurs et des formations organisées pour les bénéficiaires de la mesure, le recours au CNASEA s'est étendu au fur et à mesure que de nouvelles mesures d'aide au secteur non marchand étaient créées : contrats emploi consolidé en 1992, contrats emploi de ville en 1996, programme « nouveaux services - emplois jeunes » en 1997. Parallèlement, le CNASEA a été chargé, à partir de 2001, du paiement des coûts de fonctionnement des stages (SIFE collectifs) et du paiement des bourses d'accès à l'emploi accordées aux jeunes bénéficiaires du programme TRACE. L'élargissement des missions confiées au CNASEA s'est aussi manifesté par l'attribution en 1999 de la gestion du programme

1. Ainsi, le nombre des bénéficiaires des mesures de la politique active de l'emploi est-il passé de 600 000 en 1985 à plus de 2 100 000 en 2001 (source DARES).

d'accompagnement vers l'emploi des salariés en CES et de la mise en œuvre d'une enquête mensuelle sur le devenir professionnel des personnes sorties de la mesure.

Il s'agit là d'une dérogation manifeste au décret de 1962 sur la comptabilité publique, avant tout dictée par une nécessité pragmatique. D'une part, le CNASEA, établissement public administratif, présentait des capacités de gestion reconnues dans le cadre de la rémunération des stagiaires du secteur agricole et sous-utilisées du fait de la réduction des besoins d'aménagement dans ce secteur. D'autre part, pour les agents des services déconcentrés du ministère, le CNASEA permettait un allègement des tâches administratives résultant de la gestion de ces mesures de masse, très consommatrice de temps. Plus indirectement, le recours au CNASEA limitait la création d'emplois nouveaux et structurels chez l'ordonnateur (en l'espèce, le ministère), nécessaires si le paiement avait été dévolu à la comptabilité publique (*cf.* chapitre 3). Cette externalisation, transparente pour les usagers, a donné au ministère en charge de l'Emploi la possibilité d'augmenter encore le poids de ces mesures traditionnelles lorsqu'il l'a jugé utile.

Mais ce sont davantage les transformations objectives du marché du travail – développement des formes précaires d'emploi et du chômage de longue durée notamment – qui ont influencé la plupart des décisions de recours aux opérateurs externes. Il ne faut pas négliger non plus les évolutions progressives des représentations chez les décideurs comme chez les agents, qui les ont amenés à faire moins confiance aux seules vertus de la réglementation, à celles des incitations financières ou des modalités classiques de formation, mais à porter plus d'attention à d'autres formes d'action supposant à la fois des services diversifiés et individualisés pour les usagers, réclamant cohérence et continuité dans le temps et l'espace.

Le recours à des opérateurs externes peut alors s'interpréter, pour une bonne part, comme la reconnaissance de la nécessité de faire intervenir d'autres acteurs que le SPE sur le marché du travail pour favoriser la poursuite d'objectifs, cette fois plus qualitatifs, de la politique active de l'emploi :

- faciliter le retour à l'emploi de publics prioritaires : chômeurs de longue durée, allocataires de minima sociaux, travailleurs handicapés, jeunes non qualifiés ;

- inciter les employeurs à modifier leurs pratiques de gestion dans un sens favorable à un accroissement global de l'emploi et/ou au maintien dans l'emploi de salariés susceptibles de se retrouver au chômage.

2. Des pratiques nouvelles de services individualisés pour les publics de la politique de l'emploi

L'appel aux opérateurs externes s'est développé d'abord dans le domaine des services offerts aux publics de demandeurs d'emploi. Deux logiques distinctes semblent avoir présidé à ce développement.

La première apparaît comme la conséquence directe du rapprochement des politiques sociales et de la politique de l'emploi dans la conduite de l'action publique. La création des missions locales pour l'insertion sociale et professionnelle des jeunes en 1982 est emblématique de ce mouvement. Est ainsi formalisé, dans le rapport de Bertrand Schwartz [1] à l'origine de leur naissance, le besoin d'un service intégré, plus large que celui procuré habituellement par l'ANPE. En mettant en cause la manière dont avaient été conçues jusque-là les actions de politique de l'emploi en direction des jeunes, à partir de la seule hypothèse de désajustement entre production du système scolaire et besoins des entreprises, et en insistant sur les liens étroits entre difficultés professionnelles et difficultés sociales, le rapport pointait la nécessité de créer des structures remplissant des fonctions généralistes d'aide aux jeunes face à l'ensemble des difficultés quotidiennes auxquelles ils étaient confrontés. La création des missions locales est, en ce sens, contemporaine de l'apparition de la notion d'insertion en France, [2] que l'on peut caractériser par la coexistence de quatre critères :

1. *Schwartz (B.) (dir.),* L'insertion professionnelle et sociale des jeunes. Rapport au Premier ministre, *La Documentation française, 1981.*
2. *Wuhl (S.), « L'insertion : conceptions et pratiques »* in *Bouillaguet (P.) et Guitton (C.) (coord.),* Le Chômage de longue durée : comprendre, agir, évaluer, *Syros, Alternatives, 1992.*

- le rapprochement des registres de l'action sociale et de la politique de l'emploi ;
- le principe d'un soutien durable et régulier aux personnes ;
- l'individualisation de la relation au bénéficiaire ;
- l'inscription dans un territoire [1].

D'autres créations, propres à la politique de l'emploi, ont suivi et ont approfondi ce qui n'avait été qu'entamé avec les missions locales. Par exemple, les plans locaux pour l'insertion et l'emploi (PLIE) [2] ont bénéficié à partir de 1993 des moyens du Fonds social européen pour mettre en œuvre ces principes d'action en direction d'un large public : chômeurs de longue durée, allocataires du RMI, jeunes en difficulté. L'État a renforcé les capacités d'action des missions locales en 1998 avec le programme TRACE, ciblé sur les jeunes en grande difficulté professionnelle et sociale. Les fonds locaux emploi-solidarité (FLES) peuvent organiser depuis 1998 l'accompagnement des personnes en contrat emploi-solidarité (CES).

Mais le développement de cette logique s'est aussi manifesté par un phénomène d'« absorption » de certains éléments des politiques d'action sociale par la politique de l'emploi. Ainsi, les EPSR (équipes de préparation de suite du reclassement) pour le suivi et l'accompagnement des actifs handicapés, financées par le ministère du Travail, ont succédé dans les années soixante-dix à des organismes sous tutelle du ministère de la Santé. De même, de manière plus progressive, un déplacement du social vers l'emploi se constate pour les structures d'insertion par l'activité économique dans les années quatre-vingt. Il n'y a donc pas là une dynamique de sortie, hors du SPE, de fonctions auparavant assurées au

---

1. Il ne s'agissait pas, dans ce rapport, de s'interroger sur la pertinence de la notion d'insertion dont on sait qu'elle a donné lieu à beaucoup de débats (cf. *notamment, Simonin (B.), « Les politiques publiques d'insertion »,* in *Allouch (J.) et alii (dir.),* Encyclopédie des ressources humaines, *Magnard et Vuibert, 2003.*

2. Les actions pour lesquelles interviennent des opérateurs externes, avec un bref résumé de leur origine et de leur contenu, sont présentées de manière exhaustive dans le chapitre 2. Pour une présentation beaucoup plus détaillée de chacune de ces actions, on pourra se reporter aux bilans annuels de la politique de l'emploi publiés par la DARES : « Bilan de la politique de l'emploi en 2001 », Dossier de la DARES, *n° 2003-1, La Documentation française, 2003.*

sein des services mais, tout au contraire, une dynamique d'intégration dans le champ de la politique de l'emploi de formes d'actions déjà assurées auparavant, hors des services de l'administration, au titre d'autres politiques. Ce mouvement peut s'expliquer par l'amélioration des perspectives financières procurées par ce transfert, compte tenu de la place croissante de la politique de l'emploi dans les politiques sociales. On pouvait en espérer aussi de meilleures perspectives professionnelles pour les bénéficiaires et, pour l'insertion par l'activité économique, une amélioration immédiate de leur statut grâce au contrat de travail obtenu dès l'entrée dans ces dispositifs.

Une seconde logique rend compte plutôt des évolutions dans la manière de concevoir l'intermédiation sur le marché du travail. Pour favoriser la réussite de sa mission centrale de placement, l'ANPE a toujours organisé une offre de services divers aux demandeurs d'emploi dont une partie était d'ailleurs sous-traitée à des opérateurs externes (15 % en 1986, par exemple des ateliers sur les techniques de recherche d'emploi). L'importance qu'il fallait attacher à cette offre de services « périphériques » dans l'activité de l'ANPE par rapport aux fonctions de placement et de recueil des offres d'emploi a toutefois suscité des débats au cours du temps. Ainsi, en 1987-1988, lorsque les partenaires sociaux ont souhaité que le régime d'assurance chômage commence à s'impliquer dans la politique active de l'emploi avec la création de l'allocation formation-reclassement (AFR) et des conventions de conversion, ils ont confié à l'ANPE la mise en œuvre de ces dispositifs, et ainsi alourdi sensiblement ses tâches de diagnostic, d'information, d'orientation et d'appui aux projets professionnels. Et en 1991, le Conseil économique et social observait, dans un rapport sur le chômage de longue durée, que « *le dynamisme de l'ANPE dans les domaines des mesures d'insertion ou d'accueil des demandeurs d'emploi [et...] la diversification croissante des formes d'interventions de l'Agence comportaient un risque sérieux de diminution de l'exercice de l'activité de placement* [1]... ».

L'accroissement substantiel des moyens en personnel et, surtout, en crédits d'intervention accordés par l'État à l'ANPE à partir de 1998 dans le cadre de son troisième contrat de progrès pour la mise en œuvre du « service personnalisé pour un nouveau départ vers l'emploi », encore sensiblement

1. *Leray (R.),* « Le Chômage de longue durée », *Conseil économique et social,* Journal Officiel, *1991, p. 112.*

renforcé par les financements de l'UNEDIC induits par la création du plan d'aide au retour à l'emploi (PARE), semble marquer la fin des interrogations sur la pertinence d'une offre importante et diversifiée de services dans le cadre de l'activité de placement. Cet accroissement, qui contraste avec la diminution sensible des crédits accordés aux principaux outils traditionnels de la politique du marché du travail (CIE, CES, SIFE) à la même époque, paraît bien constituer une inflexion majeure dans la manière de concevoir l'intermédiation et, ici, de lutter contre le chômage de longue durée. Prévenir ce type de chômage suppose d'offrir un appui individualisé et un accompagnement renforcé, tout particulièrement à ceux dont on pressent, dès leur inscription, qu'ils risquent d'avoir du mal à retrouver un emploi.

Comme pour les actions d'insertion, il s'agit bien d'individualisation de la relation au bénéficiaire et de soutien durable et régulier, mais les services offerts ne relèvent pas, le plus souvent, du « social ». L'appui va porter, par exemple, sur la mise en œuvre d'une stratégie de recherche d'emploi adaptée aux objectifs professionnels du demandeur d'emploi ou sur la définition d'un projet professionnel réaliste. Aussi, le recours aux opérateurs externes ne peut-il pas être assimilé seulement à une « externalisation de spécialité ». L'ANPE souligne qu'il y a à la fois « externalisation de capacité et de spécialité ». Ses agents ont les compétences nécessaires pour assurer la plupart des prestations et en assurent d'ailleurs une partie. Mais les moyens humains de l'ANPE étant insuffisants pour les prendre complètement en charge, l'externalisation est un moyen de trouver un équilibre interne entre l'activité centrale de placement et la réalisation des prestations.

3. Le conseil aux entreprises comme complément aux mesures réglementaires

Dans l'histoire de la politique active de l'emploi, l'appui-conseil aux entreprises apparaît plus tardivement que l'offre de services individualisés aux demandeurs d'emploi. Son déploiement peut s'interpréter comme la reconnaissance progressive de ce que la relation de l'État à l'entreprise ne peut pas passer seulement par le droit du travail et par des incitations financières. L'appui-conseil est jugé nécessaire pour que les entreprises, soumises à des contraintes de marché toujours plus fortes, qui les amènent à faire porter de plus en plus sur les salariés les risques de l'activité économique, adoptent néanmoins une gestion de l'emploi favorable aux objectifs poursuivis par le gouvernement en termes de prévention des licenciements ou de croissance « riche en emplois ».

Les plans de licenciement de la fin des années soixante-dix et de la première moitié des années quatre-vingt avaient principalement donné lieu à des débats et à des décisions relatifs au droit du travail (quelle protection contre le licenciement ?) et au système de protection sociale : dispositifs de préretraite et de cessation anticipée d'activité, champ et niveau de l'assurance chômage. Par ailleurs, la politique de diminution du temps de travail du gouvernement Mauroy en 1981 ne prévoyait pas de moyens particuliers en conseil pour faciliter les réorganisations internes induites par ces changements.

La première mesure de conseil, les audits économiques et sociaux pour les entreprises en difficulté, a été créée en 1983, au moment où s'imposait en France une politique de « rigueur budgétaire » et qu'était fortement réduit le niveau des prestations chômage pour les travailleurs licenciés, afin de contenir la progression des « dépenses passives pour l'emploi ». Elle ne semble pas avoir eu un grand retentissement.

La suppression de l'autorisation administrative de licenciement en 1986 s'est ensuite accompagnée de règles et de mesures visant à faciliter le retour à l'emploi des salariés licenciés (plans sociaux dans les grandes entreprises, conventions de conversion, puis cellules de reclassement en 1989). Mais, parallèlement, pointe la conviction que les interventions dans l'urgence doivent ménager la place à un traitement structurel des problèmes d'emploi et qu'il faut intervenir préventivement pour donner aux employeurs et aux salariés le temps de s'adapter. Les rapports Riboud (1987) au Premier ministre et Sainsaulieu (1987) au délégué à l'Emploi se traduisent par la mise en place en 1989 d'une politique de « modernisation négociée » fortement marquée par le souci de promouvoir une gestion prévisionnelle de l'emploi, appuyée par le financement d'actions de conseil prévoyant le recours à des opérateurs externes (en particulier la ligne d'innovation pour la gestion de l'emploi, ou LIGE) et un renforcement du rôle des comités d'entreprise dans ce domaine (décret du 16 novembre 1989).

Le rôle des Directions départementales du travail et de l'emploi dans la mise en œuvre de cette politique était loin d'être négligeable. Appuyées par l'Agence nationale pour l'amélioration des conditions de travail

(ANACT) et par l'AFPA, elles étaient chargées de détecter les besoins des entreprises, de décider des actions à mener, de les suivre et les évaluer. Mais les agents, devant les difficultés techniques rencontrées dans la mise en œuvre directe de ce type d'actions, [1] semblent avoir toujours estimé que l'appui d'opérateurs externes leur était indispensable.

En 1993, une mesure répondant globalement aux objectifs généraux d'amélioration de la gestion de l'emploi et des conditions de travail, l'« aide au conseil aux entreprises », prend le relais de la LIGE. Sa création n'enclenche pas de développement sensible du recours aux opérateurs externes. Celui-ci aura lieu à la fin des années quatre-vingt-dix ; il se manifeste à la fois :

- par le fait que des crédits importants pour le financement de l'aide au conseil viennent alimenter la mise en œuvre des deux programmes majeurs du gouvernement Jospin : les trente-cinq heures et « nouveaux services - emplois jeunes » ;

- par l'extension de l'offre de conseil aux employeurs du secteur associatif, alors qu'elle avait été ciblée auparavant sur les seuls employeurs du secteur marchand.

4. Le reflux du chômage propice au développement des actions recourant aux opérateurs externes ?

Les créations de dispositifs s'appuyant sur des organismes extérieurs au Service public de l'emploi, qu'ils soient publics ou privés, s'étendent, comme nous venons de le voir, sur toute notre période d'observation. Il s'avère impossible de percevoir un mouvement cohérent et uniforme de

---

1. *Dans une étude sur la mesure « FNE-prévention », créée aussi dans le cadre de la politique de modernisation négociée et visant à promouvoir des formations d'adaptation pour les salariés d'entreprises en mutation, Édith Kirsch, du CEREQ, notait :* « Aucune des personnes rencontrées en direction départementale ne s'estimait suffisamment compétente en matière de gestion prévisionnelle de l'emploi (...). Cette situation mettait la plupart des agents mal à l'aise pour discuter avec des cadres d'entreprise qui peuvent être à la fois compétents dans ce domaine et très informés des possibilités de financement public. » *« La mise en œuvre des aides publiques à l'emploi : un processus complexe »,* Les Politiques publiques d'emploi et leurs acteurs, Cahiers du Centre d'études de l'emploi, *n° 34, Presses universitaires de France, 1995.*

développement de ces pratiques qui se caractériserait, par exemple, par une externalisation systématique, pour tous les usagers de la politique de l'emploi, d'un premier type de prestations, suivie par l'externalisation d'un autre type de prestations, etc. Au cours du temps, des actions disparaissent sans être remplacées, sont profondément modifiées ou perdent progressivement de leur importance alors qu'elles paraissaient à l'origine promises à un bel avenir.

L'appel aux opérateurs externes pour réaliser un accompagnement individualisé des demandeurs d'emploi en difficulté constitue un bon exemple de la dispersion dans le temps des décisions :

- création des EPSR pour les personnes handicapées en 1979 ;

- création des missions locales pour les jeunes en 1982, puis intensification sensible de l'accompagnement pour une partie du public avec le dispositif TRACE en 1999, qui est remplacé en 2003 par le contrat d'insertion dans la vie sociale (CIVIS) pour un nombre réduit de jeunes ;

- création des conventions de cellules de reclassement pour les victimes de licenciement économique en 1989 ;

- intégration progressive, au cours des années quatre-vingt-dix, des initiatives des réseaux associatifs et des collectivités locales en faveur des allocataires de minima sociaux et des personnes marginalisées (structures d'insertion par l'activité économique, PLIE, FLES) ;

- systématisation d'une proposition d'« accompagnement renforcé » (impliquant en général l'intervention d'opérateurs externes) dès le premier entretien à l'ANPE pour les demandeurs d'emploi jugés « les plus éloignés de l'emploi », avec la mise en place du PARE/PAP en 2001.

Cette dispersion amène à s'interroger sur les raisons qui peuvent expliquer que des pratiques adoptées pour certaines catégories de publics dès le début des années quatre-vingt mettent autant de temps à se diffuser.

Une première explication, partielle, d'un tel étalement dans le temps peut tenir au choix de l'instance d'évaluation de limiter son champ d'observation à l'action du SPE, sans prendre en compte les actions mises en place par les collectivités territoriales. Avec le RMI notamment, apparaît un certain partage des rôles entre l'État et ces dernières. Les Conseils généraux et les communes peuvent financer les actions d'accompagnement social réalisées par des opérateurs externes pour les publics bénéficiaires des mesures pour l'emploi, mais celles-ci n'apparaissent dans aucun bilan au titre de la politique de l'emploi [1].

Le recours récent aux opérateurs externes peut aussi être la manifestation d'une volonté d'améliorer, sans en modifier les principes d'action, des dispositifs conçus déjà en référence aux logiques d'accompagnement individualisé des publics, mais pour lesquels la fonction d'accompagnement avait initialement été confiée à l'employeur ou au formateur (CES, SIFE collectifs). Le constat d'un fonctionnement peu satisfaisant de ces dispositifs amène le ministère à confier l'accompagnement à des opérateurs spécialisés (*cf.* chapitre 3).

L'hypothèse d'un simple ajustement des mesures existantes est toutefois trop réductrice pour rendre compte de la création ou du développement important d'autres actions, telles que les PLIE, TRACE, ou la très forte croissance du recours à des opérateurs externes à l'ANPE. Il semble y avoir dans ces cas-là une volonté de cristalliser, par des dispositifs dotés de moyens substantiels, des principes d'action expérimentés auparavant par le SPE, les collectivités territoriales ou les réseaux associatifs, mais qui n'avaient pas encore pu être stabilisés dans des programmes nationaux de la politique de l'emploi.

La relative lenteur de ce processus est-elle due à ce que les principes d'action largement valorisés par les experts et les acteurs de terrain ont mis beaucoup de temps à être jugés crédibles par les responsables politiques et l'administration centrale ?

Faut-il y voir un effet de la rigueur budgétaire, en ce qu'il était plus facile pour l'administration de l'emploi d'obtenir quelques dizaines de milliers de CES ou de SIFE supplémentaires que de faire accepter la création de lignes budgétaires nouvelles, caractérisées par une plus grande souplesse d'utilisation et un « effet chômage » moins assuré ?

---

1. Le repérage des actions des collectivités locales s'avère en effet difficile. Voir « Collectivités locales et lutte contre le chômage », Cahier Travail et Emploi, *DARES, La Documentation française, 1997.*

Faut-il l'interpréter comme un indice de ce que la première priorité des gouvernements, en période d'augmentation continue du chômage, n'était peut-être pas un objectif micro-économique d'amélioration de l'insertion professionnelle des bénéficiaires ou de modification structurelle des pratiques de gestion de l'emploi dans les entreprises, mais un objectif macro-économique de maintien du niveau du chômage à des niveaux socialement acceptables, mieux atteint par une multiplication des mesures de masse telles que les stages et les aides aux employeurs du secteur non marchand [1] ?

Cette dernière hypothèse paraît d'autant plus crédible que deux périodes ont connu une plus grande concentration de créations d'actions nouvelles ou de modifications de dispositifs existants qui se sont traduites par un recours accru à des opérateurs externes :

- la fin des années quatre-vingt, avec les dispositifs d'appui au reclassement pour les personnes licenciées, le développement du conseil aux entreprises dans le cadre de la « modernisation négociée », le développement des actions d'insertion par l'activité économique ;

- la fin des années quatre-vingt-dix, avec la création ou la réorganisation de nombreux dispositifs d'accompagnement des demandeurs d'emploi et de conseil aux employeurs, se traduisant par une très forte augmentation des crédits consacrés au financement des opérateurs externes. Ainsi, la loi d'orientation relative à la lutte contre l'exclusion du 29 juillet 1998 et l'ensemble des textes sur les dispositifs d'insertion qui l'ont suivie ont affirmé le caractère central de l'accompagnement individualisé et durable des personnes en difficulté en tant que principe d'action.

1. *Berthet (T.), Cuntigh (P.), Guitton (C.) avancent aussi cette explication pour rendre compte des à-coups de la territorialisation de la politique de l'emploi :* « En période de dégradation du marché du travail, les modes d'action du SPE tendent à se « recentraliser », les enjeux politiques liés au chômage et la responsabilité de l'État en matière de cohésion sociale l'amenant à réaffirmer sa compétence exclusive en matière d'emploi. À l'inverse, en période de plus grande fluidité du marché du travail, la légitimité des acteurs locaux semble davantage considérée ». *« Politique d'emploi et territoires »,* Bref Céreq, *n° 182, 2002.*

Or ces deux périodes sont les seules, en plus de vingt ans, à avoir connu une embellie économique de quelques années et une nette diminution du chômage. La contrainte quantitative qui a pesé en permanence sur la politique de l'emploi semble avoir laissé alors la place à la volonté de promouvoir, sur une large échelle, une politique de qualité passant par l'individualisation des services aux usagers. Réussir cette politique supposait d'améliorer, en interne, la qualité des services rendus par les agents du SPE, mais le recours aux opérateurs externes s'est imposé aussi comme l'un des facteurs essentiels de cette réussite. Cette interprétation mérite toutefois d'être nuancée pour l'ANPE : la création du service personnalisé pour un nouveau départ vers l'emploi (SPNDE), ciblé sur les publics en difficulté, qui est à l'origine de la forte croissance de l'appel aux opérateurs externes, est décidée pour répondre aux orientations européennes alors que le niveau du chômage est très élevé (*cf. infra*). En revanche, la généralisation du principe de l'individualisation des services rendus à tous les demandeurs d'emploi avec le PARE/PAP intervient au moment où le chômage connaît sa phase de régression la plus nette.

5. Les pratiques récentes marquées par la recherche d'une action locale cohérente pilotée par le SPE

Les très nombreuses décisions prises entre 1998 et aujourd'hui en matière d'externalisation ne sont pas seulement un approfondissement, dans la continuité, des tendances antérieures. Elles sont marquées par les évolutions plus générales de l'action publique pour l'emploi au cours de la période et, plus particulièrement, par deux orientations structurantes :

- l'intégration, depuis la fin de l'année 1997, de la politique française de l'emploi dans le mécanisme de coordination mis en place au sein de l'Union européenne (« processus de Luxembourg ») ;

- la « territorialisation » des actions de prévention et de lutte contre le chômage de longue durée et contre les exclusions.

La mise en place du SPNDE à l'ANPE a ainsi été la réponse aux orientations préconisées par les « lignes directrices pour l'emploi de Luxembourg ». Celles-ci incitaient en effet les États membres à promouvoir une politique préventive plutôt que curative et stipulaient que, pour ce faire, il fallait généraliser un système de prestations s'adressant à la totalité des demandeurs d'emploi avant qu'ils ne soient touchés par le chômage de longue durée [1].

De manière plus générale, la Commission européenne a proposé en 1998, dans une communication intitulée « Moderniser les Services publics de l'emploi pour soutenir la stratégie européenne pour l'emploi », un cadre de référence pour améliorer l'efficacité et l'efficience des Services publics de l'emploi, dans lequel la possibilité du recours à des opérateurs externes est largement abordée. Tout en réaffirmant le rôle central des Services publics de l'emploi, *« acteurs essentiels de la stratégie européenne de l'emploi »*, la Commission européenne souligne dans sa communication la nécessité pour eux de s'adapter à un environnement en évolution rapide. Ceci se traduit notamment par l'apparition et le développement de *« nouveaux fournisseurs de services intermédiaires (...) qui, dans un certain nombre de pays, complètent les activités des SPE (...) et qui sont pour tout ou partie financés par les deniers publics.* [2]»

Les soutiens financiers apportés par la Commission européenne à la politique active de l'emploi par l'intermédiaire de l'objectif 3 du Fonds social européen (FSE) ont d'ailleurs largement contribué, depuis le début des années quatre-vingt-dix, à faciliter le développement des actions faisant appel à des opérateurs externes. Ainsi, pour la période 2000-2006, le FSE participe notamment au financement des actions et opérateurs suivants [3] : prestations de l'ANPE et mesures individualisées d'appui social pour les demandeurs d'emploi, conseil aux entreprises, appui aux créateurs d'entreprise, soutien financier aux missions locales, aux structures d'insertion par l'activité économique, aux PLIE.

L'importance accordée à partir de 1998 à l'organisation territoriale de la politique d'appui à l'insertion professionnelle des publics en difficulté, avec la généralisation des procédures dites de « globalisation » (lancées

---

1. *Micheau (J.), Poujouly (C.), Pommier (P.), « Le service personnalisé pour un nouveau départ vers l'emploi : programme français d'accompagnement des chômeurs »*, Bilan de la politique de l'emploi en 2000, Les Dossiers de la DARES, *n° 4-5, La Documentation française, 2001.*

2. *Pages 11-12 de la version française de cette communication, disponible sur le site Internet de la Direction générale emploi et affaires sociales de la Commission européenne. Le chapitre 7 du rapport propose une analyse plus complète de cette communication.*

3. *Document unique de programmation objectif 3 pour la France.*

dès 1988) puis de « territorialisation », a eu également une influence manifeste sur les décisions de recours à des opérateurs externes. En souhaitant voir progresser à tous les niveaux une logique d'action plus globale, améliorant la cohérence de l'ensemble des moyens disponibles et leur adaptation aux besoins locaux, le ministère a été amené à clarifier sa conception des relations entre les trois composantes du SPE (services du ministère, ANPE, AFPA), entre le SPE et les collectivités territoriales, entre le SPE et les autres intervenants. Cette clarification est apparue d'autant plus nécessaire que, au fil du temps, la montée en puissance des collectivités territoriales dans le champ de la politique de l'emploi et l'impulsion qu'elles avaient donnée localement à des structures associatives ou professionnelles pour que ces dernières mettent en œuvre les stratégies territoriales dont elles étaient porteuses avaient pu créer un paysage institutionnel quelque peu confus.

La volonté de promouvoir une logique de projet territorial et de favoriser la mise en cohérence de l'ensemble des actions locales a débouché sur une réaffirmation de la position centrale du SPE vis-à-vis de l'ensemble des autres intervenants dans le pilotage de l'action locale pour l'emploi, à toutes les phases de ce pilotage : réalisation des diagnostics territoriaux, définition des stratégies d'action et mobilisation des ressources disponibles sur le territoire, orientation des demandeurs d'emploi vers les dispositifs les plus adaptés, suivi, contrôle et évaluation des actions.

Il serait sans doute exagéré de parler d'un mouvement d'internalisation des actions. Il n'en est pas moins vrai que les acteurs associatifs ont vu leurs modalités d'action plus encadrées par le SPE et leurs actions davantage intégrées au déploiement de la politique de l'emploi sur leur territoire. La période a été particulièrement riche en textes relatifs à ces niveaux d'externalisation pour l'accompagnement des publics en difficulté :

- formalisation du partenariat de l'ANPE avec les communes, les missions locales, l'APEC, le réseau « Cap Emploi » pour les personnes handicapées, avec l'adoption d'une démarche qui se veut proactive [1] ;

1. *Annexe 1 au rapport d'étape pour le comité d'évaluation du troisième contrat de progrès ANPE/État, 2001.*

- rôle central des missions locales et des permanences d'accueil, d'information et d'orientation (PAIO) dans l'organisation des parcours des jeunes bénéficiaires du programme TRACE ;

- pilotage du programme d'accompagnement des personnes en CES confié localement à des fonds locaux emploi-solidarité (FLES) ;

- soutien au développement des PLIE, définition plus précise de leur organisation, mission générale d'animation du réseau des PLIE confiée à l'Association EUROPLIE ;

- redéfinition des modalités d'appui aux structures d'insertion par l'activité économique et volonté de mise en cohérence de leur action sur un territoire avec la création des Comités départementaux d'insertion par l'activité économique (CDIAE).

Cette démarche instituant un intermédiaire chargé d'organiser, pour le compte du SPE, l'action d'opérateurs délivrant le service direct aux usagers ne s'est d'ailleurs pas limitée à l'accompagnement des publics. Elle se retrouve aussi dans les décisions prises depuis 1998 pour le conseil aux entreprises et l'appui à la création d'activités : désignation d'organismes délégataires dans le programme EDEN pour l'analyse des projets de création d'entreprises, rôle de coordination confié à l'ANACT, puis aux organisations professionnelles ou aux organismes consulaires pour l'appui-conseil à la réduction du temps de travail, financement conjoint avec la Caisse des dépôts et consignations de structures pilotes (en particulier le réseau France active) pour l'animation territoriale de la consolidation des emplois créés dans le cadre du programme « nouveaux services - emplois jeunes ».

CHAPITRE 2

Le recours aux opérateurs externes aujourd'hui : un phénomène protéiforme et massif

On a montré que le recours aux opérateurs externes pouvait être mis en regard des principes d'action de la politique de l'emploi et obéissait, en conséquence, à des logiques et à des ambitions hétérogènes. Les formes de mobilisation des opérateurs externes apparaissent, dans ce contexte, fort variées.

Le présent chapitre rend compte de cette hétérogénéité par l'analyse des principales fonctions liées à la conduite de la politique active de l'emploi qui ont été confiées à des opérateurs externes au SPE. Cette analyse fonctionnelle est complétée par une mise en perspective des mesures concernées et des modalités du recours à des opérateurs pour chacune d'entre elles, qui permet d'apprécier l'ampleur et la diversité de celles-ci. Dans un deuxième temps, ce chapitre tente de dégager les masses financières en jeu.

1. Un recours protéiforme aux opérateurs externes

L'instance d'évaluation a procédé à un état des lieux du recours à des opérateurs externes dans la politique de l'emploi. Cet exercice s'est appuyé, d'une part, sur une analyse fonctionnelle du recours aux tiers, d'autre part, sur un recensement des mesures concernées.

1.1. De nombreuses fonctions sont confiées à des opérateurs externes, avec une intensité diverse

La perspective historique dressée dans le chapitre précédent a mis en évidence plusieurs grands types d'actions qui ont progressivement donné lieu à la participation d'opérateurs externes : l'offre de services individualisés aux demandeurs d'emploi, le conseil aux entreprises et, plus récemment, l'action locale pour l'emploi.

Le champ des actions confiées à des tiers est toutefois plus large et il faut aussi tenir compte des fonctions qui ressortent de la compétence exclusive du SPE. Il s'agit donc, dans cette partie, de repartir de l'ensemble des fonctions liées à la politique active de l'emploi afin de délimiter le domaine « réservé » du SPE et le domaine « partagé » de compétences entre le SPE et les opérateurs externes.

En première analyse, le sujet doit être examiné sous l'angle de la conduite générale des politiques publiques qui peut être séquencée en trois temps : sa conception, sa mise en œuvre et son évaluation.

La **première phase, dite de conception**, est celle de la définition d'une stratégie pour l'emploi, fondée sur la détermination des objectifs à atteindre et sur l'élaboration d'instruments pour la mettre en œuvre. Cette phase relève de la compétence exclusive du Service public de l'Emploi et, plus précisément, en son sein, du ministère en charge de l'Emploi. Cette compétence exclusive connaît toutefois quelques exceptions. Elle peut faire place à des experts précisant les contours de certaines mesures [1]. La conception est parfois aussi le fait des partenaires sociaux au titre des compétences qui leur sont reconnues dans la gestion de l'assurance chômage ou dans des champs d'action voisins de la politique active de l'emploi (la formation professionnelle des salariés en particulier). Ils ont joué ainsi un rôle majeur dans la création d'instruments dont ils assurent, au moins pour partie, la gestion et le financement : formation en alternance des jeunes (contrats de qualification, d'adaptation, d'orientation), PARE/PAP, actions en faveur de l'insertion professionnelle des travailleurs handicapés.

Concomitamment à la conception stratégique du dispositif, intervient la rédaction des textes (loi, décret et circulaire) relatifs aux différentes mesures : il s'agit là d'un domaine réservé au ministère de l'Emploi.

Enfin, la phase de conception s'accompagne de **l'information du public**. Si elle incombe dans la majorité des cas aux acteurs du SPE, l'information

---

1. Des experts ont ainsi été sollicités dans le cadre du programme « nouveaux services-emplois jeunes » (NSEJ) afin de définir, par grands secteurs d'activités, le contenu des postes que pourraient occuper les jeunes recrutés.

peut néanmoins s'appuyer sur des relais nationaux ou locaux, par exemple les communes ou les réseaux associatifs, pour les instruments du secteur non marchand. Des campagnes d'information peuvent aussi être sous-traitées à des sociétés de communication lors du lancement de nouvelles mesures.

La **troisième phase, dite d'évaluation**, entendue ici au sens large, constitue un pilier de la maîtrise des politiques publiques. En matière de politique active de l'emploi, elle renvoie d'abord au suivi statistique des mesures ainsi qu'à leur appréciation au sens strict, analysée comme la mesure de leur performance et de leur impact sur les bénéficiaires.

Le suivi statistique des actions pour l'emploi relève de la Direction de l'animation de la recherche, des études et des statistiques du ministère (DARES, *cf.* chapitre 3). Cette compétence rencontre toutefois des limites liées à la difficulté de la collecte des données auprès des gestionnaires de ces actions, qu'il s'agisse des services du SPE ou, surtout, des opérateurs externes. Ces données apparaissent ainsi inégalement exploitables par l'administration centrale.

L'évaluation des actions de politique active de l'emploi constitue enfin un domaine partagé. Des études évaluatives sont complètement réalisées en interne par le SPE (DARES, services déconcentrés du ministère, ANPE). Mais celui-ci peut confier tout ou partie de leur réalisation à des centres de recherche qui lui sont liés (Centre d'études de l'emploi, CEREQ) ou à des organismes extérieurs – cabinets de consultants, laboratoires de recherche, universités –, à partir d'un cahier des charges précis. Il peut aussi solliciter des instances interministérielles pour les conduire (Conseil national de l'évaluation). Le Parlement mène parfois ses propres évaluations et les rapports des grands corps d'inspection et de contrôle (Cour des comptes, IGAS, IGF) comportent souvent des appréciations sur le fonctionnement et sur les effets des dispositifs examinés qui relèvent de l'évaluation. Enfin, certains opérateurs externes peuvent conduire, à leur initiative, des évaluations des actions qui leur sont confiées et en transmettre les résultats à l'administration.

Ce sont principalement les fonctions de la deuxième phase, **relatives à la mise en œuvre de la politique de l'emploi**, qui sont l'objet d'un partage des rôles entre le SPE et les opérateurs externes. Classiquement, le « métier » du SPE est partagé entre quatre domaines d'intervention :

l'intervention dans l'entreprise (appui aux restructurations, encouragement à la modernisation) ; l'intervention sur le marché du travail (intermédiation et mise en œuvre des programmes ciblés visant à l'insertion des catégories prioritaires et à la prévention du chômage de longue durée) ; l'appui au développement local (création d'entreprises et soutien au développement d'activités et d'emplois) ; la formation professionnelle.

En ne retenant que les trois premiers domaines qui relèvent de notre champ d'évaluation, [1] il est possible d'affiner l'état de lieux en le centrant sur les fonctions confiées à des tiers dans chacun des domaines d'intervention. L'éventail des fonctions externalisées apparaît ainsi d'une amplitude variée.

En matière d'*intervention dans l'entreprise,* ce sont les cellules de reclassement et les dispositifs d'appui-conseil qui font appel à des opérateurs externes. Le ministère de l'Emploi finance des opérateurs externes (en l'occurrence des consultants) pour aider les entreprises ou certains porteurs de projets (structures souhaitant financer des emplois-jeunes...) à poursuivre un objectif de la politique de l'emploi, en leur apportant un appui méthodologique, voire juridique. Le conseil aux entreprises a évolué. Il ciblait, au début des années quatre-vingt-dix, les entreprises en difficulté et les PME-PMI, et il s'oriente, depuis 1998, vers l'ensemble des entreprises (appui-conseil ARTT, appui-conseil à la gestion prévisionnelle des emplois et des compétences...), voire vers les structures associatives (NSEJ). Le recours à des opérateurs reste cependant limité à la stricte mise en œuvre de la mesure. En amont, les opérateurs sont soumis à l'agrément du préfet ; en aval, le contrôle de l'effectivité de la mesure relève des services déconcentrés du ministère de l'Emploi.

L'*intervention sur le marché du travail* est le domaine où les opérateurs externes sont les plus présents et les actions les plus variées. Elle recouvre plusieurs attributions qui rejoignent, en partie, les *core functions* des Services publics de l'emploi, définies par la Commission européenne : le recueil des offres et des demandes d'emploi (défini sous le terme d'*information* par la Commission européenne) ; l'intermédiation sur le marché du travail (désignée sous le terme *brokerage*), qui englobe les

1. Le champ de l'étude ne concerne que la mise en œuvre de la politique active de l'emploi, au sens défini plus haut. Il exclut ainsi les autres fonctions qu'exerce le Service public de l'emploi, telles que la fonction centrale de placement ou la formation professionnelle.

activités de diagnostic, d'orientation, d'adaptation et de placement des publics ; l'indemnisation des demandeurs d'emploi et des plus démunis, qui rassemble l'indemnisation et le contrôle de la recherche effective d'emploi, ces dernières attributions étant hors du champ de notre évaluation.

L'ensemble des fonctions d'intermédiation sur le marché du travail est assuré, d'après les textes, par l'ANPE : élaboration des diagnostics préalables, construction des parcours de réintégration et placement des demandeurs d'emploi [1]. Cette exclusivité est néanmoins parfois aménagée en ce qui concerne les fonctions de diagnostic et de construction des parcours. Ainsi, les PLIE comme les structures de l'insertion par l'activité économique peuvent être conduits à proposer des parcours à certains publics. La construction de parcours de réintégration pour les cadres, les travailleurs handicapés ou certains jeunes implique, dans le cadre de partenariats, respectivement l'APEC, l'AGEFIPH avec le réseau Cap Emploi, le réseau d'accueil, d'information et d'orientation des jeunes (missions locales et PAIO). Plus globalement, ces organismes se voient confier la conception et la mise en œuvre de stratégies globales concernant certains publics. L'opérateur a alors la responsabilité de concevoir et d'animer sur l'ensemble du territoire un aspect de la politique de l'emploi. Le champ de ces interventions reste relativement bien délimité et les modalités de la délégation sont précisées par un cadre conventionnel.

Dans la mise en œuvre des parcours, les multiples prestations d'accompagnement de l'intermédiation (ateliers, évaluations, bilans de compétences approfondies, accompagnements post-SIFE, etc.) mobilisent de nombreux opérateurs externes. Le choix des prestataires, l'éligibilité des publics bénéficiaires comme le contrôle du service offert restent néanmoins de la compétence du SPE, sauf dans le cas des conventions à fin de placement.

1. La fonction de placement est hors champ de notre évaluation. Mais il faut noter que, depuis l'origine (1967), l'ANPE dispose de la possibilité de conclure des conventions à fin de placement avec d'autres organismes. Un organisme ainsi conventionné peut notamment recueillir des offres d'emplois, les diffuser et les mettre à la disposition des personnes à la recherche d'emploi, et recueillir des candidatures de personnes intéressées par ces offres.

Les *actions en matière de développement local* sont enfin très perméables à l'intervention d'opérateurs externes. La création d'entreprise, à travers la mesure EDEN, donne lieu au recours à des opérateurs externes sur l'ensemble de la chaîne de traitement : instruction des dossiers et choix des bénéficiaires, attribution des aides, paiement des aides, ce qui n'a d'ailleurs pas manqué de susciter des réactions [1].

Le *soutien au développement d'activités et d'emplois dans les secteurs marchand et non marchand* est également un domaine où l'externalisation va très loin : possibilité de recours à des tiers pour le choix des bénéficiaires dans des cas très limités, [2] pour l'organisation des actions de conseil auprès des employeurs sur un territoire (réalisation des diagnostics locaux d'action pour le programme NSEJ) et des actions d'accompagnement vers l'emploi (fonds locaux emploi-solidarité – FLES – pour les personnes en CES).

Le soutien au développement d'activités et d'emplois a également donné lieu à l'externalisation de fonctions techniques, comme le paiement et la production de données de gestion à des fins statistiques. Cette externalisation vise la délégation accordée au CNASEA (*cf.* chapitre Premier) ainsi que la gestion du dispositif de soutien des jeunes en entreprise confiée à l'UNEDIC. Ces fonctions d'exécution ont un poids financier non négligeable et paraissent facilement « externalisables », étant autonomes des décisions plus stratégiques liées à l'engagement et au suivi.

Ainsi, si un grand nombre des mesures confiées à des opérateurs externes touchent des domaines où la logique du « faire-faire » s'impose pour des raisons de technicité (accompagnement des publics, conseil), d'autres portent sur des fonctions traditionnelles du SPE, qu'elles soient administratives (paiement, production de données à des fins statistiques,

---

1. Cf. recours du syndicat SUD. L'arrêt du Conseil d'État, en date du 21 février 2000, syndicat SUD-Travail, req. n° 20447-208587, a finalement annulé les dispositions de la circulaire n° 99-18 du 6 avril 1999 portant sur la délégation de l'accompagnement post-création, au motif qu'aucune disposition législative ou réglementaire n'avait prévu que cet accompagnement pourrait faire l'objet d'une telle délégation.

2. Les « pilotes locaux » désignés dès le lancement des emplois-jeunes ont, par exemple, obtenu parfois un pouvoir d'instruction de fait, la signature de la convention par les services déconcentrés découlant mécaniquement des orientations arrêtées par le pilote.

éligibilité des publics), ou stratégiques (animation locale, stratégie nationale pour un public donné). On voit aussi que ces « brèches » dans le monopole du SPE ont été avant tout dictées par le pragmatisme, au fil des nécessités du moment.

1.2. Les mesures confiées à des tiers sont très hétérogènes

Après avoir mis en évidence les grandes fonctions externalisées, on a procédé au recensement systématique, sur un horizon temporel de plus de quinze ans (1985 à 2002), des mesures de la politique de l'emploi confiées à des tiers.

L'instance d'évaluation a choisi de distinguer le terme « mesure » du terme « prestation » (*cf.* chapitre Premier). Les « mesures » désignent dans le rapport les instruments macro-économiques de la politique de l'emploi ayant des effets régulateurs sur le fonctionnement du marché du travail alors que les « prestations » constituent une offre de services plus micro-économiques et ponctuels. En cela, la plupart des instruments gérés par les services du ministère constituent des mesures (CES, CEC, SIFE...), même si la discussion est possible en ce qui concerne les instruments d'appui-conseil aux entreprises, retenus comme des mesures. En revanche (et ceci concerne essentiellement l'ANPE), les instruments tels que les ateliers, l'évaluation en milieu de travail, l'accompagnement vers l'emploi, l'appui social individualisé, etc. constituent des prestations d'une même mesure, comme le PARE/PAP. Cette distinction pourra paraître quelque peu arbitraire en raison, en particulier, du développement de l'individualisation dans l'instrumentation de la politique de l'emploi. Il a paru toutefois préférable de la retenir afin de ne pas mettre sur le même plan des « outils » par trop hétérogènes par leur nature et leurs objectifs.

Dans cette acception, plus d'une trentaine de mesures sont concernées par un recours à un opérateur externe ; elles sont extrêmement disparates dans leurs modalités d'externalisation, leur poids financier et leur portée. Elles sont recensées, de manière exhaustive, dans le tableau ci-après. Ce dernier retient les mesures existantes comme celles ayant disparu, ces dernières pouvant constituer des repères marquants en matière d'externalisation. Le tableau indique pour chacune la forme du recours à l'opérateur et la nature des fonctions qui lui sont confiées.

Encadré n° 1

Les mesures de la politique de l'emploi gérées par le ministère de l'Emploi et donnant lieu à recours à un tiers

Mesures	Formes du recours à un opérateur externe	Fonctions concernées
Contrat emploi-solidarité (CES)	1. Depuis 1990, le CNASEA est chargé du paiement des bénéficiaires de ces mesures ainsi que de la production de données.	Paiement / production de données
	2. Créés en 1991, les fonds locaux emploi-solidarité sont des associations agréées par le préfet et destinataires des aides de l'État afin d'aider au montage de la formation complémentaire des bénéficiaires du CES. Depuis 1998, ils peuvent réaliser directement des actions d'accompagnement ou organiser leur réalisation par des organismes tiers.	Organisation locale d'une action d'accompagnement des publics
	3. L'accompagnement CES : il existe un programme spécifique d'accompagnement des bénéficiaires des CES créé en 1998 et mis en œuvre, sur la base d'un cahier des charges, par des prestataires extérieurs différents des employeurs et sélectionnés sur appel d'offres. Par ailleurs, les chantiers d'insertion, créés spécialement pour réaliser un encadrement professionnel et social de salariés en CES très éloignés de l'emploi, assurent en interne des fonctions d'accompagnement de ces salariés.	Accompagnement des publics
Contrat emploi consolidé (CEC)	Depuis 1992, le CNASEA est chargé du paiement des bénéficiaires de ces mesures ainsi que de la production de données.	Paiement / production de données de gestion
Contrat emploi-ville (CEV)	Depuis 1996, le CNASEA est chargé du paiement de la mesure qui s'est éteinte progressivement depuis 1998.	Paiement / production de données de gestion

Stage d'insertion et de formation à l'emploi (SIFE) collectif	1. Créé par la loi quinquennale relative au travail, à l'emploi et à la formation professionnelle du 20 décembre 1993, et remplaçant les actions d'insertion et de formation (AIF), le SIFE vise à améliorer la qualification et faciliter l'insertion professionnelle des demandeurs d'emploi, en particulier des chômeurs de longue durée. Le CNASEA est chargé de la rémunération des stagiaires et, depuis 2000, du paiement des coûts de fonctionnement.	Paiement / production de données de gestion
	2. *Accompagnement post-SIFE* : mis en place en 1998, le programme spécifique d'actions d'accompagnement des bénéficiaires de SIFE collectif après la session de formation tend à améliorer les résultats du stage en termes d'insertion professionnelle. Il s'agit d'un appui renforcé à la recherche d'emploi, avec désignation d'un référent du bénéficiaire et rendez-vous réguliers. Cet accompagnement est assuré par un prestataire extérieur sur la base d'un cahier des charges « suivi post-SIFE », souvent l'organisme de formation qui a réalisé le stage.	Accompagnement des publics
TRACE	Créé par l'article 5 de la loi d'orientation du 29 juillet 1998 relative à la lutte contre les exclusions, ce dispositif vise à proposer aux jeunes les plus éloignés de l'emploi, en particulier à ceux issus des quartiers relevant de la politique de la ville, un parcours individualisé destiné à leur permettre l'accès à un emploi durable. Ce suivi est assuré généralement par les missions locales et les PAIO, mais il peut être confié aussi à d'autres organismes.	Accompagnement des publics
Bourses d'accès à l'emploi (BAE)	Depuis le 1er janvier 2002, les jeunes bénéficiaires des actions d'accompagnement ou qui accèdent au bénéfice de ces mesures avant le 1er janvier 2003 peuvent percevoir une bourse d'accès à l'emploi financée par l'État. Le paiement de la bourse d'accès à l'emploi est confié au CNASEA.	Paiement / production de données de gestion

Insertion des travailleurs handicapés	1. *L'AGEFIPH* Créée par la loi du 10 juillet 1987, l'AGEFIPH gère le fonds de développement pour l'insertion professionnelle des travailleurs handicapés. Elle s'appuie, pour l'accompagnement de ces publics, sur le réseau Cap Emploi regroupant EPSR privées et OIP.	Élaboration de la stratégie nationale d'insertion d'une catégorie de publics
	2. *Le réseau Cap Emploi* Les équipes de préparation et de suite du reclassement (EPSR) et les organismes d'insertion et de placement (OIP) se sont fédérés dans le réseau Cap Emploi. Ce réseau qui regroupe 120 structures gérées par des associations privées apporte son soutien aux travailleurs handicapés à toutes les étapes du processus de leur réadaptation en vue de faciliter, compte tenu de leurs aspirations et de leurs aptitudes, leur accès à une vie professionnelle stable.	Accompagnement des publics
	3. *Les programmes départementaux d'insertion des travailleurs handicapés* (PDITH) Initiés par une décision du Conseil des ministres en 1991 dans le cadre d'un plan pour l'emploi des personnes handicapées, les PDITH visent à améliorer de manière significative l'insertion des personnes handicapées en coordonnant mieux les initiatives prises par les différents acteurs concernés. L'instance de décision peut confier à un opérateur externe (association ou prestataire de services du secteur marchand) la fonction d'instance de coordination.	Animation locale d'une mesure
Entreprises d'insertion (EI)	Les entreprises d'insertion ont été reconnues par la loi du 27 janvier 1987 et ont obtenu un début de reconnaissance législative avec la loi du 3 janvier 1991. Elles ont pour finalité l'insertion sociale par l'exercice d'une activité professionnelle de personnes sans emploi rencontrant des difficultés particulières d'insertion. Elles délivrent un accompagnement spécifique des personnes qu'elles recrutent sur la base d'une convention avec l'ANPE.	Accompagnement des publics

Entreprises de travail temporaire d'insertion (ETTI)	Les ETTI, créées par la loi du 3 janvier 1991 et dénommées entreprises d'intérim d'insertion jusqu'à la loi du 29 juillet 1998, visent l'insertion par l'activité professionnelle des personnes sans emploi. Elles délivrent un accompagnement particulier aux personnes concernées. Le cas échéant, l'accompagnement peut être effectué par une autre structure d'insertion par l'activité économique dans le cadre d'une convention liant les deux organismes.	Accompagnement des publics
Associa-tions inter-médiaires (AI)	Les associations intermédiaires, reconnues par la loi du 27 janvier 1987, ont pour objet d'embaucher les personnes sans emploi rencontrant des difficultés sociales et professionnelles particulières, afin de faciliter leur insertion professionnelle en les mettant à titre onéreux à disposition de personnes physiques ou de personnes morales. Elles participent à l'accompagnement de ces dernières pour lequel elle touche un financement spécifique. Une convention de coopération entre l'AI et l'ANPE peut prévoir, le cas échéant, les conditions dans lesquelles l'AI réalise des prestations pour le compte de l'ANPE, ainsi que les conditions de financement de ces prestations.	Accompagnement des publics
Plans locaux pour l'insertion et l'emploi (PLIE)	Nés d'initiatives locales portées par des communes ou des groupements de communes puis repris dans la loi d'orientation relative à la lutte contre les exclusions du 29 juillet 1998, les PLIE visent à la mise en cohérence des interventions publiques au plan local afin de favoriser l'accès ou le retour à l'emploi des personnes les plus en difficulté. La circulaire du 21 décembre 1999 affine l'organisation des PLIE, en coordination avec les pouvoirs publics : le comité de pilotage donne mandat à un comité opérationnel, chargé de mettre en œuvre les orientations du comité de pilotage, et de produire un bilan régulier de la situation des publics. Il est placé sous la responsabilité d'un cadre permanent du PLIE, c'est-à-dire appartenant à la structure support juridique du PLIE. Il est composé de référents, qui sont des personnes au contact des publics dans leurs organismes respectifs. Des conventions sont passées entre ces organismes (opérateurs publics ou prestataires) et la structure support du PLIE.	Accompagnement des publics au sens large, pouvant conduire à la construction d'un parcours d'insertion

Plans locaux pour l'insertion et l'emploi (PLIE)	Enfin, le ministère de l'Emploi confie à l'association EUROPLIE, regroupant des cadres administratifs et techniques des PLIE, une mission d'animation des ressources de l'ensemble du dispositif au plan national. L'Alliance Ville Emploi, association créée en octobre 1993, participe également à la mutualisation des expériences entre PLIE.	
Nouveaux services-emplois jeunes (NSEJ)	1. *Depuis la création du programme* (loi du 16 octobre 1997), le CNASEA est chargé du paiement de l'aide aux employeurs.	Paiement / production de données de gestion
	2. *Aide au conseil* L'aide au montage des projets et à leur consolidation a pu être confiée, dans le cadre de conventions de promotion de l'emploi, à des organismes de conseil.	Conseil aux employeurs
	3. *Diagnostics locaux d'accompagnement (DLA)* Devant être généralisés en 2003 à tous les départements, les diagnostics locaux d'accompagnement, dont la réalisation est confiée aux réseaux associatifs spécialisés dans l'appui à la création d'activités, doivent permettre d'utiliser au mieux les crédits d'ingénierie en associant les décideurs locaux et en mutualisant les expertises, afin de consolider les postes créés par le programme.	Organisation locale d'une action de conseil aux employeurs
	4. *Accompagnement* Au terme de l'instruction du 6 février 1998, des actions d'accompagnement personnalisé ou encore des actions de capitalisation et de validation des acquis en cours d'emploi ont été confiées à des opérateurs externes, souvent financées par le FSE.	Accompagnement des publics
Chèques-conseil	Le dispositif de chéquier-conseil (décret du 21 mars 1994) permet aux bénéficiaires de l'aide à la création d'entreprise de recourir au soutien et au conseil d'organismes spécialisés dans la phase de préparation du projet et dans la première année suivant sa réalisation.	Conseil aux entreprises

Encouragement au développement d'entreprises nouvelles (EDEN)	1. La mesure EDEN a été créée par la loi du 16 octobre 1997 afin d'aider les demandeurs d'emploi à créer leur propre emploi en leur versant une aide financière destinée à capitaliser leur entreprise. La possibilité de confier la décision d'attribution de l'avance remboursable, transformée en subvention en 2001, ainsi que sa gestion à des organismes délégataires a été introduite par la loi du 31 juillet 1998. En l'absence de délégataires, les DDTEFP assurent ces fonctions. 2. *L'accompagnement post-création d'entreprise* Il est délégué dans tous les départements. Dans les départements où la gestion de l'avance remboursable a été confiée à un organisme délégataire, c'est de cet organisme que relève la recommandation de l'accompagnement. L'organisme délégataire de l'accompagnement renforcé a compétence pour déterminer l'objet et les modalités de l'accompagnement.	Éligibilité des publics, accompagnement des publics, paiement Conseil aux entreprises
Cellule de reclassement	Créée par le décret du 11 septembre 1989, la cellule de reclassement a pour objet de faciliter le reclassement externe à l'entreprise des salariés licenciés ou menacés de l'être. Elle a un rôle d'accueil, d'évaluation, d'orientation et de conseil.	Accompagnement des publics
Audits économiques et sociaux	Les audits économiques et sociaux, mis en place en 1983, ont pour finalité d'aider des entreprises en difficulté à faire une étude de leur situation économique et à trouver des solutions de redressement afin de favoriser le maintien dans l'emploi. Ils sont confiés à des organismes de conseil. Ce dispositif a été supprimé.	Conseil aux entreprises
Aide au conseil à l'embauche	Créée en 1991, l'aide au conseil à l'embauche dans les PME-PMI, dans un contexte de difficultés de recrutement, visait à apporter aux PME-PMI un soutien méthodologique permettant de mieux cibler leurs besoins en termes d'emploi. Elle est confiée à des organismes de conseil. Ce dispositif a été supprimé.	Conseil aux entreprises

Aide au conseil aux entreprises en difficulté	L'aide au conseil aux entreprises en difficulté, créée en 1989 et réservée aux entreprises de moins de 300 salariés, permettait de financer une étude sur les solutions de redressement possible en cas de difficultés susceptibles de conduire à des licenciements. Ce dispositif ne semble pas avoir été beaucoup utilisé.	Conseil aux entreprises
Aide au conseil aux entreprises	L'aide au conseil aux entreprises (ACE), mise en place en 1993, regroupe plusieurs dispositifs d'aide au conseil existant antérieurement, pour accompagner les expériences significatives conduites dans les entreprises « en matière de changement du travail ». Elle est confiée à des tiers, organismes de conseil. Elle a remplacé la ligne d'innovation pour la gestion de l'emploi (LIGE), mise en place en 1991, qui visait à encourager l'extension de pratiques de gestion prévisionnelle des emplois dans les entreprises, et à assurer la diffusion des expériences innovantes en la matière. Elle suppose une délégation à des organismes de conseil.	Conseil aux entreprises
Appui-conseil à l'aménagement et à la réduction du temps de travail	1. L'appui-conseil à la réduction du temps de travail a été créé par la première loi Aubry pour accompagner les entreprises de moins de 500 salariés s'engageant dans la réduction du temps de travail. Le dispositif a été modifié après la loi Aubry II. Ce conseil est confié à des organismes extérieurs. 2. Les ARACT disposent d'une mission d'animation régionale de l'appui-conseil aux entreprises définie par la convention État-ARACT annexée à la circulaire n° 2001-26 du 14 août 2001. Cette mesure a été supprimée en 2003.	Conseil aux entreprises Animation locale d'une mesure
Appui-conseil à la gestion prévisionnelle des emplois et des compétences	Introduit par l'article 95, loi n° 2002-73 du 17 janvier 2002 de modernisation sociale, l'appui-conseil à la gestion prévisionnelle des emplois est réservé aux PME et consiste en la prise en charge par l'État d'une partie des frais liés aux études préalables à la conception d'un plan de GPEC. En l'absence de textes d'application, ce mécanisme est à ce jour suspendu.	Conseil aux entreprises

Soutien des jeunes en entreprise	La loi du 29 août 2002 a prévu une aide de l'État au soutien de l'emploi des jeunes en entreprise. La gestion de cette aide a été confiée à l'UNEDIC.	Paiement / production de données de gestion

L'ensemble de ces mesures relève des services du ministère de l'Emploi et sont, pour une grande majorité d'entre elles, gérées par les DDTEFP. La création de la « ligne d'actions spécifiques » (LAS) a constitué une innovation dans la gestion des mesures du ministère [1]. Mise en place par la circulaire du 15 juin 1998 relative à la déconcentration et à la globalisation des programmes de lutte contre le chômage de longue durée et d'insertion des publics en difficulté, cette ligne possède des crédits qui doivent être utilisés pour « *améliorer l'efficacité des mesures et favoriser l'insertion professionnelle et le retour à l'emploi des publics concernés par le programme* ». Ils peuvent financer les actions d'accompagnement post-SIFE, des réseaux de parrainage de jeunes, visant à les aider dans leur intégration professionnelle, les aides aux femmes isolées (aides à la garde d'enfants, aides à la mobilité géographique) depuis 1999, les actions d'accompagnement des bénéficiaires de CES depuis 2001, et toute action pertinente pour améliorer l'efficacité du programme globalisé, notamment actions d'accompagnement, prestations de type ANPE... Cette latitude laissée aux services dans l'affectation des crédits a conduit à une utilisation très diversifiée entre les DDTEFP. Depuis 2003, les DRTEFP arbitrent le montant et la répartition géographique de ces crédits, qui étaient jusqu'en 2002 déterminés par l'administration centrale.

L'analyse conduite dans le tableau précédent pour les mesures gérées par les services du ministère peut être complétée par l'état des lieux des prestations confiées à des opérateurs externes par l'ANPE [2].

---

1. Une ligne expérimentale analogue avait été créée en 1979.
2. En ce qui concerne l'AFPA, seul le service d'appui à la définition du projet de formation de l'AFPA (dit « service S2 ») était susceptible de rentrer dans le champ de l'évaluation, ce dernier étant confié dans certains cas à des organismes extérieurs.

Encadré n° 2

Les prestations gérées par l'ANPE et confiées à des opérateurs externes

Les prestations de l'ANPE sous-traitées

L'offre de services de l'ANPE comporte un ensemble de prestations en faveur des demandeurs d'emploi. Ces prestations peuvent être totalement ou partiellement sous-traitées à des opérateurs externes. L'ANPE délivre également des prestations aux entreprises, mais les crédits consacrés à la sous-traitance n'ont représenté que quelques dizaines de milliers d'euros ces dernières années (*cf.* tableau n° 5).

Instruments	***Formes de recours à des tiers***	***Fonctions concernées***
Évaluation	Les prestations d'évaluation visent l'évaluation des compétences et capacités professionnelles (ECCP), l'évaluation en milieu de travail (EMT), l'évaluation en milieu de travail préalable à l'embauche (EMTPE), et l'évaluation du projet de création d'entreprise (EPCE). Ces prestations sont sous-traités en totalité à des opérateurs externes.	Accompagnement des publics
Ateliers	Les ateliers se déclinent en deux types de thèmes : thèmes liés à la recherche d'emploi ; thèmes liés à la définition d'un projet professionnel. Ils peuvent être réalisés par les services de l'ANPE ou sous-traités à des opérateurs externes.	Accompagnement des publics
Accompagnement renforcé	L'accompagnement rassemble des prestations individuelles ou collectives dont l'objectif est de réussir sa recherche d'emploi (objectif emploi - OEI), objectif emploi en groupe (OEG), cercle de recherche active d'emploi (CRAE), club des chercheurs d'emploi, marketing emploi, prestation d'accompagnement dans l'emploi (PADE)) ou de définir son projet professionnel (objectif projet - OPI), bilan de compétences approfondi (BCA), objectif projet en groupe (OPG), du diplôme à l'emploi. Ces prestations sont partiellement sous-traitées à des opérateurs externes, à l'exception des BCA qui sont entièrement sous-traités.	Accompagnement des publics

La co-traitance de l'ANPE

La mise en œuvre du PARE-PAP conduit l'ANPE à confier l'accompagnement de certains publics aux opérateurs spécialisés que sont l'APEC, les missions locales et le réseau Cap Emploi.

Le partenariat de l'ANPE

L'ANPE dispose également de la possibilité de conclure des conventions à fin de placement avec d'autres organismes (collectivités territoriales, établissements publics, organismes gérés paritairement, associations, employeurs ou groupes d'employeurs) (*cf. supra*).

Si le placement ne fait pas partie du champ de l'évaluation, le partenariat mis en place par l'ANPE doit néanmoins être inclus dans notre analyse, dans la mesure où les organismes partenaires disposent, par ces conventions, de moyens pour faire assurer des prestations d'accompagnement.

2. Des masses financières importantes

L'établissement de données physiques et financières relatives au poids de l'externalisation dans la politique active de l'emploi a conduit l'instance d'évaluation à un travail délicat de reconstitution des crédits correspondants. La conclusion est que le poids financier des opérateurs externes dans la conduite de la politique de l'emploi est loin d'être négligeable.

2.1. Les crédits de la politique active de l'emploi

La notion même de dépense pour l'emploi peut faire l'objet d'interprétations diverses. Dans son acception la plus large, à savoir « l'ensemble de l'effort financier consenti par la collectivité dans la lutte pour l'emploi et contre le chômage », elle représentait en 1999 plus de 58 milliards d'euros [1]. Ce montant comprenait les sommes consacrées à la politique active de l'emploi, à la formation professionnelle des actifs, aux dépenses « passives » d'indemnisation du chômage et d'incitation au retrait d'activité, ainsi que les mesures d'ordre général d'abaissement du coût du travail. L'État ne finançait que 40 % de ce montant. L'UNEDIC, les employeurs, les collectivités territoriales, l'Agence centrale des organismes de sécurité sociale (ACOSS) participaient aussi largement à cet effort.

Le champ de ce rapport se limite toutefois aux actions de la politique active de l'emploi conduites par les services du ministère et par l'ANPE. Doivent donc être exclus des dépenses à prendre en compte le coût des actions de formation professionnelle qui ne sont pas destinées aux publics prioritaires de la politique de l'emploi, les dépenses « passives »

1. *Roguet (B.), « La dépense pour l'emploi en 1999 »,* Premières Synthèses, *n° 31.1, DARES, 2002.*

(indemnisation du chômage...), de même que le coût des actions de politique active de l'emploi qui ne sont pas financées par le ministère de l'Emploi.

Les mesures d'application générale d'abaissement du coût du travail sont aujourd'hui un élément essentiel de la politique active de l'emploi (plus de 14 milliards d'euros en 2001, [1] près de 16 milliards d'euros prévus en 2003). Mais ces mesures n'ont pas toujours relevé des crédits d'intervention du ministère de l'Emploi même si, pour 2004, elles ont été réintégrées à ces crédits. Elles sont financées par le Fonds de financement de la réforme des cotisations patronales de sécurité sociale (FOREC), créé en 2000, et l'action de l'ACOSS, qui les gère, ne faisait pas partie du champ de cette évaluation. Pour apprécier le poids financier du recours à des opérateurs externes dans l'action du ministère, il paraît donc légitime de retenir les deux options consistant soit à inclure ces mesures dans le total des dépenses, soit à ne pas les retenir. C'est d'ailleurs une solution retenue par la DARES dans les bilans annuels de la politique de l'emploi.

En dehors de ces mesures, la dépense à prendre en compte concerne principalement les crédits du ministère de l'Emploi dans les domaines suivants.

---

1. ACOSS STAT, *n° 3, 2002.*

Tableau n° 1

Les crédits budgétaires pour la politique active de l'emploi

Catégorie d'actions	**Crédits votés pour 2002** [1] (milliards d'euros)	**Loi de finances 2003** (milliards d'euros)
Aides aux emplois du secteur marchand	3,60	3,50
Aides aux emplois du secteur non marchand	5,28	4,06
Actions de formation pour les publics prioritaires	0,39	0,36
Promotion de l'emploi	0,13	0,10
Appui financier à l'insertion par l'activité économique	0,16	0,15
Autres interventions d'appui à l'action locale (réseau d'accueil jeunes, TRACE, PDITH...)	0,20	0,15
Moyens des services du ministère (rémunération des agents, fonctionnement)	0,59	0,60
Subvention à l'ANPE	1,17	1,19
TOTAL	**11,52**	**10,11**

Source : loi de finances pour 2003

---

*1. En plus des dépenses relevant du budget du ministère, il conviendrait de prendre en compte les cofinancements obtenus d'autres institutions pour mesurer la dépense totale engendrée par les actions récapitulées dans ce tableau. Ainsi, sur la période 2000-2002, le FSE (*cf. *chapitre Premier) est intervenu chaque année à hauteur de 300 millions d'euros pour financer les actions de prévention de l'ANPE (130 M€), l'appui personnalisé aux personnes les plus gravement touchées par le chômage (120 M€), l'aide à la création d'activités (50 M€). Avec la création du PARE/PAP, l'ANPE a reçu des ressources importantes de l'UNEDIC : 267 millions d'euros pour financer des prestations, ainsi que des crédits pour la création de 3 650 postes supplémentaires. Pour leur part, les collectivités territoriales participent largement au cofinancement des structures locales d'insertion (missions locales, PLIE, SIAE). Enfin, les collectivités territoriales et l'UNEDIC financent, sans participation de l'État, des actions de politique active de l'emploi, comme le font d'autres ministères. Ces dernières actions ne font pas partie du champ de l'évaluation. Dans son bilan annuel sur le coût de la politique de l'emploi, la DARES récapitule une partie de ces dépenses complémentaires. Cf. Roguet (B.), « Le coût de la politique de l'emploi en 2001 »,* in Bilan de la politique de l'emploi en 2001, *Les Dossiers de la DARES, La Documentation française, 2003.*

2.2. Le poids financier des actions confiées aux opérateurs externes

La conduite de la politique active de l'emploi par les services du ministère s'appuie, pour une large part et de longue date, sur la délégation d'une masse importante de crédits à d'autres institutions et grands organismes. Ainsi, la décomposition des 10,11 milliards d'euros inscrits dans le projet de loi de finances 2003 pour la politique active de l'emploi fait apparaître cinq groupes d'acteurs.

Tableau n° 2

Les gestionnaires des crédits de la politique active de l'emploi

Organismes concernés	Nature des crédits gérés	Montant (en mds €)
ANPE	Subvention de fonctionnement : personnel, fonctionnement, informatique, prestations Gestion des mesures : CIE (primes), SAE, SIFE individuel	1,57
ACOSS	Compensation des exonérations de charges sur les emplois aidés	2,31
CNASEA	Crédits emplois-jeunes, CES, CEC, bourse d'accès à l'emploi, rémunération de stagiaires	3,60
UNEDIC	Contrats jeunes en entreprise, rémunération de stagiaires	0,27
Services du ministère	Fonctionnement des services, crédits pour les autres mesures et prestations de la politique active de l'emploi	2,36
Total		**10,11**

Source : loi de finances 2003 et DGEFP

Sur l'ensemble des crédits participant à la mise en œuvre de la politique active de l'emploi, seuls 2,36 milliards d'euros devaient être gérés directement par les services du ministère en 2003, soit 23 % du total [1]. Le

1. Ce montant n'a qu'un caractère indicatif. Il peut varier sensiblement d'une année sur l'autre en fonction des évolutions du contenu de la politique de l'emploi et des décisions de gestion qui sont prises (confier ou non le paiement d'une nouvelle mesure au CNASEA par exemple). Par ailleurs, les chapitres et articles du titre 3 du projet de loi de finances ne permettent pas de distinguer les moyens de l'administration centrale et des services déconcentrés spécifiquement consacrés à la mise en œuvre de la politique active de l'emploi par rapport aux

fait que les autres crédits transitent par des tiers ne revêt toutefois pas la même signification selon l'organisme concerné.

Graphique n° 1
Part des crédits gérés par chaque institution

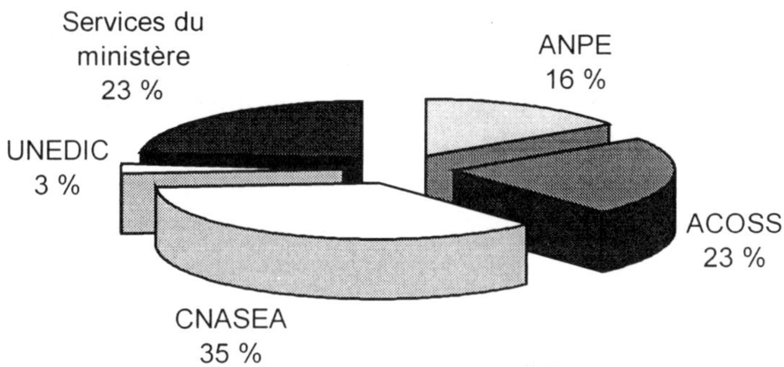

Les sommes versées à l'ACOSS correspondent à un simple remboursement des pertes de recettes pour la Sécurité sociale qui sont engendrées par les mesures d'exonération des charges sociales décidées par le ministère pour inciter les employeurs à embaucher. Dans le cadre de ses relations contractuelles avec l'État, l'ANPE dispose, pour sa part, de réelles marges de manœuvre pour utiliser au mieux les crédits qui lui sont transférés. Les services du ministère conservent, au contraire, la maîtrise des décisions sur l'utilisation de l'ensemble des fonds dont le CNASEA assure le paiement (*cf.* chapitre Premier).

2.2.1. Le recours à des tiers pour la mise en œuvre des actions directement gérées par les services du ministère

Parmi les crédits directement gérés par les services du ministère, une partie sert à financer des mesures et des prestations dont la mise en œuvre est confiée à des tiers. Les crédits ayant donné lieu à l'intervention de tiers

---

autres missions qui incombent à ces services (inspection du travail notamment). La somme de 0,6 milliard d'euros récapitulant l'ensemble des moyens de fonctionnement des services du ministère surestime donc sensiblement les moyens internes mobilisés pour la politique active de l'emploi.

sont de l'ordre de 365 M€ en 2002. L'ajout des crédits de la ligne d'actions spécifiques (LAS), qui n'apparaît pas en tant que telle dans le projet de loi de finances mais qui correspond bien à des actions confiées à des tiers, porte ce total à près de 400 M€ [1]. La tendance récente a été à une augmentation importante de ces crédits de 1998 à 2000, avec la mise en place du dispositif d'appui-conseil à l'aménagement et à la réduction du temps de travail (103 M€ en 2000) et de l'accompagnement des nouveaux services-emplois jeunes. Après un certain tassement en 2001 et en 2002, le projet de loi de finances pour 2003 prévoyait une nette baisse de ces crédits (environ 295 M€) [2]. Cette évolution est directement corrélée à la fin de l'appui-conseil ARTT, ainsi qu'à la diminution sensible des crédits pour l'accompagnement dans le cadre des programmes NSEJ et TRACE dont le gouvernement a prévu le remplacement par d'autres programmes.

Malgré cette baisse, la part externalisée représente encore en 2003 plus de 12 % des crédits de la politique active de l'emploi gérés en propre par les services du ministère (2,36 milliards d'euros). Ce pourcentage reste néanmoins à interpréter avec précaution dans la mesure où les crédits de politique active de l'emploi gérés directement par le ministère sont fort hétérogènes [3].

Il est à noter, enfin, que les données qui viennent d'être présentées ne reflètent pas directement le volume du « marché de l'offre de services » confié à des tiers par les services du ministère. D'une part, il faudrait y ajouter les sommes versées par le ministère aux grands organismes pour couvrir les frais occasionnés par la gestion des crédits des mesures qui leur sont confiées. Le CNASEA a reçu plus de 37 M€ d'euros à ce titre en 2002 et 529 000 € ont été versés à l'UNEDIC sur le 1er trimestre 2003 pour la gestion du dispositif de soutien des jeunes en entreprise (soit environ 2 M€

---

1. Les crédits portées sur la LAS se sont élevés à 31,4 M€ en 2000, 31,2 M€ en 2001 et 32 M€ en 2002.

2. En faisant l'hypothèse d'un montant équivalent à celui des années précédentes pour la LAS.

3. Ils concernent en effet une partie seulement des chapitres 44-01 (nouveaux services-emplois jeunes), 44-70 (dispositifs d'insertion des publics en difficulté), 44-71 (reclassement des travailleurs handicapés), 44-79 (promotion de l'emploi), ainsi que le chapitre 44-80 (dotation globalisée expérimentale de la région Centre).

en extrapolant sur un an) [1]. D'autre part, les données disponibles pour la mesure EDEN ne distinguent pas, dans les 49,2 M€ dépensés en 2002, les crédits qui ont seulement transité par les opérateurs pour être versés aux créateurs d'entreprise et ceux qui ont servi à rémunérer les opérateurs pour la mise en œuvre du dispositif (seul montant à prendre en compte pour mesurer le volume du marché de l'offre de services).

Tableau n° 3

Montant des crédits gérés par les services du ministère donnant lieu à l'intervention d'opérateurs externes (en M €) *

Actions concernées	Chapitre	Article	Exécution 2000	Exécution 2001	Exécution 2002
Accompagnement NSEJ	44-01	30	20,7	19,3	29,1
Aides aux EI et aux ETTI	44-70	51	97,6	51,9	74,9
Fonds départemental pour l'insertion	44-70	52	7,6	7,4	12,3
Aide à l'accompagnement dans les AI	44-70	56	-	-	5,3
TRACE : frais de fonctionnement	44-70	61	18,3	25,2	27,9
Missions locales et PAIO	44-70	80	69,2	72,3	nc (79,9)**
Travailleurs handicapés : PDITH	44-71	10	8,2	8,4	9,2
Promotion de l'emploi : ingénierie, etc.	44-79	12	2,5	2,3	2,5
EDEN	44-79	13	38,2	37,3	49,2
Appui-conseil à la GPEC	44-79	16	3,2	3,7	1,1
Appui-conseil ARTT	44-79	17	103,3	105,5	45,1
Chèques-conseil	44-79	18	12,1	11,3	17,4
Cellules de reclassement	44-79	20	13,4	13,9	11,3
TOTAL			**394,3**	**358,4**	**365,2**

** estimations de l'instance*
*** en l'absence de données sur l'exécution 2002, il s'agit du montant des crédits votés*

Par ailleurs, et contrairement aux aides à l'accompagnement versées aux associations intermédiaires et aux ETTI, les aides aux postes pour les entreprises d'insertion ne correspondent pas seulement à la couverture des frais d'accompagnement des salariés en insertion, mais sont attribuées

1. Les frais de gestion s'élèvent au terme de l'article 6 de la convention État/UNEDIC du 9 octobre 2002 à 1,5 % des crédits gérés. Ils ont donné lieu au versement de 251 000 € de juillet à décembre 2002.

aussi pour compenser un certain « manque de productivité » de ces salariés. Les 74,9 M€ versés en 2002 pour les entreprises d'insertion et les ETTI surestiment donc sensiblement le niveau de l'« achat de prestations d'accompagnement » à ces structures.

Au total, le volume du « marché de l'offre de services » confié à des tiers par les services du ministère ne peut pas être mesuré précisément avec les données disponibles [1]. Il peut être estimé, très grossièrement, à 350 M€ environ en 2002 et à 250 M€ environ en 2003.

2.3. Le recours à des tiers dans la mise en œuvre des prestations de l'ANPE

L'ANPE a recours à deux types d'opérateurs : des co-traitants, auxquels elle confie le traitement complet de certains demandeurs d'emploi, [2] et des sous-traitants, sur lesquels elle s'appuie pour la réalisation de certaines prestations. Au 31 décembre 2002 (mandatements cumulés en fin d'année), la co-traitance représentait 29,1 M€ et la sous-traitance 346,8 M€.

Le premier constat est celui d'une augmentation importante du poids financier de la sous-traitance comme de la co-traitance. Ainsi, fin 2002, les prestations sous-traitées concernant les demandeurs d'emploi étaient multipliées par 7,6 par rapport à 1998, et par près de 10, si l'on prend en compte les prévisions 2003. La co-traitance connaît elle aussi un accroissement sans précédent et représente 7,7 % des prestations externalisées de l'ANPE en 2002.

---

1. Cf. le chapitre 5 pour une analyse détaillée des pratiques de suivi et d'évaluation de l'action des opérateurs externes par les services du ministère.

2. La co-traitance s'inscrit dans la politique de partenariat initiée par l'ANPE en 1986 et qui a pris une nouvelle dimension avec le deuxième contrat de progrès et surtout le troisième contrat de progrès. Elle vise strictement les actions menées en partenariat avec l'APEC, le réseau Cap Emploi, les missions locales.

Tableau n° 4

Le poids financier des prestations externalisées

	Mandatements cumulés en fin d'année (en millions d'euros)							
	1998	1999	2000	2001	2002	*2002/ 2001*	*2002/ 1998*	Prévisions 2003
Sous-traitance								
Prestations aux demandeurs d'emploi	45,67	67, 92	140,00	146,06	346,83	*137%*	*659%*	453,28
Prestations aux entreprises	0,07	0,06	0,04	0,03	0,01	*-60%*	*-86%*	0,86
Co-traitance	0	0	0	2,17	29,10	*1238%*	*NS*	35,24
TOTAL	**45,74**	**67,98**	**140,04**	**148,26**	**375,94**	***154%***	***722%***	**489,38**

Source : ANPE

Le tableau suivant retrace le nombre de prestations aux demandeurs d'emploi sous-traitées au cours des années récentes (en données physiques).

Si certaines prestations sont exécutées par des tiers dans leur totalité (évaluation, bilans de compétence approfondis), les prestations d'accompagnement et les ateliers connaissent un recours à la sous-traitance fluctuant au gré des besoins identifiés par les directions régionales et locales de l'ANPE. La tendance à l'augmentation du recours à la sous-traitance en 2002 est à mettre en regard de trois phénomènes conjoncturels intervenus concomitamment : l'accroissement des prestations liées au PARE (effet volume), [1] la dégradation de la conjoncture, l'effet de stock lié à la gestion des demandeurs d'emploi inscrits avant le 30 juin 2001 et à leur intégration dans le dispositif PARE/PAP. L'année 2003 semble marquer en la matière un retour à la normale (reprise du stock achevée). Le constat reste néanmoins celui d'une sous-traitance de près des deux tiers des prestations d'accompagnement et des ateliers.

1. À noter que cet effet volume est également observé en ce qui concerne les prestations réalisées en interne à l'ANPE.

Tableau n° 5

Le volume des prestations sous-traitées par l'ANPE (en milliers)

	1999	2000	2001	2002	Objectifs 2003
Prestations d'accompagnement dont prestations sous-traitées ***Part de la sous-traitance***	154 NC	319 NC	426 260 ***61 %***	747 530 ***71 %***	980 NS ***62 % (1· trimestre)***
Bilans de compétence dont prestations sous-traitées ***Part de la sous-traitance***			4 4 ***100 %***	118 118 ***100 %***	180 NS ***100 %***
Ateliers dont prestations sous-traitées ***Part de la sous-traitance***	308 NC	358 NC	402 241 ***60 %***	829 556 ***67 %***	1 300 NS ***64 % (1· trimestre)***
Évaluation dont prestations sous-traitées ***Part de la sous-traitance***	92 NC	117 NC	108 108 ***100 %***	153 153 ***100 %***	310 NS ***100 %***
Autres appuis ponctuels	62	24	26	49	0
TOTAL	**616**	**817**	**963**	**1 895**	**2 770**

Sur le plan financier, il est délicat d'établir un ratio rapportant le poids financier de la sous-traitance (489 M€ en 2003) et l'offre de services de l'ANPE en interne comme en externe, faute de connaître le coût des prestations internalisées. Un exercice a cependant été réalisé par la direction du contrôle de gestion de l'ANPE qui a tenté de mesurer le coût complet du processus appelé « mobilisation des services aux demandeurs d'emploi » [1]. Au terme de cet exercice, il apparaît ainsi qu'en 2002 le coût direct de ce « processus » s'est établi à 550,674 M€ et son coût complet à 696,878 M€ (il prend en compte une réaffectation des fonctions-supports). La sous-traitance a par ailleurs représentée 402,3 M€ sur ce « processus ». Par conséquent, la sous-traitance a représenté 73 % du coût direct du « processus » et 58 % de son coût complet. Ces chiffres sont toutefois difficiles à extrapoler en l'absence de liens avec les données physiques mais restent relativement significatifs quant au poids financier de la sous-traitance dans l'offre de services de l'ANPE.

1. Ce processus constitue l'un des 17 processus du référentiel de l'ANPE et couvre l'ensemble des services aux demandeurs d'emploi hors entretiens PAP (initiaux ou d'actualisation), hors gestion de la liste, hors accueil, hors mobilisation d'action d'adaptation...

Les reconstitutions effectuées par l'instance d'évaluation mettent donc en évidence l'importance des masses financières relatives à la mise en œuvre de la politique de l'emploi et alimentant le recours à des tiers. **Sur l'année 2002, ce sont plus de 700 M€** (350 M€ environ pour les services du ministère de l'Emploi et 376 M€ pour l'ANPE) qui ont été injectés par le Service public de l'emploi sur le « marché de l'offre de services » pour la mise en œuvre de la politique active de l'emploi. Ce montant représente **un peu moins de 3 %** des dépenses de l'État pour cette politique si l'on inclut les mesures d'abaissement du coût du travail à portée générale**. Il représente 6 % environ** des dépenses de l'État si l'on exclut ces dernières mesures.

CHAPITRE 3

Le choix des opérateurs et le marché de l'offre

Comme l'ont montré les chapitres précédents, le développement du recours à des opérateurs externes ne peut pas être attribué à la préexistence d'une doctrine qui, tout au long de la période et au-delà de la diversité des mesures et des prestations, aurait guidé les pouvoirs publics pour organiser la mise en œuvre de la politique active de l'emploi. Deux facteurs, on l'a dit, semblent néanmoins avoir joué un rôle essentiel :

- la tendance à individualiser et à diversifier l'offre de services et de conseils aux demandeurs d'emploi et les mesures aux entreprises ;
- le souhait de décharger les services de l'État de tâches administratives très lourdes résultant de la gestion de mesures massives de la politique de l'emploi.

Mais d'autres éléments doivent être pris en compte pour apprécier le contexte dans lequel s'est déployé ce mouvement et l'influence que cet environnement a pu exercer sur les modalités concrètes de recours à des opérateurs externes :

1. La modernisation progressive du SPE et les arbitrages qui s'offraient à l'État pour accomplir les transformations désirées dans la mise en œuvre de la politique de l'emploi.
2. L'origine des décisions de recours à des opérateurs externes et son influence sur la nature des relations qui se sont construites entre l'État et ces opérateurs. Comme nous l'avons vu dans les deux premiers chapitres, ce recours ne peut pas être interprété uniquement comme un transfert d'actions assurées initialement par les agents du Service

public de l'emploi vers d'autres organismes. On est en présence de plusieurs autres cas de figure qui demandent à être explicités.

3. Les attentes de l'État vis-à-vis des opérateurs. Celles-ci ont varié d'un type de dispositif à l'autre ou dans le temps, tant dans les critères de choix que dans les modalités de recours à ces opérateurs.

4. Le marché de l'offre de services et son évolution. Il s'agit d'une question essentielle : l'offre potentielle de services correspond-elle à la demande émanant de l'État et dispose-t-on des moyens de la faire évoluer ?

1. Les évolutions du Service public de l'emploi

Il serait erroné d'interpréter le recours croissant à des opérateurs externes pour accompagner les évolutions de la politique de l'emploi comme la volonté de faire supporter par d'autres les modifications organisationnelles et de pratiques induites par ces évolutions, plutôt que de réformer le Service public de l'emploi.

L'instance d'évaluation n'avait pas pour mission d'analyser ces transformations internes qui ont fait l'objet de nombreux rapports d'inspection. [1] Mais le simple rappel des décisions les plus marquantes concernant les services de l'administration tout comme l'ANPE suffit à en montrer l'importance. Celles-ci ont accompagné les évolutions des principes d'action privilégiés pour la mise en œuvre de la politique de l'emploi (*cf.* chapitre Premier). Elles se sont traduites principalement par le renforcement du rôle de l'échelon régional et de l'action locale, ainsi que par des réorganisations internes, à chaque niveau d'administration, visant à assurer une meilleure cohérence de l'action publique pour l'emploi.

Nous résumerons ici les décisions qui, du fait de leur caractère structurant, ont sans nul doute eu un impact notable sur le contenu et les modalités du recours aux opérateurs externes, sans qu'il soit possible cependant de mesurer celui-ci.

---

1. *Cf. en particulier les rapports annuels de l'IGAS publiés à La Documentation française qui ont traité les thèmes suivants :* Politiques sociales de l'État et territoires *(rapport 2002) ;* Les Acteurs de la politique de l'emploi face au chômage *(1999) ;* La Mutation des services du ministère du Travail *(1996) ;* Le Rapprochement de l'ANPE et de l'UNEDIC *(1994).*

1.1. Les services du ministère

Les principales transformations dans l'organisation des services du ministère en charge de la politique de l'emploi ont eu lieu dans les années quatre-vingt-dix : [1]

- intégration progressive des champs de l'emploi et de la formation professionnelle, avec la transformation des Directions départementales du travail et de l'emploi (DDTE) en Directions départementales du travail, de l'emploi et de la formation professionnelle (DDTEFP) en 1991, avec la fusion au niveau régional des DRTE et des DRFP, devenues DRTEFP en 1995, avec la création en 1996 de la Délégation générale à l'emploi et à la formation professionnelle à la place de la Délégation à l'emploi et de la Délégation à la formation professionnelle ;

- création d'une Direction de l'animation de la recherche, des études et des statistiques (DARES) en 1993, aux missions ainsi définies :

    - doter le ministère d'une meilleure capacité d'analyse de son environnement et d'expertise dans les domaines du travail, de l'emploi et de la formation professionnelle ;

    - permettre un examen critique des solutions proposées dans ces domaines ;

    - aider le ministre à prévoir les évolutions de l'environnement économique comme du monde du travail ;

    - évaluer les résultats des politiques menées ;

- réorganisation des services déconcentrés du ministère en 1995 qui, outre la création des DRTEFP, visait à clarifier les responsabilités respectives des échelons régionaux et départementaux, conformément aux orientations définies par la loi du 6 février 1992 relative à l'administration territoriale de la République, et à les doter de nouveaux organigrammes fonctionnels. Pour assurer ses missions de

1. *N'est pas pris en compte dans cette présentation le projet de l'actuel gouvernement de mettre fin au monopole juridique de l'ANPE et d'autoriser la rémunération de certaines prestations.*

pilotage, d'animation, d'appui et de contrôle, [1] l'échelon régional a notamment bénéficié de la création des Services d'études, de prospective, d'évaluation et de statistiques (SEPES). La constitution d'un pôle « environnement local » dans les DDTEFP devait, quant à elle, favoriser la cohérence de la mise en œuvre de la politique active de l'emploi, au plus près du terrain.

Les effectifs globaux ont peu varié dans les services du ministère depuis le milieu des années quatre-vingt. L'administration centrale dispose d'un peu plus de 900 emplois budgétaires. Les emplois dans les services déconcentrés, beaucoup plus nombreux, ont diminué de 2 % entre 1984 et 2000 (9 188 emplois budgétaires en 2000) [2]. En revanche, la composition du personnel chargé de la mise en œuvre de la politique active de l'emploi s'est sensiblement modifiée [3]. Au milieu des années quatre-vingt, quelques centaines de cadres (personnels de catégorie A) seulement pilotaient cette mise en œuvre au niveau local (les directeurs et directeurs adjoints du Travail principalement), encadrant des contrôleurs du travail (catégorie B) et, surtout, des personnels administratifs de catégorie C. En 2000, des directeurs et directeurs adjoints plus nombreux dans les services déconcentrés (environ 150 postes budgétaires supplémentaires en quinze ans) peuvent s'appuyer sur plus de 400 inspecteurs du travail hors section d'inspection [4] et sur près de 800 cadres contractuels. Les effectifs budgétaires des agents de catégorie B, hors sections d'inspection du travail, sont un peu supérieurs à ceux de 1985

---

1. *« Rapport sur l'adéquation entre les missions et les moyens des Directions régionales du travail, de l'emploi et de la formation professionnelle »,* Rapport de l'IGAS, *septembre 2001.*

2. *« Mieux employer les personnels du ministère de l'Emploi »,* Rapport d'information de la Commission des finances du Sénat *n° 65, 2000-2001.*

3. *Les données mobilisées pour cette analyse ne prennent pas en compte les effectifs des sections d'inspection du travail dans les DDTEFP. Ces personnels ont en effet pour mission principale le contrôle de l'application de la réglementation du travail, même si, en concourant à l'exécution de l'ensemble des missions de la direction départementale, ils peuvent participer aussi à la mise en œuvre de la politique active de l'emploi.*

4. *Les effectifs budgétaires des inspecteurs du travail sont passés de moins de 500 à près de 900 entre 1985 et 2000. Le nombre des inspecteurs en section d'inspection est resté quasiment stable sur la période et l'augmentation des effectifs a donc profité presque exclusivement aux fonctions liées à la mise en œuvre de la politique de l'emploi.*

(plus de 1 900 contre moins de 1 800) alors que les personnels administratifs de catégorie C sont sensiblement moins nombreux (plus de 4 000 en 1985, hors sections d'inspection du travail, contre moins de 3 500 aujourd'hui) [1].

Cette faible variation des effectifs globaux, alors que la politique de l'emploi connaissait un net développement du nombre et de la complexité de ses dispositifs, ainsi que des crédits qui leur étaient consacrés, ne peut pas être interprétée comme un choix délibéré du ministère chargé de l'Emploi. Il résulte avant tout des arbitrages budgétaires annuels dans un contexte général marqué par la volonté des gouvernements de limiter la croissance de la fonction publique d'État.

Un élément couramment avancé pour expliquer cette attitude est lié au caractère conjoncturel et contracyclique de la politique de l'emploi et de ses effets attendus par les responsables politiques. Le chômage étant toujours censé reculer dans un proche avenir grâce à la reprise économique et à l'action gouvernementale, il paraissait inapproprié de créer des emplois stables dont l'utilité n'était pas garantie dans la durée.

À ces facteurs il faut ajouter les effets des évolutions de la répartition des fonctions au sein du SPE et du recours aux opérateurs externes. Peuvent être soulignés notamment :

- la clarification progressive des rôles respectifs des services déconcentrés et de l'ANPE. Entamée dès la fin des années quatre-vingt avec la première expérience de globalisation des crédits destinés aux mesures d'aide à l'insertion professionnelle, elle s'est d'abord traduite par des choix renforçant plutôt les responsabilités des DDTEFP. Mais la décision, en 1995, de confier à l'ANPE la gestion du contrat initiative-emploi (CIE), mesure majeure du nouveau gouvernement, a marqué le début d'une nouvelle orientation conduisant à attribuer systématiquement à l'ANPE les mesures d'aide à l'insertion dans

1. *Sources : ministère de l'Emploi et de la Solidarité,* L'Inspection du travail en France en 2000 : les chiffres clés, rapport au Bureau international du travail*, La Documentation française, 2002 ; Inspection générale des finances, Inspection générale des affaires sociales, Inspection générale de l'administration,* La Gestion prévisionnelle des emplois et des métiers dans la fonction publique : constats et propositions à partir de l'étude de cinq ministères*, La Documentation française, 1996.*

l'entreprise. Cette tendance s'est accentuée à la fin des années quatre-vingt-dix et une part de plus en plus importante de la mise en œuvre de la politique active de l'emploi revient à l'ANPE, quand celle-ci n'est pas assurée par des opérateurs externes. En particulier, les agents des services déconcentrés n'ont pas, en principe, à établir de relations suivies avec les bénéficiaires de ces actions ;

- le choix constant de recourir à un opérateur externe – le CNASEA – pour la gestion financière des mesures (aides aux emplois du secteur non marchand, stages de formation) restant de la responsabilité des services déconcentrés (*cf.* chapitre Premier). En 1999, on pouvait évaluer à 920 le nombre d'emplois budgétaires – en général de personnels de catégorie C – dont disposait le CNASEA pour mener à bien ses missions dans le champ de l'emploi et de la formation professionnelle. [1] Le ministère a pu ainsi diminuer sensiblement dans ses services les effectifs des agents de catégorie C et augmenter ceux de catégorie A.

Un dernier point mérite d'être noté. Malgré l'importance croissante des fonctions liées au pilotage de la politique de l'emploi par rapport aux fonctions plus anciennes de contrôle à l'origine du corps de l'inspection du travail, il n'y a pas eu création d'un cadre d'emploi spécifique pour assurer ces nouvelles fonctions. Ce choix s'est traduit par une rénovation de la formation initiale des agents du corps de l'Inspection du travail et par de nombreuses actions de formation continue visant à leur procurer les compétences nécessaires en matière d'emploi. Toutefois, l'existence d'un corps unique, selon la tradition généraliste de la France dans le domaine de l'Inspection du travail, a pu parfois contribuer à entretenir une certaine confusion dans les relations entre les agents des services déconcentrés et leurs interlocuteurs, notamment pour la mise en œuvre des mesures d'aide au conseil aux entreprises. Par ailleurs, et même s'il a augmenté, le nombre des fonctionnaires chargés du pilotage territorial de la politique de l'emploi est resté toujours faible au regard de l'ampleur des tâches à accomplir.

Aussi, le recrutement de contractuels a-t-il joué un grand rôle dans le renforcement des effectifs de cadres : coordonnateurs emploi formation principalement, mais aussi chargés de mission CES ou chargés de mission

---

1. Rapport d'information de la Commission des finances du Sénat, *déjà cité.*

« emploi », à la formation initiale et à la culture professionnelle souvent très différentes de celles des inspecteurs du travail. Or l'organisation de l'action locale repose beaucoup sur ces contractuels. Un rapport sur les contours du métier de coordonnateur emploi-formation souligne, pour définir la « finalité globale » de leur fonction, « leur rôle d'interface, de médiateur entre le service public de l'emploi, les collectivités territoriales et les acteurs du territoire (socioprofessionnels, tissu associatif) et de conseil [1]». Leur rôle s'est encore accru avec la territorialisation et le programme « nouveaux services-emplois jeunes ». Encore faut-il que la « greffe » de ces profils professionnels prenne dans les DDTEFP ; un rapport récent de l'IGAS, signalant un *turn-over* parfois important pour rejoindre d'autres structures (Conseils régionaux, missions locales, etc.), s'inquiétait des risques de perte de dynamisme comme de synergie partenariale liés aux vacances de postes, ainsi que de l'hétérogénéité de l'expérience et de la formation pour ces fonctions. [2]

Les décisions prises depuis 1998 de confier à des opérateurs externes le soin d'organiser, dans les territoires, l'action d'autres opérateurs délivrant le service direct aux usagers pour de nombreux dispositifs relevant de la responsabilité des services déconcentrés (consolidation des emplois-jeunes, programme EDEN, accompagnement des CES, etc.) doivent certainement être analysées en tenant compte de cette situation.

1.2. L'ANPE

L'ANPE a mené des réformes de grande ampleur de son organisation interne dans le cadre des trois contrats de progrès pluriannuels signés depuis 1990 avec l'État. Ces réformes, analysées par les évaluations accompagnant chaque contrat de progrès, ont touché tous les aspects de son activité :

---

1. *Collège coopératif Provence-Alpes-Méditerranée, CEREQ et LEST,* Coordonnateur emploi-formation, activités et compétences, *1995.*
2. *IGAS, « Politiques sociales de l'État et territoires »,* Rapport annuel, *2002, La Documentation française. Un même constat d'« instabilité chronique » des coordonnateurs emploi-formation est porté par Berthet (T.), Cuntigh (P.), Guitton (C.) dans le document précité. Ceci contribue, selon les auteurs, à l'affaiblissement des services déconcentrés face à l'ANPE et à l'AFPA.*

- sa structure organisationnelle : adoption d'un principe de subsidiarité ; [1] confirmation de la place des directions régionales mais suppression des directions départementales, remplacées par des directions déléguées chargées de la coordination et de l'animation des agences locales ;

- ses principes de management interne : systématisation d'une gestion par objectifs de résultats et de moyens ; développement du contrôle de gestion et du contrôle qualité ;

- le statut de son personnel, avec une réforme majeure en 1990 se traduisant par le regroupement des spécialisations antérieures dans la fonction plus polyvalente de conseiller de l'ANPE, afin de mieux adapter les capacités de réponse de l'Agence aux besoins des usagers ;

- son offre de services, redéfinie et formalisée dans un référentiel ;

- l'aménagement de ses agences locales, avec l'adoption de principes communs de structuration des espaces accompagnée d'importants efforts d'investissement immobilier et mobilier (programme ALE 2000).

Le contenu de ces réformes ne fait pas partie de notre champ d'études, mais il paraît essentiel d'en saisir les principaux traits car elles ont profondément influencé les objectifs et les modalités du recours aux opérateurs externes. Leur réalisation a eu pour contrepartie, négociée dans les contrats de progrès, une augmentation sensible des moyens de l'Agence afin qu'elle puisse faire face à l'augmentation de son activité de placement et améliorer ses performances. L'établissement est ainsi passé, en plusieurs étapes, d'environ 11 000 agents en 1987 à plus de 23 000 aujourd'hui. Grâce à cette évolution l'ANPE a pu assurer en interne les fonctions essentielles d'évaluation des besoins des publics, d'orientation vers les mesures et les prestations de suivi des parcours. Elle a pu ne sous-traiter qu'une partie, certes importante, du volume des prestations, ce qui doit permettre aux agents de maîtriser les compétences nécessaires à la délivrance de ces services. Surtout, l'effort très important de formalisation et de suivi de l'ensemble des activités internes à travers la construction des référentiels, la gestion par objectifs, le contrôle de gestion, ou encore le contrôle qualité a permis à l'ANPE de disposer d'un cadre dans lequel

---

1. *Freyssinet (J.), « Les services publics de l'emploi. Le cas de la France »* in Guide technique du BIT sur les services publics de l'emploi, *IRES, 1998.*

pouvaient facilement s'inscrire ses relations avec ses sous-traitants et co-traitants.

Il reste que, comme tout organisme national fortement structuré et organisé sur un modèle de gestion par objectifs, l'ANPE peut se heurter à des difficultés lorsque le recours à des opérateurs externes doit être davantage fondé sur des principes négociés de partenariat que sur des principes imposés de sous-traitance. [1]

2. La diversité des logiques de recours

Nous avons déjà mis en évidence le caractère protéiforme du recours aux opérateurs externes quant à son objet, ses modalités et son poids financier, mais aussi quant à son origine. Nous voudrions souligner ici qu'il existe très certainement des liens entre ces diverses dimensions.

On peut distinguer au moins cinq types de situations rendant compte du recours à des opérateurs externes :

- une « pure » externalisation de capacité : le Service public de l'emploi n'a pas les moyens humains d'assurer lui-même la réalisation d'une action déjà existante et décide, pour ne pas mettre en péril le cœur de métier des services, d'en confier au moins une partie à d'autres organismes (recours au CNASEA ou prestations de l'ANPE confiées à des sous-traitants par exemple). L'externalisation de capacité s'explique notamment par les à-coups dans les montants annuels des crédits affectés aux mesures, qui perturbent la gestion courante ;

- la décision d'externaliser un type d'action, auparavant réalisée en interne, mais dont on estime, au bout d'un certain temps, que le Service public de l'emploi est moins bien placé que d'autres organismes pour assurer sa réussite (aide à la création d'entreprise

1. *Cette question a fait l'objet de nombreux travaux dans le cadre du programme LEED (développement économique et création d'emplois locaux) de l'OCDE. Pour une synthèse, voir Mosley (H.), WZB de Berlin : « Concilier souplesse administrative et imputabilité des résultats », rapport préparatoire à la conférence organisée par l'OCDE en mars 2003 à Varsovie sur le thème : « Décentralisation des politiques de l'emploi et nouvelles formes de gouvernance : relever le défi de l'imputabilité », in* Managing Decentralisation : A New Role for Labour Market Policy, *Publications de l'OCDE, 2003.*

dont le pouvoir d'attribution et la gestion peuvent être confiés à un organisme délégataire depuis la création d'EDEN, alors que les dispositifs antérieurs étaient gérés par les services déconcentrés) ;

– la décision de créer un nouveau type d'action et, dans le même temps, de financer des organismes tiers préexistants pour assurer sa réalisation (accompagnement « post-SIFE », appui-conseil ARTT).

  Ce cas, comme le précédent, peut être le signe d'une incertitude quant à la manière de construire le service que le ministère souhaite proposer aux usagers : [1] on externalise en supposant que les prestataires possèdent des modes opératoires que l'on maîtrise mal. Il peut aussi être la manifestation des contradictions internes à certaines mesures et à leurs objectifs. La création de la prestation externalisée d'accompagnement des salariés en CES représente, par exemple, une tentative pour concilier un objectif quantitatif de gestion de masse du chômage et un objectif qualitatif d'aide à l'insertion professionnelle des bénéficiaires qui n'avait été qu'imparfaitement atteint dans les premières années de mise en œuvre de la mesure ;

– la création de nouveaux types d'actions et de structures chargées de les mettre en œuvre, mais avec un cofinancement par d'autres institutions ou organismes, ou même un financement complet par d'autres moyens que des subventions de l'État (AGEFIPH, cellules de reclassement, missions locales) ;

– l'intégration, dans la politique de l'emploi, d'actions créées à l'initiative de collectivités territoriales, de réseaux associatifs ou d'autres acteurs et dont la réalisation continue à être assurée par les mêmes structures, extérieures aux services de l'État (PLIE, structures d'insertion par l'activité économique).

On a là tout un échelonnement de situations, allant d'un pôle où l'État est seul responsable d'une action, dont il a assuré entièrement la conception et dont ses services savent maîtriser complètement la réalisation technique, à un autre pôle où l'État n'intervient qu'après la conception,

1. *Barbier (J.-C.), « Politiques publiques de l'emploi : de la production de services à leur évaluation »,* in Les Politiques publiques d'emploi et leurs acteurs, Cahier du Centre d'études de l'emploi, *n° 34, PUF, 1995.*

par d'autres, de l'action qu'il décide de soutenir et qu'il intègre à sa politique, sans jamais en avoir assuré la mise en œuvre directe.

De cette gradation résulte une hétérogénéité certaine dans la nature des relations que noue l'État avec les diverses structures qui mettent en œuvre les actions et qui participent éventuellement à leur financement. Dans le premier cas de figure, l'État pilote seul l'action et toute la responsabilité de sa réussite ou de son échec lui revient. Les deux derniers cas sont davantage le reflet d'un partage de la responsabilité de l'action publique entre l'État et d'autres acteurs qu'il juge légitime d'associer à sa politique en tant qu'ils participent à la poursuite de l'intérêt général (collectivités territoriales, partenaires sociaux, réseaux associatifs). [1] Le terme même d'« opérateurs » pour qualifier les structures porteuses de ces actions ne paraît guère approprié et on peut lui préférer celui d'acteurs de la politique de l'emploi pour signaler ainsi leur part de responsabilité propre dans le succès ou dans l'échec.

Enfin, les cas intermédiaires peuvent donner lieu aux deux types d'interprétation. Ainsi, la décision de confier la gestion et le pouvoir d'attribution à des organismes délégataires dans le programme EDEN peut être justifiée seulement par des raisons techniques : compétence pour apprécier la viabilité d'un projet de création d'entreprise, possibilité de compléter plus facilement l'aide de l'État par des prêts gérés par ces mêmes organismes. Mais on peut penser qu'une telle décision a aussi été motivée par le fait que ces délégataires appartiennent à des réseaux associatifs nationaux et européens qui, telle l'Association pour le Droit à l'initiative économique (ADIE), se trouvent érigés en partenaires de l'action de l'État au fur et à mesure que leur action est reconnue.

Il n'est, bien sûr, pas indifférent de constater que ces dernières formes de recours à des opérateurs externes prennent de l'ampleur dans les années quatre-vingt-dix, au moment où sont conduites des réflexions plus générales sur le positionnement de l'État dans un environnement marqué par l'économie mondiale de marché, la construction de l'Europe et l'approfondissement de la décentralisation. Le rapport de la Commission

---

1. *Le cabinet Latournerie-Wolfrom conclut ainsi son analyse sur les « motivations de l'externalisation » pour l'insertion par l'activité économique :* « Les motifs invoqués par l'État en vue du soutien à l'IAE reposent d'abord sur la légitimité des structures d'insertion plutôt que sur l'externalisation qui, au demeurant, ne nous paraît pas exister (dans ce cas). »

du Commissariat général du Plan présidée par Christian Blanc [1] affirme ainsi en 1993 que « *les principes d'égalité et d'intérêt général ne justifient aucune forme d'étatisme, l'essentiel dépendant en définitive de la richesse du tissu social, de la vitalité des médiations sociales, du dynamisme des acteurs sociaux* ». Le soutien apporté par la politique de l'emploi à l'insertion par l'activité économique, aux PLIE ou à d'autres initiatives nées en dehors de l'État semble aussi se rapprocher beaucoup des préconisations du rapport d'une autre Commission du Commissariat général du Plan [2] quant à la nécessité pour l'État de passer à un principe de « *subsidiarité active* », et de nourrir sa politique des expériences locales qui sont conçues à partir d'« *une appréhension globale et partenariale de la réalité* ».

Ce qui vient d'être dit ne signifie toutefois pas que l'origine de la relation État/opérateur détermine durablement, et sans modifications substantielles, la nature de cette relation. Ainsi, sur le moyen terme, les structures de l'insertion par l'activité économique se sont trouvées en quelque sorte aspirées par les orientations de la politique de l'emploi, qu'il s'agisse de leurs outils, de leurs publics, de leurs objectifs. L'hétérogénéité des forces sociales qui les soutenaient, de leurs formes d'action et de leurs modalités de financement lors de leur période fondatrice (les années soixante-dix) a progressivement laissé la place à une homogénéisation autour de la fonction centrale de « sas vers l'emploi pour les publics en difficulté » que leur a assignée la politique de l'emploi. [3] Avec une moindre ampleur, le même type de trajectoire peut certainement être constaté pour les PLIE ou les fonds locaux emploi-solidarité et, plus généralement, chez beaucoup d'opérateurs associatifs. [4]

---

1. Pour un État stratège, garant de l'intérêt général, *Commission « État, administration et services publics de l'an 2000 » pour la préparation du XIe Plan, présidée par Christian Blanc, La Documentation française, 1993.*

2. Cohésion sociale et territoires, *Commission présidée par Jean-Paul Delevoye, président de l'Association des maires de France, La Documentation française, 1997.*

3. *Il faut toutefois noter que le gouvernement a largement associé les réseaux associatifs concernés et le Conseil national de l'insertion par l'activité économique à la conception des textes qui, dans la loi contre les exclusions de juillet 1998, parachèvent ce mouvement.*

4. *Pour le cabinet Dubouchet-Berlioz,* « Chez les opérateurs associatifs inscrits dans les territoires, les références historiques s'estompent au profit des types de

Inversement, la relation de pure sous-traitance, que semble induire l'externalisation d'actions ponctuelles initialement assurées par le Service public de l'emploi, peut prendre une tout autre dimension lorsque les opérateurs ont acquis une légitimité propre du fait de leur ancienneté et de l'implication d'élus ou de personnalités locales dans leur fonctionnement. Ainsi, dans des territoires ruraux où les ressources potentielles en opérateurs sont faibles, des associations ou des organismes publics tels les GRETA, soutenus depuis longtemps par les collectivités locales, peuvent être, de fait, des partenaires incontournables pour le Service public de l'emploi.

3. Bien couvrir les territoires et les publics : deux éléments devenus essentiels dans le choix des opérateurs

Les études qui ont traité de l'histoire de la prise en compte de la dimension territoriale par la politique de l'emploi ont signalé une relation étroite entre celle-ci et le projet de l'administration d'individualiser les services rendus aux usagers. [1] Le lien affirmé dans les chapitres précédents entre cette individualisation et le recours aux opérateurs externes invite donc à avancer l'hypothèse que la prise en compte du territoire et le recours aux opérateurs externes relèvent d'une même dynamique d'individualisation du service à rendre à l'usager.

À la lumière des observations rassemblées par les études commanditées par l'instance d'évaluation, [2] cette hypothèse semble confirmée, mais avec des différences suivant le type de dispositif concerné : elle s'applique très bien aux actions tournées vers les demandeurs d'emploi ; sa validité n'est que partielle pour le conseil aux entreprises. Enfin, l'externalisation de la gestion des crédits des grandes mesures de la politique de l'emploi relève

---

relations entretenues avec les donneurs d'ordres. Ils acquièrent progressivement des identités relatives à leurs publics ou à leurs méthodes d'intervention plus qu'à la philosophie de leurs fondateurs ».

1. *Berthet (T.)* et alii, « *1982-2002 : la territorialisation progressive des politiques de l'emploi* », Premières Synthèses, *n° 24-2, DARES, 2002 ; Simonin (B.), « Politique de l'emploi et territoires : de nouvelles capacités d'action partenariale »* in Ville et emploi : le territoire au cœur des nouvelles formes du travail, *Éditions de l'Aube, 2000.*

2. *L'étude du cabinet Dubouchet-Berlioz était centrée sur cette question, ses conclusions sont largement reprises ici et sont confirmées par les résultats des autres études.*

d'une tout autre logique : la dimension nationale et l'uniformité des pratiques ont dans ce cas été privilégiées pour des motifs qui seront développés dans la deuxième partie du rapport.

3.1. Toucher les « publics cachés »

Dans les procédures de sélection, de suivi et d'évaluation des opérateurs pour la mise en œuvre de prestations ponctuelles, le Service public de l'emploi cherche, bien entendu, à s'assurer des capacités techniques du prestataire à fournir aux demandeurs d'emploi les services que l'on attend de lui, ainsi que de la mobilisation effective de ces capacités (*cf.* deuxième partie de ce rapport). Mais, dans bien des cas, le choix des opérateurs est également guidé par un critère de proximité.

En recourant à des opérateurs extérieurs, le Service public de l'emploi cherche à s'approprier une connaissance des publics et à développer une action qui complètent celles dont il dispose. Dans les territoires ruraux ou dans les quartiers sensibles, pour des catégories particulièrement marginalisées, peu mobiles ou méfiantes à l'égard des institutions, le SPE attend des opérateurs qu'ils drainent vers lui des publics « cachés », hors de portée des outils communs de la politique de l'emploi. Cette attente apparaît particulièrement vive pour la sous-traitance opérée dans TRACE, pour l'accompagnement des personnes handicapées, des stagiaires après un SIFE ou des personnes en CES, ainsi que pour une partie des prestations de l'ANPE.

L'architecture des procédures de sélection et de suivi des opérateurs favorise la prise en compte de cette dimension lorsque les décisions reposent sur l'échelon le plus proche du terrain (ALE, DDTEFP, après avis du coordonnateur emploi-formation), même si ces choix peuvent être encadrés par des procédures régionales d'habilitation.

Les études réalisées à la demande de l'instance d'évaluation concluent à la réussite de cette stratégie. Mais elles soulignent aussi que le Service public de l'emploi n'en recueille pas tout le profit qu'il pourrait en tirer pour ses actions futures, faute d'un dialogue suffisant avec les opérateurs pour s'enrichir de toutes les connaissances que ces derniers ont accumulées, au fil des actions, sur les publics et sur les territoires.

Le Service public de l'emploi dispose, par ailleurs, de moins de capacités d'action lorsqu'il veut encourager la création, par des acteurs locaux, de dispositifs d'action à base territoriale, tels les PLIE, les FLES ou une politique coordonnée d'insertion par l'activité économique. Il faut alors convaincre les élus, les réseaux associatifs locaux, les organisations professionnelles de s'engager résolument dans ces actions ; les difficultés constatées aujourd'hui pour atteindre les objectifs ambitieux de développement définis en 1998 à la suite de la loi de lutte contre les exclusions montrent bien que ce n'est pas chose facile : le nombre de PLIE n'a pas doublé, le volume d'intervention des SIAE stagne, le réseau des FLES peine à se structurer. Plus modestement, le Service public de l'emploi parvient néanmoins à inciter à l'extension du territoire de compétence des PLIE et des FLES existants ou à encourager l'essaimage de quelques structures d'IAE.

L'importance attachée en France à une bonne couverture des publics par une organisation locale du recours aux opérateurs externes doit être mise en relation avec les évolutions constatées dans la manière de concevoir la question de l'égalité et de l'équité [1] au sein de l'administration de l'emploi. Celle-ci s'est longtemps très bien accommodée du « ciblage » national des mesures de la politique de l'emploi qui introduisait une discrimination positive [2] en faveur de certaines catégories de publics prioritaires. Et, au début des années quatre-vingt-dix, on pouvait encore constater une certaine réticence des agents des services déconcentrés à l'égard des initiatives locales pour l'emploi, soupçonnées de favoriser une

---

1. On se réfère ici au principe d'équité, tel qu'il est explicité par H. Thomas pour présenter la conception prédominante de l'équité en France dans la période de l'après-guerre. Il se définit à la fois comme principe d'appréciation des inégalités de fait et comme principe d'action, d'égalisation relative des situations. « Vers un renversement de la dialectique égalité et équité dans les politiques sociales », in *Lambert (T.),* Égalité et équité, antagonisme ou complémentarité ? *Economica, 1999. Pour une analyse plus complète des principes de justice qui semblent guider les politiques d'insertion,* cf. *Wuhl (S.),* L'Égalité, nouveaux débats, *PUF, 2003.*

2. Au sens défini par le Conseil d'État : « une différenciation juridique de traitement, créée de manière temporaire, dont l'autorité normative affirme expressément qu'elle a pour but de favoriser une catégorie déterminée de personnes physiques ou morales au détriment d'une autre afin de compenser une inégalité de fait préexistante entre elles », Rapport public 1996. Sur le principe d'égalité.

inégalité de traitement des demandeurs d'emploi, peu admissible dans la mesure où le choix des territoires ou des publics ne correspondait pas exactement aux catégories prioritaires de bénéficiaires définies par le ministère. [1]

Mais une évolution s'est produite avec, au fil du temps et du durcissement du chômage, la préoccupation croissante d'assurer l'effectivité du principe d'égal accès aux droits et aux services, et avec la perception de plus en plus vive qu'une partie du « cœur » des publics visés par la politique de l'emploi n'y accédait pas. Concrètement, cette préoccupation s'est alors traduite petit à petit par le recours à d'autres acteurs bien implantés dans les territoires.

Le rapport de l'IGAS, *Politiques sociales de l'État et territoires,* [2] propose, dans son introduction, une synthèse ambitieuse de l'évolution en cours : *« Contrairement à ce que suggérait le raisonnement jacobin couramment admis, l'uniformité dans l'application des politiques publiques ne garantit pas l'égalité de traitement et, surtout, elle ne porte pas remède à certaines inégalités structurelles qui appellent au contraire des mesures de discrimination positive. (...) La prise en considération de la réalité des territoires présente une acuité particulière dans le domaine social. Parce que les politiques sociales de l'État traitent de droits fondamentaux, essentiels pour la cohésion sociale et le bien-être individuel, on ne saurait voir leur effectivité dépendre du lieu de vie des personnes. (...) Toutefois, la territorialisation de l'action de l'État risque, en matière sociale, d'apparaître en rupture brutale avec un héritage majeur, constitué de plusieurs décennies d'interventions répondant à une approche par populations. (...) Mieux vaudrait que l'on sache combiner les apports des deux démarches plutôt que de substituer l'une à l'autre. Il s'agit à l'évidence d'un défi très difficile à relever, a fortiori pour des ministères dont les moyens sont souvent présentés comme trop faibles au regard de l'ampleur de leurs missions et qui peineront donc à mettre en place sur le terrain les organisations aptes à tirer le meilleur parti de chacune des deux logiques. »*

---

1. Eymard-Duvernay (F.) et alii, « *Les politiques d'emploi, le rôle des agents locaux* », La Lettre du Centre d'études de l'emploi, *n° 33-34, 1994.*
2. Rapport déjà cité.

3.2. Les interventions auprès des entreprises ménagent leur liberté de choix des opérateurs

La question du choix des opérateurs pour les interventions de conseil auprès des entreprises se pose de manière différente. Le plus souvent, il s'agit moins de s'assurer d'une égalité de traitement entre l'ensemble des entreprises potentiellement concernées par une action que d'inciter une partie de ces entreprises à profiter des avantages financiers proposés par le Service public de l'emploi pour adopter des pratiques de gestion des ressources humaines concourant à l'intérêt général. L'objectif de toucher par ces actions les entreprises qui en ont *a priori* le plus besoin n'est certes pas absent (par exemple les petites entreprises pour le conseil ARTT), mais il est certainement moins prioritaire qu'il ne l'est vis-à-vis des demandeurs d'emploi en difficulté.

Les procédures adoptées conduisent en général à ce que l'employeur choisisse lui-même l'opérateur qui va intervenir dans son entreprise. L'action du SPE va donc se limiter à la définition du champ des opérateurs susceptibles d'intervenir. Selon les dispositifs, ce champ peut être restreint à un nombre très limité d'organismes de conseil (programme nouveaux services-emplois jeunes) mais, le plus souvent, il va rester très large (chèques-conseil pour les créateurs d'entreprise, conseil ARTT). Dans tous les cas, la réussite de la politique incitative de l'État passe par la possibilité, pour les entreprises, de trouver au moins un interlocuteur auquel elles font confiance parmi tous les organismes autorisés à intervenir. L'appartenance à un même territoire peut être un élément important de cette confiance. Mais bien d'autres facteurs peuvent jouer : reconnaissance de l'organisme par la branche professionnelle à laquelle appartient l'entreprise concernée, [1] procédures de certification, réputation nationale de grands organismes de conseil.

---

1. On sait, par exemple, qu'un dispositif très voisin de ceux qui sont pris en compte dans cette évaluation – les EDDF, dispositif d'incitation au développement de la formation professionnelle en entreprise – a finalement privilégié une logique d'organisation par branche professionnelle alors qu'initialement une logique d'organisation territoriale du dispositif avait aussi été retenue. Cf. Verdier (E.), Mirotchenko (K.), « Contrat et action publique, le cas de la formation professionnelle continue », Travail et Emploi, *n° 72, 1997.*

4. Un marché de l'offre de services éclaté

Les intervenants dans les dispositifs faisant l'objet de notre évaluation peuvent être répartis en deux catégories bien distinctes. Ceux dont la mission essentielle et permanente est de participer à la mise en œuvre de la politique de l'emploi, et qui, en tant que tels, sont reconnus comme des acteurs à part entière de cette politique. Certains sont nationaux (AGEFIPH), la plupart ont un territoire d'action plus limité et sont intégrés aux dispositifs locaux de concertation plus ou moins formalisés qui peuvent être mis en place par le SPE. Appartiennent à cette catégorie les missions locales, les PLIE, les structures Cap Emploi, les structures d'insertion par l'activité économique. Le ministère se situe en général vis-à-vis de ces organismes dans une logique d'aide financière à l'exercice de leur mission et non dans une logique d'achat de prestations.

En tant qu'acteurs reconnus de la politique de l'emploi, leur organisation interne et leurs actions font régulièrement l'objet d'études, de procédures d'évaluation ou de rapports d'inspection. [1]

Aussi, le présent rapport approfondit-il plutôt une autre partie de l'offre de services, beaucoup moins bien connue et correspondant pourtant à la majeure partie des actions : celle qui assure la réalisation, pour une durée limitée, de prestations techniques préalablement définies et qualifiées. Les prestations sous-traitées par l'ANPE et l'appui-conseil pour l'aménagement et la réduction du temps de travail en ont représenté les volets financiers les plus importants ces dernières années, bien que l'offre de services relative à beaucoup des autres mesures présentées dans le chapitre précédent relève aussi de cette catégorie.

4.1. Une offre de services fractionnée et difficile à appréhender globalement

L'organisation déconcentrée des procédures de choix des prestataires permet souvent aux agents du SPE d'avoir une bonne connaissance personnelle des organismes susceptibles d'intervenir dans les actions et sur les territoires qu'ils ont en charge (*cf.* Deuxième partie). Mais la dispersion géographique de la commande publique et son fractionnement entre les nombreux dispositifs sollicitant des opérateurs externes ont pour effet qu'il

1. Cf. chapitre 5.

est impossible de dresser une liste, même approximative, de l'ensemble des organismes qui interviennent effectivement au cours d'une année dans la mise en œuvre de la politique active de l'emploi. Il est encore moins envisageable d'en avoir une vision historique ou de repérer tous les opérateurs potentiels qui constituent le(s) « marché(s) de l'offre de services ».

La Direction générale de l'ANPE fait, depuis cette année, un travail de recensement des prestataires habilités par son réseau. Ils sont au nombre de 4 300, dont 3 500 sont issus de la sphère du privé. Le nombre de prestataires par type de prestations se situe entre 500 et 2 000 (beaucoup étant habilités pour plusieurs types de prestations). La prochaine étape sera le recensement de ceux qui, parmi les opérateurs habilités, ont été conventionnés par au moins une ALE et qui ont donc réellement exercé une activité pour l'Agence au cours de l'année.

Aucun travail de ce type n'ayant été lancé dans les services du ministère, il s'avère donc impossible, en l'état actuel de l'information, d'estimer le nombre des opérateurs et leurs caractéristiques principales, d'autant que, d'une année sur l'autre, il est probable que ces éléments varient sensiblement au gré des créations/disparitions de dispositifs. Ainsi, l'augmentation des budgets de sous-traitance à l'ANPE a certainement induit le positionnement sur le marché d'un nombre substantiel d'organismes. Inversement, la suppression de l'aide au conseil ARTT en 2003 a probablement pour conséquence de provoquer une chute du nombre total d'opérateurs de la politique de l'emploi, tous dispositifs confondus. Mais on ne saurait évaluer ces créations et disparitions.

Ce diagnostic ne signifie pas pour autant que les agents ne disposent pas d'une information suffisante sur les opérateurs auxquels ils peuvent s'adresser et qu'il n'existe pas dans les services, territoire par territoire et dispositif par dispositif, de liste des intervenants tenue à jour. Simplement, ces listes ne font l'objet d'aucune exploitation systématique regroupant, au niveau national, du SPE régional ou même au niveau local, les informations dispersées utilisées pour la gestion.

En cherchant à rassembler les données disponibles auprès des services pour les besoins des études commanditées par l'instance d'évaluation, le cabinet Dubouchet-Berlioz et le cabinet OBEA aboutissent à des constats convergents sur de nombreux points à partir de l'observation de six départements aux situations contrastées :

- bien que le recensement systématique des intervenants n'ait porté que sur quelques actions (celles qui ont mobilisé les crédits les plus importants pour le recours à des tiers : prestations ANPE, conseil ARTT, conseil et accompagnement du programme « nouveaux services-emplois jeunes », accompagnement CES et SIFE), le nombre des opérateurs qui sont intervenus au cours de ces dernières années apparaît très élevé : plus de 250 dans le département des Yvelines, 150 dans les Bouches-du-Rhône par exemple ;

- la profusion des opérateurs, telle qu'elle apparaît à la lecture des listes disponibles, contraste avec les appréciations fournies par les agents du SPE, qui insistent plutôt sur le nombre limité des organismes avec qui ils travaillent régulièrement et sur la bonne connaissance qu'ils en ont.

  Le paradoxe est facile à expliquer. La prise en compte des nombreux cabinets de conseil qui ont réalisé, de manière très ponctuelle, des interventions auprès des entreprises au titre de l'ARTT et dont l'activité n'est pas connue de la plupart des agents du SPE, plutôt tournés vers les dispositifs d'insertion, tend à amplifier sensiblement le chiffre total des intervenants. Mais, même si l'on s'en tient aux seules prestations à destination des demandeurs d'emploi, on constate un net fractionnement du marché suivant les types d'actions à réaliser et les types de publics à prendre en charge. Une petite minorité d'organismes intervient à la fois dans plusieurs catégories de prestations ANPE et dans les actions de la DDTEFP (accompagnements CES, emplois-jeunes ou post-SIFE) pour des raisons qui seront analysées dans la partie suivante. La plupart sont cantonnés, de fait, à la réalisation d'un seul type d'action. Chaque agent du SPE étant en général spécialisé sur le suivi d'un type d'action, il n'a donc pour interlocuteurs qu'un nombre limité d'organismes ;

- l'abondance de l'offre de services et la capacité à s'adapter aux évolutions rapides des demandes du SPE ne sont pas les mêmes suivant les actions et les territoires. L'opposition urbain/rural est structurante, comme on pouvait s'y attendre. Mais d'autres facteurs peuvent jouer également pour expliquer ces différences (*cf.* Troisième partie). Au total, on observe des zones où la ressource en offre de services semble très abondante et peut répondre rapidement à un développement ou à une transformation de la demande publique, et d'autres zones où quelques grands prestataires, faute de concurrence, acquièrent le statut de « partenaire obligé » du SPE.

Les motivations qui ont poussé les opérateurs à se positionner sur ce marché sont diverses suivant les actions. Pour le conseil aux entreprises, on peut avancer plusieurs constats :

- les marchés importants ouverts par la première phase de l'appui-conseil ARTT (1998-2001), bien qu'ils aient été perçus comme non renouvelables, ont incité beaucoup de cabinets de conseil à s'y investir. Pour une partie d'entre eux, cette action représentait non seulement une opportunité immédiate, mais aussi l'occasion de se faire connaître d'une clientèle nouvelle de PME/PMI avec laquelle ils espéraient bien continuer à travailler par la suite. Aussi, l'examen des listes d'intervenants sur tel ou tel territoire fait-il apparaître une grande diversité de profils d'intervenants, allant des très grands cabinets internationaux aux consultants individuels. Quelques très rares organismes combinent ce type d'intervention avec la réalisation d'actions de soutien aux demandeurs d'emploi. Il peut s'agir en particulier d'organismes de formation bien implantés sur le territoire, qui ont élargi leurs activités à la fois vers le conseil en gestion des ressources humaines et vers l'accompagnement professionnel des publics en difficulté ; [1]

- à un moindre degré, car le nombre total d'organismes impliqués est plus faible, on retrouve cette diversité pour le conseil aux employeurs du programme « nouveaux services-emplois jeunes ». Quelques cabinets de conseil nationaux, ayant déjà une large expérience d'autres dispositifs de la politique de l'emploi, ont cherché à se positionner sur cette activité et ont été retenus, parmi d'autres, dans plusieurs départements. Mais les choix des services déconcentrés se sont aussi portés sur des consultants locaux et, assez fréquemment, sur des organismes associatifs ayant une large expérience de l'intervention dans certains secteurs d'activité très bien représentés dans le programme (jeunesse et sports, culture, action sociale...) ;

1. Sur les 150 opérateurs recensés dans les Bouches-du-Rhône, trois seulement, de grands organismes de formation implantés à Marseille, combinent ces activités.

- le dispositif du chéquier-conseil, qui permet aux chômeurs créateurs d'entreprise de bénéficier d'un soutien dans la phase d'élaboration de leur projet et pendant leur première année d'activité, donne lieu, lui aussi, à l'intervention d'organismes diversifiés tels qu'ils ont été habilités par les préfectures. Les comparaisons entre départements mettent en évidence des structures d'offre qui peuvent se révéler très différentes : forte concentration sur la chambre des métiers et les autres organismes consulaires dans l'un des cas étudiés, dispersion entre une trentaine d'organismes – experts-comptables, cabinets d'avocats, consultants, centres de gestion, boutiques de gestion – dans un autre cas. Il semble que, au-delà du marché limité procuré par ce dispositif, l'enjeu pour les organismes est de capter durablement la demande de conseil et de services de ces créateurs d'entreprise.

Les prestations aux demandeurs d'emploi constituent le marché le plus important (*cf.* chapitre 2) et celui-ci ne semble pas devoir connaître, dans l'immédiat au moins, les à-coups très forts constatés pour le conseil aux entreprises avec la création, puis la disparition quelques années plus tard, du conseil ARTT et du programme « nouveaux services-emplois jeunes ». Il a ainsi paru opportun d'approfondir l'analyse de l'offre de services pour ce champ d'activités.

4.2. Des organismes de formation, de conseil ou du secteur social qui élargissent leur offre de services pour couvrir l'accompagnement des demandeurs d'emploi

En retraitant l'information recueillie dans trois départements, l'instance d'évaluation a procédé à une analyse détaillée de la liste exhaustive des intervenants pour l'ensemble des prestations proposées par l'ANPE aux demandeurs d'emploi ainsi que pour l'accompagnement en cours de CES et à la sortie d'un SIFE. [1] Il en ressort que ces prestations sont assurées par quatre grands types d'intervenants :

---

1. Il s'agit des Bouches-du-Rhône, de la Sarthe et de la Seine-Maritime. Pour les raisons évoquées précédemment, les informations recueillies ne sont pas complètement homogènes d'un département à l'autre et suivant les dispositifs. En particulier, les données couvrent parfois les interventions dans tout le département, mais elles sont parfois limitées aux interventions dans l'agglomération principale (Marseille, Le Mans, Rouen). Ces incertitudes n'ont toutefois pas d'influence sur le sens des résultats qui sont présentés ici.

- des organismes de formation sous statut associatif ou de société ;
- des cabinets et associations de conseil en formation, en gestion des ressources humaines, en recrutement ;
- des associations des secteurs social et socioculturel ;
- des organismes publics ou parapublics de formation (GRETA, organismes consulaires, établissements agricoles ou du secteur social), avec lesquels on peut regrouper les Centres interinstitutionnels de bilan de compétences (CIBC), [1] très présents dans la réalisation des bilans de compétences approfondis de l'ANPE.

4.2.1. La place centrale des organismes de formation privés

Les entreprises et les associations dont l'activité principale est la formation continue sont les plus nombreuses dans chacun des départements étudiés. Elles représentent au total plus de 40 % des 140 opérateurs recensés dans les trois départements. [2] On constate, de plus, qu'elles interviennent en moyenne sur une plus large gamme de prestations que les autres opérateurs, obtenant souvent les commandes les plus importantes. Une petite partie d'entre elles est habilitée par l'ANPE pour intervenir dans chacune des grandes catégories de prestations que celle-ci a définies : atelier, objectif emploi, objectif projet, évaluation des compétences des demandeurs d'emploi. Une proportion plus importante est habilitée pour au moins deux catégories de prestations. Avec des différences marquées entre les départements, on constate aussi que certains organismes cumulent les interventions pour l'ANPE et pour la DDTEFP.

Les associations des secteurs social et socioculturel sont, en nombre, les seconds intervenants (plus de 25 % du total). Elles sont surtout représentées dans les prestations d'accompagnement renforcé de l'ANPE (objectif emploi, objectif projet). Ces associations peuvent être spécialisées

---

1. Créés à partir de 1986 sous l'impulsion du ministère du Travail, ces centres à statut associatif ou public sont aujourd'hui portés par un large partenariat : Service public de l'emploi, Éducation nationale, collectivités territoriales, organismes consulaires et partenaires sociaux.

2. Ce nombre n'inclut pas les entreprises et les employeurs du secteur non marchand qui acceptent de recevoir quelques jours un demandeur d'emploi pour la réalisation d'une évaluation en milieu de travail (prestation EMT).

dans l'insertion professionnelle et sociale des publics en difficulté. Il peut s'agir aussi d'associations s'adressant aux immigrés, aux jeunes, à d'autres publics, ou encore d'associations culturelles ayant développé une activité d'aide à l'insertion. Bien souvent, leur offre de services à ces publics comprend aussi des stages de formation, financés par d'autres types de ressources publiques.

Les organismes de conseil sont les moins nombreux à intervenir (15 %), mais leur positionnement apparaît très diversifié. Des cabinets privés et quelques associations ont, à l'évidence, fait de l'offre de services du SPE un axe de leur développement et ont cherché à occuper tous les créneaux d'intervention proposés par l'ANPE, se positionnant parmi les tout premiers opérateurs dans leur département. D'autres, au contraire, n'interviennent que pour un seul type de prestation, les évaluations de compétences en particulier. Les entreprises de travail temporaire sont presque complètement absentes de ce marché dans les trois départements.

Un nombre non négligeable d'organismes publics de formation (20 % des intervenants) concourent à la mise en œuvre de ces prestations, notamment l'accompagnement post-SIFE. Mais on constate des situations très contrastées d'un département à l'autre quant à l'implication des établissements de l'Éducation nationale (GRETA) dans l'offre de services de l'ANPE. Pratiquement absents dans un département et peu présents dans un autre, plusieurs GRETA ont une activité importante dans le troisième département étudié. Ce constat mérite certainement d'être mis en regard des caractéristiques des territoires. Dans les zones rurales ou éloignées des principales agglomérations, marquées par une faible présence des opérateurs privés, le rôle des opérateurs publics peut être beaucoup plus central.

4.2.2. Des caractéristiques des opérateurs externes qui peuvent se déduire de ce que l'on sait de l'offre de formation

On peut conclure du constat qui vient d'être dressé qu'il existe une grande proximité entre l'univers de l'offre de services d'accompagnement pour les demandeurs d'emploi et l'univers de l'offre de formation. Dans les deux cas, s'agrège à un noyau dur d'organismes qui ont fait de la formation continue leur activité principale et qui captent une bonne partie de la demande un nombre important de sociétés et d'associations dont l'activité principale est autre (conseil, services divers aux entreprises, ou, à l'autre pôle, action sociale ou culturelle), mais qui ont progressivement inclus cette activité dans leur champ d'intervention.

Il ne paraît donc pas illégitime de s'appuyer sur ce que l'on sait de l'offre sur le marché de la formation professionnelle continue par les études qui lui ont été consacrées ces dernières années pour aller un peu plus loin dans l'analyse des opérateurs externes de la politique de l'emploi.

Un marché de la formation continue important

Le « marché de la formation continue » est loin de couvrir toutes les dépenses engagées à ce titre par les entreprises, les pouvoirs publics et les ménages. Une bonne partie de la commande de formation est réalisée « hors marché », soit par des actions réalisées directement par l'employeur pour ses salariés, soit dans le cadre de dispositifs où l'offre de formation ne peut être assurée que par une catégorie d'organismes dont le fonctionnement est très fortement encadré par les pouvoirs publics (les CFA pour la formation des apprentis en particulier). En 2000, le marché n'a ainsi absorbé que 44 % des 12,7 milliards d'euros de dépenses de formation continue, soit 5,6 milliards d'euros (hors rémunération des stagiaires) [1]. Ce montant est toutefois bien supérieur aux sommes consacrées par la politique de l'emploi au financement des opérateurs externes pour les actions en faveur des demandeurs d'emploi (*cf.* chapitre 2).

Il n'est donc pas très surprenant que le nombre total d'intervenants sur ce marché (plus de 40 000 en 2000) [2] dépasse largement celui des opérateurs externes de la politique de l'emploi qui, au vu des analyses réalisées dans trois départements, doit être de quelques milliers au niveau national (certainement moins de 10 000).

L'orientation et l'accompagnement sont devenus des éléments constitutifs de l'activité des organismes de formation

Parmi ces 40 000 intervenants, 7 500 exercent à titre principal une activité de formation. À eux seuls, ces derniers ont réalisé sur le marché de la formation un chiffre d'affaires de 2,7 milliards d'euros en 2000, soit un

---

1. *Source :* Projet de loi de finances pour 2003. Formation professionnelle.
2. Cf. *Flachaire (V.), « L'offre de formation, reprise d'activité en 2000 »*, Premières Synthèses, *n° 18.1, DARES, 2003.*

montant encore bien supérieur aux marchés qu'ils peuvent espérer de la politique de l'emploi. S'agit-il alors pour eux d'une activité annexe, hors de leur « cœur de métier », avec les risques d'un faible investissement professionnel de leur part ? Les situations ne sont certainement pas homogènes, mais deux éléments permettent de penser que ce type de prestations, qu'ils peuvent aussi réaliser pour d'autres que le Service public de l'emploi (les collectivités territoriales notamment), ne constitue pas un élément marginal de leur activité.

D'une part, un contrat d'études prospectives (CEP) sur les organismes privés de formation [1] faisait apparaître dès le milieu des années quatre-vingt-dix, parmi les sept métiers-types identifiés dans les organismes de formation, un métier à dominante « suivi » dont la définition paraît très proche du contenu des prestations de politique de l'emploi demandées aux opérateurs. Les fonctions d'information, d'accueil, d'orientation, d'aide à l'insertion professionnelle des stagiaires y occupent une place centrale. Avant même la montée en puissance de la commande publique liée au développement des prestations de l'ANPE, le type d'activités demandé aux opérateurs externes était donc bien formalisé au sein de la branche des organismes de formation.

D'autre part, les travaux récents du CEREQ [2] montrent que se structure, parmi les organismes de formation, un pôle de compétences qui semble correspondre aux attentes du Service public de l'emploi et qui couvre une partie non négligeable du marché de la formation continue (environ 15 %) :

- son offre de formation s'adresse principalement aux demandeurs d'emploi et elle est financée sur fonds publics ;
- elle est accompagnée de services d'orientation professionnelle ;
- elle se déploie principalement sur un espace local.

1. Les organismes privés de formation : enjeux et perspectives des emplois et des compétences, *Interface, La Documentation française, série « Prospective formation emploi », 1998.*
2. *Rousset (P.),Vero (J.), « L'offre de formation continue. Regard des prestataires sur leur activité »,* Céreq Bref, *n° 199, 2003.*

Parmi les organismes de formation qui relèvent de ce pôle, on note aussi une présence bien supérieure à la moyenne d'associations et d'organismes ayant pour activité principale soit l'action sociale et l'insertion, soit l'animation socioculturelle.

Une offre de services a donc pu se développer, sans difficultés majeures, pour répondre à la croissance rapide de la demande de l'ANPE au cours de ces dernières années. On ne peut pas pour autant en conclure que cette offre est aujourd'hui fortement structurée. Ce que l'on sait de l'organisation du secteur de la formation et de ses pratiques de gestion de la main-d'œuvre incite à beaucoup plus de prudence.

Un secteur d'activité encore instable

L'appareil de formation apparaît au contraire plutôt dispersé et instable au regard de plusieurs critères : [1]

- importance des entrepreneurs individuels et des organismes ayant un chiffre d'affaires faible et irrégulier, en particulier dans le secteur privé ;
- mouvements très importants de création/disparition d'organismes, même si ces mouvements ont eu tendance à diminuer lentement depuis quelques années.

Cette instabilité se manifeste aussi par la précarité du statut d'une bonne partie du personnel. Il est certes difficile de porter un diagnostic sur la situation professionnelle des personnes intervenant dans ce secteur car le statut juridique du contrat de travail ne rend pas bien compte de la situation réelle des formateurs. Les formateurs à statut précaire peuvent avoir un emploi stable par ailleurs. Toutefois, le taux de rotation de la main-d'œuvre apparaît très élevé quelle que soit la taille des établissements, et la proportion des salariés qui, un an avant, étaient au chômage est plus de deux fois supérieure à celle des autres secteurs. On a

---

1. Pour plus d'informations, on pourra se reporter aux portraits statistiques de branche du CEREQ, consultables sur son site Internet, ainsi qu'aux études du CEREQ et de la DARES sur la démographie des organismes de formation. Cf. *notamment Baudequin (I.), Chanut (A.), Meliva (A.), « Étude de la démographie des organismes de formation continue »,* Document d'études de la DARES, *n° 45, 2001.*

là une situation tout à fait particulière d'un secteur à forte précarité de la main-d'œuvre alors qu'il est composé de salariés assez âgés et très diplômés passant d'un organisme de formation à un autre mais venant aussi fréquemment d'une autre branche d'activité.

Les organismes publics et parapublics utilisant plus encore les CDD et les vacations pour leurs formateurs, le diagnostic d'une offre de formation encore très instable paraît robuste. Celui-ci peut certainement être étendu à l'offre externe de prestations pour les demandeurs d'emploi, compte tenu de l'importance quantitative des organismes de formation sur ce marché.

Cette situation a nécessairement des conséquences sur la professionnalisation de l'offre de services : comment garantir la qualité du service offert aux usagers et comment l'améliorer au cours du temps si l'offre est principalement constituée d'une multitude d'organismes à la pérennité incertaine et connaissant une forte rotation de leur personnel ?

DEUXIÈME PARTIE

LA GESTION DES OPÉRATEURS EXTERNES PAR LE SERVICE PUBLIC DE L'EMPLOI

Marqué par une montée en puissance des sommes en jeu au cours de ces dernières années (PARE/PAP pour l'ANPE, appui-conseil ARTT pour le ministère en charge de l'Emploi), le recours à des opérateurs externes a cessé d'être une modalité occasionnelle de gestion de la politique de l'emploi pour devenir aujourd'hui une forme régulière d'action pour les commanditaires que sont les services du ministère et l'ANPE. La récente mesure « contrat jeunes en entreprise » dont la gestion a été confiée à l'UNEDIC en est un nouvel exemple.

Devant une telle constance, il faut alors s'interroger à la fois sur les procédures intervenant en amont du recours aux opérateurs (procédures d'achat des services ; cadrage budgétaire) et sur les modalités de gestion en aval (contrôle du service fait, suivi qualitatif et impact sur les bénéficiaires) afin d'apprécier la qualité globale du pilotage de l'action externalisée.

L'analyse de l'instance porte principalement sur les modalités de gestion observées au sein des services centraux et déconcentrés du ministère et de l'ANPE. Il ne s'agit pas là d'un exercice de comparaison mais d'une description étayée des modalités à l'œuvre chez deux commanditaires dont le champ d'intervention et l'organisation sont fort différents.

Créée en 1967 pour « *participer à la mise en œuvre de la politique de l'emploi définie par les pouvoirs publics* » (article L.311-7, 1er alinéa du code du travail), l'ANPE a pour objet central d'organiser l'intervention publique sur le marché du travail par la conduite du service public du placement (article L.311-1 du code du travail). L'ANPE a dû s'adapter, au cours du temps, à deux évolutions. La politique de placement, d'une part, a changé d'envergure tant en volume (multiplication par trois du nombre de demandeurs d'emploi entre 1973 et 1990) que dans ses modalités, l'accompagnement des demandeurs d'emploi s'organisant de manière toujours plus individualisée [1]. D'autre part, les relations de l'ANPE et de sa tutelle s'organisent, depuis 1990, sous la forme des contrats de progrès offrant à l'Agence une relative stabilité de ses objectifs et une visibilité de ses moyens. Les contrats de progrès impliquent une relation plus objectivée et une évaluation régulière du service produit par l'ANPE en contrepartie de sa subvention. Par ailleurs, l'UNEDIC devient un financeur important de la politique d'activation du retour à l'emploi mise en œuvre par l'ANPE. Dans ce contexte, le recours à des tiers et le strict contrôle de ceux-ci s'imposent comme une impérieuse nécessité pour l'ANPE.

Le cadre d'action apparaît beaucoup plus complexe en ce qui concerne les services du ministère et leur intervention en matière d'emploi.

En effet, si l'ANPE répond à une autorité unique et recourt à des opérateurs externes pour offrir des prestations bien définies et assez stables dans la durée, dans le cas des services du ministère la situation est assez différente.

Les mesures qu'ils ont à mettre en œuvre se renouvellent à un rythme parfois rapide, qui dépend de la situation de l'emploi et des décisions politiques prises pour y faire face, et en fonction du contexte des finances publiques à ce moment-là.

La mise en œuvre de ces mesures peut alors avoir à s'organiser dans des délais très courts, contraints par les calendriers respectifs des décisions politiques et des budgets.

C'est ainsi que le recours à des opérateurs externes se décide et se met en place avec des mesures nouvelles, encore au stade expérimental, tandis que le cycle de renouvellement de ces mesures ne donne pas toujours le temps (ou la volonté) de pallier les faiblesses éventuelles de l'organisation initiale.

---

1. Avec notamment le service personnalisé pour un nouveau départ vers l'emploi en 1998, démarche validée par le troisième contrat de progrès ANPE-État et la mise en place du PARE-PAP en juillet 2001.

Ce recours s'apparente, dans de nombreux cas, plus qu'à une sous-traitance, à la recherche de partenariats locaux destinés soit à démultiplier l'action de l'État en recherchant un effet levier, soit à créer des synergies avec des initiatives d'autres acteurs.

À cette complexité tenant à la forte proximité de la décision gouvernementale s'ajoute celle qui tient au cadre hiérarchique, les services déconcentrés répondant non seulement aux injonctions de l'administration centrale, sur un mode vertical, mais à celles des préfets, dans la poursuite d'objectifs locaux, sur un mode horizontal.

On pressent ainsi la multiplicité des critères de performances que se fixent implicitement les services lors du recours à des opérateurs externes, les critères de « bonne gestion » ne pesant peut-être pas autant que ceux de réponse rapide à la commande politique ou que ceux d'une insertion réussie dans un environnement territorial complexe.

CHAPITRE 4

L'amont : un cadre juridique et financier de plus en plus formalisé

L'hétérogénéité des situations qui expliquent le recours à des opérateurs externes, telle qu'elle a été décrite dans le chapitre précédent, suppose *a priori* une grande plasticité du cadre juridique et financier dans lequel doivent être définis les engagements de chacune des parties, leurs droits et leurs obligations, si l'on veut qu'il soit susceptible de soutenir efficacement les relations que le Service public de l'emploi souhaite développer avec ses opérateurs, dans leur diversité.

Il paraît clair en effet que le corps de règles nécessaire au bon fonctionnement d'une pure externalisation de capacité, n'ayant pas vocation à se prolonger dans le temps et portant sur une prestation ponctuelle, n'est pas équivalent, même s'il comprend un certain nombre d'éléments communs, au corps de règles adapté à des actions créées et réalisées à l'initiative d'autres acteurs (les réseaux associatifs par exemple), et qui ont vocation à devenir des éléments permanents de la politique de l'emploi.

Toutefois, comme toute administration, le ministère en charge de cette politique doit organiser son action dans le cadre administratif et financier qui régit les rapports entre les personnes morales de droit public et les organismes publics ou privés qui participent, sous une forme ou une autre, à la réalisation d'actions voulues par la puissance publique et qui reçoivent un financement à ce titre. Or ce cadre de droit commun n'a pas été conçu pour répondre aux besoins spécifiques de l'action publique dans le champ de l'emploi.

Il s'agit donc d'examiner dans ce chapitre dans quelle mesure ce cadre général se révèle adapté à la réalisation des objectifs du SPE lorsqu'il a recours à des opérateurs externes. Il s'agit aussi d'analyser si les services savent utiliser au mieux les opportunités offertes par ce cadre pour bien préciser le contenu de leurs relations avec les opérateurs et aboutir ainsi à les améliorer et à les consolider. On peut s'interroger également sur l'impact, à moyen terme, de ce cadre quant à la nature même des rapports entre le SPE et les opérateurs.

On ne peut pas, pour aborder ces questions, se fonder uniquement sur l'analyse des pratiques passées, même lorsqu'elles sont relativement récentes. La réforme du code des marchés publics adoptée en France en mars 2001 modifie profondément le contexte dans lequel le SPE doit construire ses relations avec les opérateurs.

C'est pourquoi la première partie de ce chapitre est consacrée à une présentation des conséquences du code des marchés publics sur la façon dont le SPE peut envisager aujourd'hui ses relations financières avec les opérateurs externes. Est tout d'abord mis en évidence le fait que, dans la plupart des cas, le SPE doit arbitrer entre les deux procédures de financement qui s'offrent à lui : la subvention et l'achat public. Cet arbitrage est toutefois très encadré par les définitions précises qui explicitent les conditions d'utilisation de chacune des deux procédures. Ces définitions amènent à conclure que le recours à la subvention n'est possible que dans un nombre limité de situations et que l'achat public est la procédure qui s'impose la plupart du temps. Le code des marchés publics ne soumet toutefois pas l'achat public aux mêmes règles selon le montant des financements en jeu. D'autre part, certaines relations d'achat public peuvent se nouer hors champ du code des marchés publics lorsque la loi confie la réalisation de l'action à un opérateur exclusif ou lorsque l'État exerce un contrôle sur l'opérateur. Cette disposition s'applique en particulier aux relations du SPE avec plusieurs des opérateurs essentiels de la politique active de l'emploi (CNASEA, AGEFIPH, UNEDIC).

La seconde partie du chapitre est consacrée à l'analyse des pratiques existantes et de leurs évolutions depuis la réforme du code des marchés publics. Pour les raisons explicitées dans l'introduction de la deuxième partie, il s'avère pertinent de différencier l'examen de la situation dans les services du ministère et à l'ANPE. Dans le premier cas, l'éventail très étendu des formes de relation entre les services et les opérateurs induit des problèmes spécifiques d'adaptation du cadre juridique et financier. Les pratiques budgétaires de l'administration peuvent constituer un obstacle à la consolidation des relations avec les opérateurs. À l'ANPE, il est possible de regrouper les relations entre services et opérateurs externes en deux grandes catégories : la sous-traitance et la co-traitance, ce qui en facilite la maîtrise.

Enfin, à partir du constat de la difficulté d'insérer dans le cadre actuel des relations qui relèvent plus du partenariat que de la sous-traitance, est posée la question de la bonne adaptation des procédures actuelles aux relations de cette nature.

1. Les incidences du nouveau code des marchés publics

Le recours aux opérateurs externes est enserré dans des procédures administratives de plus en plus affinées qui, à partir de la subvention unilatérale de l'administration en direction d'un opérateur désigné, se sont progressivement organisées dans un cadre contractuel. Cette évolution, déjà sensible, a été confortée par l'entrée en vigueur du nouveau code des marchés publics.

1.1. Le code des marchés publics, une incitation forte à l'extension des procédures d'achat en matière d'emploi

L'article 1er du décret du 7 mars 2001 portant réforme du code des marchés publics énonce que « *les marchés publics sont des contrats conclus à titre onéreux avec des personnes publiques ou privées par les personnes morales de droit public, mentionnées à l'article 2 (en particulier, l'État et ses établissements publics autres que ceux ayant un caractère industriel et commercial) pour répondre à leurs besoins en matière de travaux, de fournitures ou de services* ». Lorsque l'administration exprime un besoin qui est fourni par un prestataire extérieur en contrepartie d'un prix, nous sommes donc en présence d'un marché public.

La qualification de « besoins de services » a, en outre, été précisée par une instruction ministérielle en date du 28 août 2001 qui les définit comme l'ensemble des besoins liés à l'activité d'intérêt général du commanditaire et qui le conduisent à fournir des prestations à des tiers. Parmi les prestations de services, apparaissent donc nettement incluses dans le champ du code des marchés publics celles relatives à l'accompagnement des demandeurs d'emploi et des publics en difficulté ainsi qu'à l'insertion professionnelle et sociale.

L'article 30-4° du code des marchés publics prévoit, toutefois, une procédure allégée pour les marchés de qualification et d'insertion professionnelles. Les règles de passation sont alors beaucoup plus souples : les obligations portent seulement sur la définition des prestations à réaliser et sur l'envoi d'un avis d'attribution. Un décret en date du 7 septembre 2001 précise les marchés concernés en en circonscrivant le champ « *aux prestations d'appui et d'accompagnement à l'emploi, de formations ou d'expériences préqualifiantes, qualifiantes ou certifiantes, et destinées aux jeunes sans emploi, aux personnes rencontrant des difficultés d'accès ou de maintien dans l'emploi, aux personnes handicapées* ». Assez paradoxalement, cette disposition ne dispense pas pour autant l'acheteur public de respecter les principes généraux de la commande publique : la liberté d'accès à la commande publique – qui interdit d'éliminer *a priori* un prestataire –, l'égalité de traitement des candidats – qui interdit de favoriser un candidat et invite au choix du « mieux disant » –, la transparence des procédures – qui pose l'obligation pour l'acheteur de pouvoir rendre compte aux organes de contrôle et aux candidats non retenus des conditions dans lesquelles ces choix ont été effectués. L'article 30 offre sans conteste une liberté à l'acheteur public dans la passation des marchés de qualification et d'insertion professionnelles qu'il devra donc progressivement s'approprier [1].

C'est donc une grande partie du champ de la politique de l'emploi et de la formation professionnelle qui se trouve soumise aux règles de l'achat public.

Ces règles nouvelles gouvernant l'achat public ont été précisées aux services déconcentrés du ministère par trois circulaires de la DGEFP en date du 4 mai 2002 [2].

---

1. Cf. Gilquin (A.), « Liberté et responsabilité des acteurs », Actualité de la formation permanente, *n° 180, p. 91-93 : « L'article 30 ressemble à une coquille vide que les acheteurs publics sont invités à remplir en fonction de la nature du besoin et de son montant estimé. (...) Cette grande liberté doit s'accompagner d'un important investissement de l'acheteur en termes de responsabilité. »*

2. Circulaire DGEFP n° 2002-30 relative à la distinction entre la commande publique et le subventionnement en matière d'insertion et de qualification professionnelles ; circulaire n° 2002-31 concernant la commande publique de services de qualification et d'insertion professionnelles ; circulaire n° 2002-32

1.2. Une définition des relations financières devenue plus précise

Les pratiques d'externalisation sont différentes selon les commanditaires [1] et les mesures, et surtout selon les flux de mesures à mettre en œuvre ou les publics à atteindre. Mais globalement, en matière de politique de l'emploi, tous les commanditaires ont à choisir entre les deux modes de financement qui s'offrent à eux pour recourir aux opérateurs externes : la subvention et l'achat public.

La question du départage entre ces deux modes de financement est donc centrale. Une application stricte du code des marchés publics conduit au découpage suivant.

La **subvention sur projet** s'analyse comme une participation financière du commanditaire à une opération dont le contenu et le prix sont déterminés par l'opérateur.

L'**achat public** correspond à une prestation précisée par le commanditaire et confiée à un tiers en contrepartie d'un prix. Il consiste en ce que l'acheteur définisse un produit, en fixe le cahier des charges, lance un appel d'offres, sélectionne les offreurs et leur achète la réalisation du produit considéré. La recherche de garantie est assurée à travers les cahiers des charges, en exigeant des normes de qualité, en soumettant les opérateurs à des contrôles et à des obligations de résultats.

Ces définitions aboutissent à un nouveau cadre juridique et financier pour les commanditaires en matière d'emploi. La subvention étant dorénavant encadrée dans des contraintes fortes (initiative de l'opérateur, faible participation du donneur d'ordres dans l'élaboration du projet), une grande partie des politiques de réinsertion et d'accompagnement vers l'emploi tombe donc *de facto* dans le champ de l'achat public. Cette

---

relative aux coûts de référence des subventions en matière d'insertion et de qualification professionnelles.

1. On appelle ici commanditaires les institutions publiques qui utilisent les services d'opérateurs externes et qui, de manière convergente, connaissent une évolution marquée vers la commande publique. Le terme englobe donc tant les acteurs du Service public de l'emploi (État, ANPE, AFPA) que les collectivités locales ou les PLIE.

évolution apparaît convergente avec les observations conduites par l'instance dans certains pays européens où la réinsertion des publics fait l'objet de politiques d'achat fortement professionnalisées au sein des services publics de l'emploi (*cf.* chapitre 7).

Les instruments du recours à des tiers

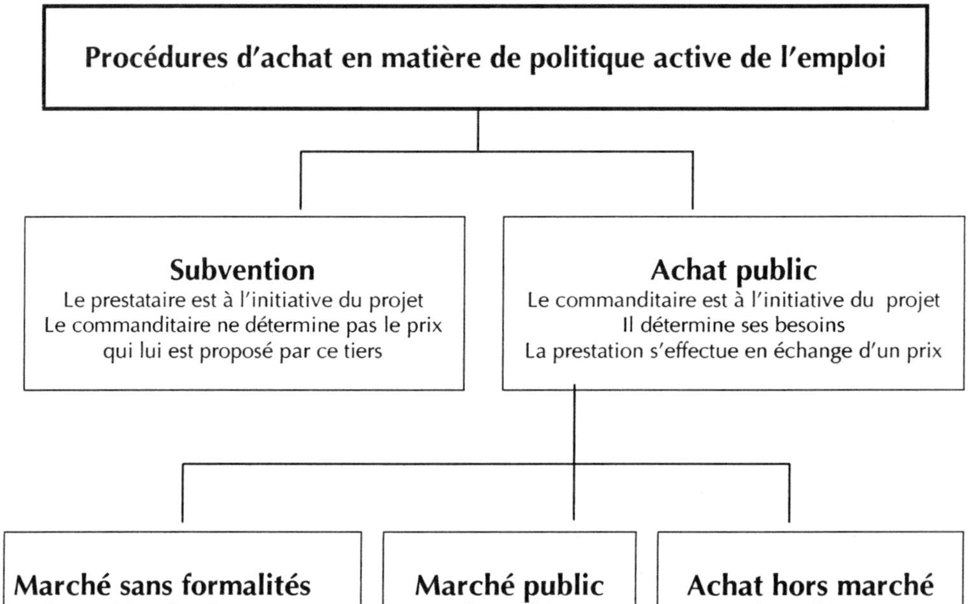

Source : schéma établi par l'instance

La diversité des mesures de la politique de l'emploi en France ne rend cependant pas facile, ni forcément pertinente, la qualification juridique des types de recours aux opérateurs externes. Il a paru à l'instance d'évaluation plus intéressant et utile de tenter de classer ce qui relève d'une logique de subvention et ce qui correspond à un achat public. Le tableau suivant, établi par l'instance, essaie, au regard des caractéristiques contractuelles nouvelles, de classer un certain nombre de mesures dans l'une ou l'autre catégorie.

contractuelles nouvelles, de classer un certain nombre de mesures dans l'une ou l'autre catégorie.

Subvention	Achat public
L'insertion par l'activité économique *Les conventions conclues avec les associations intermédiaires, les entreprises d'insertion et les entreprises temporaires d'insertion s'analysent en des conventions de subvention dès lors qu'elles viennent, par une aide de l'État, couvrir une partie des frais de fonctionnement.* **Les dispositifs d'appui-conseil (accompagnement à la réduction du temps de travail/ LIGE/ ACE/ gestion prévisionnelle des emplois et compétences/ NSEJ)** *Le consultant se voit rémunéré au titre de sa mission d'appui par, d'une part, l'entreprise et, d'autre part, l'État qui prend en charge une partie des coûts de la mission pour un montant forfaitaire. On notera toutefois que la prestation n'est pas rendue pour les besoins de l'administration, mais pour ceux de l'entreprise.* **Le chéquier-conseil** *Il semble s'agir d'une convention de subvention dès lors que l'organisme agréé est rémunéré par la personne qui sollicite un conseil, ce dernier percevant des chèques-conseil de l'État. Il s'agit donc d'une aide de l'État qui vient en déduction de la facture émise par l'organisme conseil.* **La cellule de reclassement** *La mesure repose sur une aide de l'État destinée aux frais de fonctionnement de la cellule de reclassement.*	**L'achat de prestations de sous-traitance par l'ANPE** *Il s'agit d'une convention par laquelle l'ANPE confie à un prestataire l'exécution d'une prestation définie (accompagnement, bilan de compétences approfondi, ateliers, évaluations).* **Le paiement des mesures CES, CEC, NSEJ, BAE par le CNASEA** *Le CNASEA est chargé de gérer, au nom et pour le compte de l'État, le paiement et d'assurer le suivi du versement des aides, en contrepartie d'une rémunération.* **La gestion de la mesure de soutien des jeunes en entreprise par l'UNEDIC** *Il s'agit d'une convention par laquelle l'UNEDIC assure, pour le compte de l'État, la gestion du dispositif de soutien de l'emploi des jeunes prévu à l'article L.322-4-6 du code du travail.* **EDEN** *Il s'agit d'une opération par laquelle le prestataire réalise une opération globale de diagnostic du projet, alloue les aides versées aux porteurs de projets et est en charge de l'accompagnement des créateurs d'entreprise, en contrepartie d'une rémunération.* **L'accompagnement post-SIFE** *La convention porte sur l'achat de formations et de prestations d'insertion professionnelles auprès des organismes de formation, en prolongement du SIFE.* **L'accompagnement CES** *La convention confie à un prestataire l'accompagnement des bénéficiaires de CES, qui doit pour ce faire se conformer au cahier des charges établi par l'État.* **L'appui technique NSEJ par France active et d'autres réseaux** *Il s'agit d'une mesure par laquelle l'État finance une prestation d'appui technique à des réseaux désignés.*

Subvention	Achat public
	Le FLES *Il s'agit d'une mesure par laquelle l'État confie à un fonds agréé par le préfet, souvent créé sous forme d'association, le suivi promotionnel, pédagogique et financier, et la mise en place d'actions de formation et d'accompagnement destinées aux salariés en CES et CEC, en fonction d'un cahier des charges.* **Le secrétariat du PDITH** *Il s'agit d'une opération par laquelle l'État confie à une association ou un prestataire de services du secteur marchand la coordination opérationnelle des actions en direction des personnes handicapées, conformément à un cahier des charges.* **TRACE** *La convention conclue avec l'opérateur, qui peut être une mission locale, une PAIO, une ALE ou un autre organisme, a pour objet de mener des actions d'accompagnement personnalisé et renforcé pour des jeunes en difficulté confrontés à un risque d'exclusion professionnelle, à partir du respect d'un cahier des charges communs.*

Les parties grisées correspondent à des opérations de mandat.

La distinction entre les deux logiques est délicate. Ce travail de différenciation dès l'amont des mesures est cependant nécessaire à la bonne lisibilité des services en charge de l'achat. La circulaire DGEFP n° 2002-30 du 4 mai 2002 concernant la distinction entre la commande publique et le subventionnement en matière d'insertion et de qualification professionnelles est une première tentative de clarification. Il convient cependant de la systématiser dès la conception des mesures.

Par ailleurs, la procédure de subvention recouvre deux cas de figure : la subvention directe à l'organisme prestataire, comme c'est le cas en matière d'insertion par l'activité économique, la subvention au bénéficiaire final, qui a alors le libre choix de son prestataire, à condition qu'il soit agréé, et qui vient en déduction du coût facturé par le prestataire (cas de l'appui-conseil).

Enfin, la technique d'achat public ne signifie pas pour autant l'application de l'ensemble des règles des marchés publics. Les prestations s'apparentant à un achat public sont susceptibles de donner lieu à des marchés dits sans formalités dès lors que leur montant est inférieur au seuil des 90 000 € [1]. Elles peuvent aussi donner lieu à l'application de la procédure simplifiée prévue par l'article 30 du code des marchés publics. Enfin, certaines relations d'achat public peuvent se lier hors du champ du code des marchés publics. C'est le cas lorsqu'elles entrent dans les exceptions prévues par l'article 3 du code, dans ses paragraphes 1 et 2 [2]. L'article 3-1° écarte ainsi l'application des règles des marchés publics, pour les marchés conclus entre l'État et une personne sur laquelle il exerce un contrôle. L'article 3-2° exclut, quant à lui, du code des marchés public les prestations confiées par la loi à un opérateur exclusif. La possibilité de faire valoir ces exceptions est réelle à l'égard des organismes sous tutelle et/ou créés de toutes pièces par l'État, ce qui contribue d'autant à « brouiller » le paysage (*cf. infra*).

---

*1. À cet égard, les perspectives ouvertes par la refonte du code des marchés publics adopté en 2001 constituent autant de facteurs d'instabilité pour les services. Ce projet prévoit un relèvement du seuil des marchés publics à 155 000 € HT, ce qui modifierait une nouvelle fois les règles de l'achat en matière d'insertion des publics et de formation professionnelle (*cf.* article 28 du projet de code des marchés publics en date du 19 mai 2003, mis en ligne sur le site Internet du ministère des Finances).*

2. En vertu de l'article 3 du code des marchés publics, les dispositions du présent code ne sont pas applicables :

1° Aux contrats conclus par une des personnes publiques mentionnées à l'article 2 avec un co-contractant sur lequel elle exerce un contrôle comparable à celui qu'elle exerce sur ses propres services et qui réalise l'essentiel de ses activité pour elle(...) à condition qu'il applique, pour répondre à ses besoins propres, les règles de passation des marchés.

2° Aux contrats de services conclus par une des personnes publiques mentionnées à l'article 2 avec une autre personne publique (...), lorsque la personne publique cocontractante bénéficie, sur le fondement d'une disposition légalement prise, d'un droit exclusif ayant pour effet de lui réserver l'exercice de cette activité.

2. Une professionnalisation progressive des relations entre les services du ministère et ses opérateurs

2.1. L'appropriation des procédures d'achat public au sein du ministère

Les relations qu'entretiennent les services du ministère de l'Emploi et ses opérateurs externes s'inscrivent davantage qu'à l'ANPE dans une stratégie de coopération et de partenariat de longue durée. Ce contexte explique en partie les deux constats majeurs de l'instance : les procédures d'achat public existent mais sont encore hétérogènes et des incertitudes demeurent quant à la nature des relations développées avec les « partenaires ». Cependant, sur le plan juridique, la tendance générale est bien celle d'une formalisation croissante des relations entre les services du ministère et ses opérateurs par la signature de conventions.

2.1.1. Une formalisation juridique systématique de la relation ministère/opérateurs dans un cadre contractuel

La principale évolution constatée concerne la formalisation croissante, à travers des conventions-types, des relations entre les services du ministère et ses opérateurs. Ce cadrage contractuel des différentes mesures d'accompagnement des publics ou de conseil aux entreprises est élaboré par l'administration centrale et, en particulier, par la DGEFP, à partir de circulaires nationales organisant chacune des mesures. L'instance d'évaluation a commandité une étude relative à l'appréciation des modalités juridiques retenues dans le cadre du recours aux opérateurs externes. Ces dernières ont été analysées sous trois angles :

- l'existence ou non d'un support juridique systématique ;
- les droits et devoirs des prestataires ;
- les pouvoirs de l'administration en matière de suivi, de contrôle et d'évaluation des prestataires.

Il ressort de cette analyse que la totalité des mesures étudiées s'appuie sur des conventions conclues généralement entre le commanditaire et l'opérateur (avec des nuances toutefois : cas de l'appui-conseil où une convention lie d'une part l'État et l'entreprise, d'autre part l'entreprise et l'opérateur). La convention est, pour chacune des mesures, une convention-type, souvent annexée à la circulaire technique, à laquelle l'opérateur doit adhérer.

Les conventions analysées sont assez « standardisées » juridiquement. Elles sont généralement assez courtes, à l'exception de celles portant sur la gestion des aides financières de l'État ; elles sont, en outre, plus précises et détaillées lorsqu'il s'agit d'opérateurs privés. Si l'essentiel des conventions étudiées constitue avant tout des contrats classiques de prestations de services, certaines relèvent du mandat qui, au terme de l'article 1984 du code civil, est un acte par lequel une personne donne à une autre le pouvoir de faire quelque chose pour le mandant et en son nom, le contrat ne se formant que par l'acceptation du mandataire. Le mandat permet ainsi à une personne privée d'agir au nom et pour le compte de la personne publique, et d'agir comme représentant de la personne publique pour les actes juridiques qu'il prend. Parmi les outils observés, EDEN et la délégation du paiement au CNASEA pour les mesures CES et CEC, le programme NSEJ et la bourse d'accès à l'emploi du programme TRACE relèvent explicitement de conventions de mandat. Cette qualification juridique ne dispense toutefois pas d'une application du code des marchés publics.

Le dispositif contractuel observé s'est enfin affiné avec le temps. Cela est la preuve d'une capitalisation d'expériences des services centraux en la matière mais également d'exigences plus fortes dans la gestion des opérateurs.

Les conventions étudiées sont néanmoins susceptibles d'améliorations dans leur contenu. L'objet même de la convention peut ainsi apparaître quelque peu flou : c'est le cas du terme « accompagnement », présent dans un grand nombre de conventions, sans que sa définition ni son contenu ne soient précisés. Les droits et obligations des prestataires sont généralement bien définis, sauf lorsque existent de nombreux intervenants (État, collectivités locales, CNASEA...) : la lisibilité de la mesure s'avère alors parfois plus difficile. Les conventions pèchent enfin le plus souvent par la faiblesse des pouvoirs du commanditaire en cas de non-exécution de la convention. Ces aspects seront analysés dans le chapitre 5.

2.1.2. *Des pratiques d'achat public encore hétérogènes mais en cours d'appropriation*

Les services déconcentrés du ministère de l'Emploi, et notamment les DDTEFP, ont une longue culture de la subvention accordée à des opérateurs externes fidélisés ; ils restent alors attentifs à leur santé financière, au maintien de leurs compétences et à leur développement. Néanmoins, avant même la publication du nouveau code des marchés publics, la préparation de diagnostics préalables, le travail sur la qualité des cahiers des charges se sont imposés comme des exigences pour les services de l'État, notamment dans ses achats de formation professionnelle. La tendance à l'œuvre est donc à l'élargissement et à l'approfondissement de ces pratiques.

Depuis quelques années, que l'on peut dater de l'extension, en 1998, de la globalisation des crédits et de la territorialisation des politiques de lutte contre le chômage de longue durée et l'exclusion, les services déconcentrés de l'État s'emploient à mieux fixer le cadre des interventions qu'ils financent. L'analyse des besoins a progressé, la rédaction des cahiers des charges également ; cette amélioration étant confortée par la diffusion d'un guide de l'acheteur public, dès 1993, à destination des services commanditaires. La gestion des SIFE collectifs a notamment offert une occasion particulière de mettre à l'épreuve ces procédures. L'expérience de la DDTEFP de Seine-et-Marne, qui a défini, en 2001, cinq critères de choix objectivés et pondérés dans la sélection des organismes de formation, a eu ainsi un impact avéré sur la qualité des choix, sur la motivation des décisions de refus et les relations avec les organismes candidats [1].

Les obligations nouvelles créées par le code des marchés publics ont enrichi les relations des services du ministère avec leurs opérateurs historiques en ce qu'ils ont dû mieux identifier et énoncer leurs besoins et leurs attentes en termes de procédures et de résultats. Cette appropriation progressive a été encouragée par diverses initiatives de la DGEFP. La rédaction des trois circulaires du 4 mai 2002, déjà évoquées, s'est ainsi appuyée sur les travaux existants sur la professionnalisation de l'achat de

---

1. Cf. Ricochon (M.), « Un dialogue renforcé avec les organismes de formation », Actualité de la formation permanente, *n° 180, p. 102-103.*

formation et s'est accompagnée de la consultation des principaux financeurs et des représentants de l'offre de formation. Des programmes de formation spécifique ont également été mis en place avec l'INTEFP à destination des acheteurs publics.

On ne peut en conclure pour autant que l'introduction du nouveau code des marchés publics n'a eu que des conséquences positives. Si elles n'ont pas fragilisé les relations entre les services du ministère et leurs opérateurs traditionnels, les procédures nouvelles ont certainement contribué à créer une certaine distance entre eux, à raccourcir l'horizon temporel implicite de leurs relations et, par là, à diminuer l'implication des opérateurs, leur sentiment d'être partie prenante de la réussite ou de l'échec des actions pilotées par le SPE. Et il n'est pas sûr qu'en contrepartie, une mise en concurrence plus systématique ait contribué à l'implantation de nouveaux opérateurs dans chaque territoire compte tenu des critères de choix privilégiés par les services : la connaissance du territoire et de ses publics ; la qualité des actions réalisées auparavant.

D'autre part, l'achat public en matière d'emploi est, au sein du ministère, largement déconcentré. Si la conception de la convention-type et du cahier des charges relève de l'administration centrale, le déploiement de l'achat des mesures est organisé au niveau des DDTEFP, assistées, le cas échéant, par des relais infra-départementaux (coordonnateurs emploi-formation notamment) ou des organismes délégataires intermédiaires (PLIE, FLES...).

Le rôle de l'échelon régional dans la conduite de l'achat reste, à l'inverse, assez limité. Sa mission est concentrée sur la programmation des crédits globalisés et la ligne d'action spécifique. Les DRTEFP sont également à l'initiative de commandes d'études et d'évaluations qui participent de leur rôle d'animation territoriale. Ces études servent de supports à des opérations d'échanges de pratiques et de communication, régionales ou locales.

Les observations conduites par l'instance dans certains services déconcentrés montrent une maîtrise inégale de la procédure d'achat par les départements et selon les mesures. La procédure d'achat, lorsqu'elle existe, s'appuie ainsi sur des appels d'offres, souvent restreints, initiés de manière autonome par la direction départementale concernée. Les réponses sont parfois expertisées par les coordinateurs emploi-formation.

Les conventions sont ensuite signées et suivies par la direction départementale.

L'achat est précédé, dans certains cas, par une étape d'agrément des opérateurs sans que celle-ci ne présente un caractère aussi systématique qu'à l'ANPE. L'agrément est ainsi présent dans des dispositifs comme l'ACCRE (habilitation par arrêté préfectoral), le FLES (agrément des associations par le préfet), les chéquiers-conseil (habilitation par arrêté préfectoral annuel après adhésion à la convention type de l'organisme conseil), EDEN (arrêté du ministre fixant la liste des organismes de soutien et arrêté préfectoral des organismes disposant d'un mandat). L'agrément n'est pas incompatible avec la définition, par la suite, d'un cahier des charges et la signature d'un contrat. Il est, en outre, conforme à l'esprit du code des marchés publics dans la mesure où il ne vise pas à restreindre artificiellement le marché et où il ne conduit pas à exiger des normes trop spécifiques, privilégiant alors un acteur donné.

L'hétérogénéité des pratiques observées sur le terrain tient, sans doute, à l'assistance limitée dont bénéficient, de la part de l'administration centrale, les services départementaux dans la mise en œuvre de ces pratiques d'achat. Hormis la circulaire initiale encadrant la mesure, les services sont souvent laissés à eux-mêmes tant sur le plan des modes opératoires que des compétences nécessaires. Les observations dans les DDTEFP montrent en effet que si les compétences financières et de négociation sont croissantes dans les services, elles restent encore inégales entre les départements. Surtout, le développement de l'achat ne semble pas avoir suscité une refonte particulière de l'organisation des services des DDTEFP ou la création de pôles d'appui à l'achat. Chaque gestionnaire de mesure adapte, au vu de ses compétences, ses pratiques d'achat.

L'hétérogénéité observée trouve également une part d'explication dans la faiblesse des volumes financiers liés à la plupart des achats de type accompagnement (accompagnement CES, post-SIFE...). L'absence d'« effet de masse » fait de la gestion de ces mesures une activité finalement marginale des DDTEFP et peut expliquer des pratiques d'achat plus rustiques.

2.1.3. *Les relations avec les opérateurs « partenaires » peuvent parfois déborder le cadre des procédures classiques*

Dans la mise en œuvre de la politique de l'emploi, il est fréquent que le ministère de l'Emploi confie à des établissements publics ou des associations « institutionnalisées », le soin d'exercer des missions importantes : c'est le cas du CNASEA et de l'UNEDIC qui assurent le paiement ou la gestion de certaines mesures, ou de l'AGEFIPH qui, en vertu de la loi, met en place des actions d'insertion professionnelle pour les personnes handicapées.

Dans d'autres cas, le ministère de l'Emploi s'appuie sur des réseaux préexistants et dont il a pu, le cas échéant, favoriser le développement : il en est ainsi de la mobilisation de France active et d'autres réseaux associatifs pour la consolidation des postes créés par le programme NSEJ, des missions locales pour le programme TRACE, de l'ANACT et des ARACT dans l'appui-conseil à l'aménagement et à la réduction du temps de travail, [1] de l'ADIE, France Initiative Réseaux, Entreprendre en France pour l'aide à la création d'entreprise. La délégation consentie à ces organismes structurés en réseaux assure aux commanditaires une garantie sérieuse quant à la qualité des prestations fournies et l'atteinte des publics spécifiques.

Ces modalités particulières d'externalisation, à vocation très partenariale, posent tout d'abord la question de l'application éventuelle des dispositions du code des marchés publics à ce type de relations. À cet égard, les voies ouvertes par l'article 3 du code, notamment dans ses paragraphes 1er et 2e (*cf. supra*), offrent une possibilité de stabiliser ces relations. Ainsi, l'article 3-1, en introduisant une clause dite « *in-house* » (contractualisation avec soi-même), semble ainsi pouvoir être invoqué pour le CNASEA, établissement public, sur lequel le ministère du Travail exerce sa tutelle, comme pour les missions locales. L'article 3-2 qui exclut du code des

---

1. Cf. convention État-ARACT relative à l'animation régionale de l'appui-conseil ARTT, annexée à la circulaire n° 2001-26 du 14 août 2001.

marchés publics les prestations confiées par la loi à un opérateur est directement applicable pour l'AGEFIPH [1] ou pour l'UNEDIC.

L'alternative subvention/achat public, posée par le code des marchés publics, où l'initiative et la construction du projet sont laissées respectivement à l'opérateur et à l'acheteur, peut soulever une difficulté de choix de la procédure lorsque le projet résulte d'un travail partenarial, de « co-construction » entre l'opérateur et l'acheteur. La co-construction apparaît évidente dans le cas d'EDEN, de l'insertion par l'activité économique, des relations avec les missions locales, les ARACT ou les fonds territoriaux du réseau France active. La subvention ou la procédure simplifiée de l'article 30 offrent toutefois quelques marges de négociation relatives entre les deux parties.

Pour pérenniser les relations partenariales nécessaires en matière de réinsertion des publics, il s'agira sans doute de chercher la voie d'une « co-construction » à un autre niveau que dans la seule relation d'achat public, [2] en particulier dans les relations que peut établir la DGEFP avec les institutions et structures nationales qui fédèrent les organismes intervenant dans ce champ, et qui participent à la régulation de leurs activités : Conseil national des missions locales ; Conseil national de l'insertion par l'activité économique, FNARS et « têtes de réseau » des différents types de structures d'insertion par l'activité économique (Comité national des entreprises d'insertion, COORACE, etc.) ; Alliance Ville Emploi et EUROPLIE ; Caisse des dépôts et consignations et France active ; etc.

---

1. Dont les statuts associatifs ont été agréés par l'État en date du 13 septembre 1988 et qui a signé une convention quinquennale d'objectifs avec l'État en date du 19 décembre 1998.

2. Ce terme de « co-construction » est repris des réflexions de la table ronde organisée par le Comité de coordination, de l'apprentissage et de la formation professionnelle (CCPR) le 30 octobre 2002, en collaboration avec la DGEFP et le centre Inffo. Il résulte de l'atelier 3 (« Le code des marchés publics comme nouvel outil de la qualité de l'offre de formation professionnelle ? ») qui préconisait, pour échapper à l'interdiction d'une co-construction avec un unique organisme posée par le code, un travail de « co-construction institutionnelle avec les unions régionales des organismes de formation, la FFP ou le comité de liaison pour la promotion des migrants ».

L'utilisation des conventions promotion de l'emploi par la Mission développement de l'activité et de l'insertion professionnelle de la DGEFP est un exemple d'initiative nationale visant à favoriser la co-construction évoquée précédemment. Grâce à cette ligne budgétaire, auxquels s'ajoutent des crédits du Fonds social européen et de la Direction générale de l'action sociale, la DGEFP peut signer des conventions pluriannuelles d'objectifs avec une vingtaine de réseaux associatifs œuvrant à l'insertion sociale et professionnelle des publics en difficulté. Le soutien financier apporté à ces structures a pour but de leur permettre de développer durablement leurs actions d'animation, de professionnalisation et d'élargissement de leurs réseaux en vue de contribuer à la mise en œuvre des politiques d'emploi et d'insertion. Il permet aussi d'engager avec ces structures de nouvelles actions prioritaires dont la définition est élaborée en commun. Des financements plus ponctuels permettent également de contribuer à l'émergence de nouveaux réseaux, encore fragiles, en les aidant à se doter des capacités d'ingénierie nécessaires au développement de leurs projets.

2.2. Les pratiques budgétaires ne favorisent pas une gestion efficace des opérateurs externes par les services du ministère

Le recours aux opérateurs externes est financé pour l'essentiel par les crédits d'intervention du ministère en charge de l'Emploi (titre IV). L'efficacité de la politique d'achat des services déconcentrés est donc fortement dépendante d'une juste détermination des enveloppes budgétaires en amont et d'une délégation rapide et régulière des crédits dans les services.

2.2.1. La détermination des enveloppes budgétaires nécessaires au paiement des opérateurs

La détermination des enveloppes budgétaires des principales mesures emploi observées se réalise à partir d'une analyse des besoins en volume et des prix [1] qui reste le plus souvent imprécise.

Les besoins en volume sont, en effet, appréciés « à dire d'expert » par les services de la DGEFP. Ainsi, pour la mesure « d'appui-conseil à l'ARTT »,

---

1. *Volume x prix = coût de la mesure.*

l'estimation de la DGEFP a été réalisée à partir d'une analyse rapide du nombre d'entreprises susceptibles d'être concernées, obtenue par l'agrégation des prévisions envoyées par les régions. De même, la mise en place du dispositif local d'accompagnement pour les emplois-jeunes en 2003 est partie d'une estimation des besoins des associations entrées dans le dispositif sans véritable étude de marché préalable.

L'imprécision de ces appréciations est, pour partie, inhérente aux incertitudes qui entourent la mise en œuvre de la politique de l'emploi : modifications du contexte économique, évolutions des contraintes et des priorités politiques. Il apparaît également délicat de déterminer le bon niveau de réponse des pouvoirs publics aux demandes des bénéficiaires potentiels de ces actions. Les contraintes budgétaires interdisent en effet, sauf exception (*cf. infra*), une gestion « à guichet ouvert » visant à satisfaire toutes les demandes, quel que soit leur volume. Une fois la mesure montée en charge, il semble bien toutefois que la difficulté d'objectivation des besoins trouve une explication directe dans la faiblesse de la remontée des informations sur les actions au niveau central (*cf.* chapitre 5).

L'incertitude sur les volumes à prévoir se double d'une faible objectivation des prix des prestations sollicitées. Le ministère de l'Emploi ne dispose pas de références en matière de prix de prestations, ni d'observatoire validant ou informant le montant forfaitaire fixé. Faute d'outils, les prix restent peu objectivés. Les aléas de la politique de prix sont particulièrement bien illustrés en matière de prestations d'appui-conseil. Pour le chéquier-conseil, le prix retenu est assis sur le coût d'un consultant junior (une heure de travail entre 60 et 75 €, le tarif de base pour la journée s'établissant à 450 €). Ce prix est jugé peu attractif dans les grandes métropoles. Pour l'appui-conseil à l'ARTT, le coût de la prestation était de l'ordre de 1 000 € (plus un plafonnement en nombre de jours consultants). Il s'agit d'un prix légèrement inférieur au marché, surtout par rapport à celui des grands cabinets, le dispositif de terrain devant fonctionner avec des consultants locaux pratiquant des prix moindres. Les directions départementales pouvaient toutefois faire jouer trois types de curseurs : le prix de journée, le nombre de journées accordées, le prix global de la prestation par l'État. L'appui GPEC, mis en place par la loi de modernisation sociale de 2002, a justifié un prix moyen supérieur à celui de l'appui ARTT, les démarches devant être plus qualitatives et plus délicates à mettre en œuvre.

Ces difficultés d'objectivation au niveau central tant des volumes à prévoir que des prix justifient *a contrario* la recherche d'une gestion plus proche des besoins à travers des instruments comme la LAS (ligne d'action spécifique), déléguée aux services déconcentrés (*cf.* chapitre 2). Les efforts de rationalisation de la LAS en 2003 ont conduit à ce que son enveloppe ne soit plus constituée par la DGEFP mais par les directions régionales et départementales. L'examen de la programmation régionale de cette ligne montre que les services ont bien saisi la liberté qui leur était accordée, avec des configurations très différentes dans la répartition des crédits.

2.2.2. Les aléas dans la délégation des crédits

Les gels, les retards ou au contraire les rallonges budgétaires constatés dans la délégation des crédits de l'emploi tiennent, en premier lieu, à l'objet même de ces derniers, des ajustements à la hausse ou à la baisse constituant les premiers leviers d'une réponse conjoncturelle au niveau du chômage ou à la gestion du budget de l'État. Ces « souplesses » sont également utilisées pour asseoir des changements d'orientation politique.

Cela s'est illustré bien souvent et notamment à travers l'appui-conseil à la réduction du temps de travail, pour lequel la mise à disposition des crédits a connu des « *stop and go* » assez importants, en phase avec l'évolution législative. Dans le cadre de la première loi sur la réduction du temps de travail de juin 1998, des réajustements à la hausse ont été effectués en cours d'année, compte tenu du fait qu'il y avait peu de possibilités de refuser des demandes et que la mise à disposition des crédits s'est effectuée « à guichet ouvert ». Lors de la seconde loi relative à l'aménagement et la réduction du temps de travail, la gestion de la mesure a été plus problématique, s'étant heurtée à la rationalité budgétaire. En 2002, alors que des enveloppes fermées avaient été notifiées en début d'exercice budgétaire auprès des directions départementales et des directions régionales sur une base deux fois supérieure à ce que la loi de finances avait prévu (500 MF au lieu de 250 MF, le principe de rallonge étant supposé déjà acté), les crédits ont été finalement maintenus au niveau des crédits votés.

Les aléas dans la délégation de crédits sont, en second lieu, ceux qui résultent des gels ou des retards dans les délégations. La mesure d'aide à l'accompagnement des associations intermédiaires mise en place en 2002 a ainsi directement pâti de ces lenteurs. Les conditions de préparation de la mesure avaient été particulièrement rapides et concertées : travail préparatoire avec le Conseil national de l'insertion par l'activité économique (CNIAE) et les Comités départementaux (CDIAE), circulaire prête en avril 2002, consultation des services déconcentrés en juin. Mais les crédits n'ont été délégués qu'en octobre 2002. La mobilisation en amont des services (signature des conventions et sélection des associations intermédiaires bénéficiaires de l'aide avant l'arrivée des crédits) a néanmoins permis de pallier partiellement cette délégation tardive, les crédits prévus ayant finalement été consommés avant décembre 2002.

Le constat est le même dans la gestion de la LAS en 2002. La délégation de crédits aux régions n'est intervenue qu'en octobre, ce qui a motivé des attitudes très différentes des directions départementales. Certaines ont ainsi privilégié le financement par la LAS de l'accompagnement CES pour le seul motif qu'il relève d'un paiement par le CNASEA et échappe ainsi aux circuits comptables traditionnels et aux aléas dans la délégation de crédits.

Plus directement, cette gestion budgétaire parfois heurtée a un impact sur les relations entre les services du ministère et les opérateurs. Elle rend, d'une part, plus difficile la mise en place d'un suivi quantitatif et qualitatif du travail fourni, quand la préoccupation première devient la date à laquelle les actions prévues pourront effectivement être payées. Elle contribue, d'autre part, à fragiliser les opérateurs eux-mêmes et notamment les petits opérateurs locaux, qui dépendent souvent de la rémunération du ministère pour assurer leur équilibre financier. Enfin, même si cela n'est pas mesurable, les aléas de délégation et de paiement entament la crédibilité des services du ministère et nuisent, dans certains cas, à la mise en place de relations de long terme avec les opérateurs.

3. Une ingénierie de la commande publique quasi industrielle à l'ANPE

3.1. La gestion de la sous-traitance s'appuie sur des procédures d'achat et un encadrement budgétaire définis

3.1.1. Une procédure d'achat systématique

L'offre de service de l'ANPE comporte, on l'a vu, un ensemble de prestations en faveur des demandeurs d'emploi, qui devraient représenter près de 453 M€ en 2003. Elles combinent des évaluations, des bilans de compétences approfondis, des ateliers et des accompagnements. Si les deux premières catégories de prestations sont sous-traitées à 100 %, les deux autres ne sont que partiellement confiées à des sous-traitants, à hauteur de 70 %.

La sous-traitance de l'ANPE est soutenue par une organisation et des procédures d'achat systématisées. Le système d'achat, tel qu'il a pu être observé, présente ainsi deux caractéristiques :

- il repose sur une mise en concurrence selon les règles du code des marchés publics ; cette dernière a lieu tous les trois ans (le dernier appel d'offres est intervenu fin 2002, pour la période 2003-2005) ;

- il s'appuie sur une répartition claire du rôle des différents échelons territoriaux : alors que le niveau central élabore les cahiers des charges nationaux et les outils de pilotage, la déconcentration au bénéfice des régions, pleine et entière depuis 1995, concerne les achats, le conventionnement des prestataires, la gestion et le contrôle du service fait.

Les **cahiers des charges** encadrant les différentes catégories de prestations sont établis au niveau national et visés par le contrôleur d'État. C'est également à ce niveau que la Direction du développement des services élabore le dossier technique précisant le déroulement de la procédure d'habilitation des prestataires. Elle établit, pour ce faire, les documents-types à utiliser lors des différentes phases, détaille les critères d'appréciation des candidatures et encadre les règles de fixation du prix des prestations de services.

Plus précisément, la Direction générale de l'ANPE fournit aux directions régionales une fourchette de prix par type de prestation. Celle-ci n'est connue que de la seule ANPE (en respect de la mise en concurrence), les candidats étant invités à proposer un prix [1]. La fourchette de prix est calculée à partir de bases aussi objectivées que possible.

---

1. Pour chaque prestation de services pour laquelle il sollicite une habilitation, le candidat fait une proposition financière correspondant aux moyens humains et matériels indiqués dans le cahier des charges. Cette proposition financière fait partie du dossier de candidature. Les prix des prestations de services s'inscrivent

L'habilitation des prestataires intervient ensuite au niveau des directions régionales de l'ANPE tous les trois ans. Une souplesse est offerte aux directions régionales qui peuvent, à titre dérogatoire, engager une procédure d'habilitation en cours de période. Pour procéder à cette habilitation, chaque région élabore la liste des critères à prendre en compte au vu des spécificités locales. Elle peut définir sa propre politique de tarification, dans un objectif d'optimisation des dépenses, en prenant appui sur les indications fournies par la Direction générale. Pour chaque prestation de services, elle établit donc un barème permettant de fixer le poids de chaque critère à l'intérieur de la fourchette de prix.

Étant les maîtres d'œuvre de l'habilitation, les directions régionales sont donc au cœur de la procédure d'achat, l'habilitation constituant un puissant élément de sécurisation des achats de l'Agence.

Le **conventionnement** avec un organisme habilité pour une prestation donnée est, enfin, établi au niveau local (DDA, ALE, éventuellement, dans certains cas, DRA). Il est en général annuel.

Ainsi, le jeu combiné de l'habilitation régionale, du conventionnement départemental et de la lettre de commande de l'agence locale permet d'ajuster au plus près l'offre aux attentes de l'ANPE, aussi bien en termes de contenu de la prestation que de profil du prestataire.

L'une des conditions du bon fonctionnement de ces procédures, telle que relevée par l'instance, est la nécessaire présence d'une offre abondante. Si, en 2002, l'offre de prestations était suffisante sur les territoires pour répondre aux besoins de l'ANPE, à l'exception de quelques cas particuliers, les autres commanditaires traditionnels de la politique de l'emploi (Conseils régionaux, ministère de l'Emploi) ont parfois ressenti une éviction sur le marché local de leurs opérateurs traditionnels au profit de l'ANPE.

---

dans une fourchette tenant compte de données objectives correspondant à des modes de réalisation particuliers. C'est pourquoi il est possible de payer à un même prestataire un prix différent pour une même prestation de services, dès lors que les modalités de réalisation le justifient (cf. Dossier technique d'habilitation des prestataires 2003-2005).

Sur le plan qualitatif, certains opérateurs ressentent cette procédure d'achat comme une volonté de « formatage » par l'ANPE de leurs prestations. Si ce sentiment peut s'expliquer par une utilisation parfois insuffisante par l'ANPE des connaissances des prestataires et un défaut d'association à l'élaboration des cahiers des charges, il a surtout été exprimé dans des contextes d'abondance des opérateurs. À l'inverse, là où la concurrence entre opérateurs est moins vive ou aménagée, ces derniers ont davantage d'initiative pour proposer les actions qu'ils estiment utiles à leurs publics et conduire l'agence locale à modifier sa demande de prestation.

3.1.2. Un cadre budgétaire strict

La détermination des enveloppes régionales

La gestion des enveloppes budgétaires prévues pour la sous-traitance est déconcentrée et confiée aux directions régionales. La détermination du montant de l'enveloppe par région est précédée d'une concertation préalable entre le directeur général et chacun des directeurs régionaux.

La Direction du contrôle de gestion de l'ANPE établit une proposition d'objectifs physiques par région à destination du directeur général, pour les quatre catégories de prestations : les ateliers ; l'accompagnement ; les évaluations et les bilans de compétences approfondis. Pour les deux premières, un arbitrage est réalisé entre internalisation et externalisation. Pour les deux suivantes, il ne peut s'agir que d'externalisation. L'estimation se fait suivant plusieurs critères qui prennent en compte le poids régional et le niveau de réalisation atteint l'année précédente. Le directeur général avec chacun des directeurs fixe une enveloppe globale pour la région, arrêtée en fonction du coût standard des 4 catégories de prestations et d'un taux théorique de sous-traitance pour l'accompagnement et les ateliers. Si cette enveloppe est fongible, elle reste contrainte par les objectifs quantifiés régionaux arrêtés pour chaque famille de prestation.

L'enveloppe régionale est ensuite déclinée par la direction régionale entre les différentes directions départementales et agences locales pour l'emploi : chaque agence dispose donc d'un cadrage budgétaire annuel des prestations sur son bassin d'emploi. En cours d'année, des rééquilibrages peuvent intervenir entre directions départementales et agences.

Des marges de manœuvre diversement utilisées par les échelons déconcentrés

En fonction de l'enveloppe globale qui lui est allouée par la Direction générale ainsi que des objectifs quantifiés assignés par famille de prestations, le directeur régional dispose de marges de manœuvre. Elles concernent le taux de sous-traitance des prestations d'accompagnement et d'atelier, et les coûts réels des prestations (il a la possibilité de les faire varier de plus ou moins 20 % par rapport aux coûts standard nationaux). Ces marges de manœuvre sont également déclinées au sein de chaque direction départementale et de chaque agence locale.

La pratique montre que les marges de manœuvre sont assez bien utilisées par les échelons déconcentrés, notamment depuis la montée en charge du PARE-PAP. Des directions régionales ont, par exemple, fait le choix de sous-traiter « au maximum », la sous-traitance jouant un rôle de soupape et permettant de dégager du temps pour s'occuper d'autres usagers (les entreprises notamment).

Ces pratiques restent néanmoins fortement contraintes, le système de suivi des objectifs jouant comme un correctif face à une utilisation des marges de manœuvre au-delà de ce qui est autorisé. Ainsi, en 2003, le recours à la sous-traitance donne lieu à une surveillance particulière : d'après les projections, le point d'équilibre financier se situe autour de 55 % ; or, selon les remontées des premiers mois de l'année, l'Agence connaît un taux de sous-traitance supérieur, ce qui représente un risque de dérive budgétaire. Les régions sont donc appelées à être extrêmement vigilantes pour rester dans les enveloppes budgétaires définies.

Les marges de manœuvre offertes par les prix sont, elles aussi, diversement utilisées par les régions. Des directions régionales observées par l'instance ont voulu simplifier le choix en instaurant un double tarif (borne haute, borne basse) et en recommandant en outre aux directions déléguées l'utilisation du prix plancher, ayant estimé qu'il y avait suffisamment de prestataires pour se porter candidats à l'appel d'offres. Une autre direction régionale a usé différemment des marges de manœuvres offertes, dans un contexte où l'offre de prestataires est assez tendue : pour les ateliers, elle est sortie de la fourchette de la Direction générale pour encourager la sous-traitance.

Ces illustrations montrent que les possibilités de souplesse offertes sur les prix sont exclusivement utilisées pour s'adapter à la densité du marché local (offre de prestations) et non pour répondre aux caractéristiques particulières des publics, comme c'est parfois le cas dans d'autres pays.

3.2. La pratique du partenariat et de la co-traitance repose sur des modalités contractuelles qui restent à stabiliser

3.2.1. Une pratique ancienne dont la formalisation est récente

La formalisation récente de politiques dites de partenariat et de co-traitance par l'ANPE cache en réalité une histoire déjà longue de coopération avec différents organismes depuis la création de l'ANPE par l'ordonnance de juillet 1967 (*cf.* chapitre 2). Cette démarche a été consacrée par le deuxième contrat de progrès entre l'État et l'ANPE (1994-1998), qui a ancré véritablement le partenariat dans les missions de l'ANPE et qui a fixé les principes qui en régissent la conduite :

- il s'agit d'une coproduction entre services ;
- le partenariat repose sur un principe de réciprocité, qualifiée comme l'égalité des partenaires et le respect des pratiques de chacun ;
- il s'appuie sur une remise en cause périodique des conventions par un début de bilan des actions et des résultats.

Le troisième contrat de progrès (1999-2003) promeut une démarche plus structurée puisque l'agence vise explicitement à développer des relations partenariales dans le domaine de l'accompagnement individualisé, en se dotant de conventions de délégations de service qui précisent la méthode et l'évaluation du service rendu. Il s'agit d'une démarche nouvelle qui dépasse la logique initiale de démultiplication des services du placement : le but est de confier à un partenaire les missions qu'il est susceptible d'accomplir plus rapidement ou mieux que l'Agence. Cette logique a trouvé par ailleurs son application dans le cadre de la signature de la nouvelle convention UNEDIC/ANPE, mettant en place le PARE et qui prévoit explicitement l'association d'organismes dans la mise en œuvre du PARE [1].

Ce partenariat se décline aujourd'hui diversement entre l'ANPE et les missions locales, les communes, les groupements de communes, les PLIE, les structures de l'insertion par l'activité économique ou les réseaux spécialisés (Cap Emploi, APEC). Dans cet ensemble, la co-traitance désigne plus particulièrement les relations avec les missions locales, Cap Emploi et l'APEC.

3.2.2. Des relations fragiles

Alors que la sous-traitance repose sur des procédures et des instruments formalisés, le partenariat qu'entretient l'ANPE avec différents organismes apparaît plus flou. Ce mode de relation est très différent pour l'ANPE de celui observé dans les procédures d'achat public avec les sous-traitants puisque la définition de la prestation à réaliser n'est pas du seul ressort de l'Agence mais qu'elle est construite en commun avec ceux qui auront à la mettre en œuvre.

Poursuivant en cela les engagements souscrits auprès de l'UNEDIC dans le cadre de la convention sur le PARE, l'ANPE a amplifié sa politique contractuelle en direction de ses partenaires. L'APEC, le réseau public d'accueil des jeunes, l'AGEFIPH et le réseau Cap Emploi ont ainsi pris l'engagement contractuel de suivre des demandeurs d'emploi orientés par les agences locales, moyennant une rémunération calculée au prorata des demandeurs indemnisés pris en charge. La collaboration avec les PLIE est formalisée par des conventions pour la prise en charge de certains publics, prévue par la circulaire de 1999.

L'analyse des conventions signées avec les co-traitants met cependant en évidence la difficulté de l'exercice [2]. Celles-ci prévoient des objectifs quantitatifs de publics à suivre, en distinguant les demandeurs indemnisés ou non. Ces objectifs ne sont cependant pas définis sur des bases

---

1. *Extrait de la convention ANPE/UNEDIC :* « Pour certains publics, l'ANPE s'appuie sur des partenaires co-traitants qui finaliseront, mettront en œuvre et suivront le projet d'action personnalisé avec le demandeur d'emploi. »
2. *Les conclusions sont issues, pour l'essentiel, de la mission IGAS-IGF qui a rendu ses observations définitives en juillet 2003.*

objectivées et corrélées aux besoins [1]. Cette difficulté apparaît en particulier au niveau des bassins d'emploi où, faute de diagnostics partagés sur les besoins, les objectifs quantitatifs fixés localement sont parfois apparus en décalage avec le potentiel d'emploi du territoire. Par ailleurs, la convention nationale conclue par l'ANPE avec chacun des co-traitants énonce les critères d'orientation des publics vers ces co-traitants. Mais les controverses apparues sur certains territoires à propos des personnes envoyées par les ALE à tel ou tel co-traitant sont le signe que ces critères sont parfois d'interprétation délicate. Ils le sont d'autant plus que l'ANPE ne dispose souvent que d'une information partielle sur les services proposés par les co-traitants au public qu'elle leur adresse (*cf.* chapitre 5), ce qui ne facilite pas le bon ajustement des profils des personnes aux capacités d'action des co-traitants.

La relation de partenariat reste donc une modalité d'action à stabiliser pour l'ANPE. Elle suppose un travail d'échanges, de co-construction et de transparence avec les partenaires que l'ANPE doit approfondir.

Favorisée par le contexte juridique, l'évolution des différents commanditaires (services déconcentrés du ministère, ANPE) vers les procédures d'achat public constitue l'une des novations de ces dernières années. Cette évolution est cependant contrastée. Ainsi, les services ponctuels achetés par le Service public de l'emploi (prestations de sous-traitance de l'ANPE, accompagnement post-SIFE, conseil à la création d'entreprise...) se sont fondus assez facilement dans le moule de l'achat public. À l'inverse, les actions mettant en jeu des relations davantage partenariales (insertion des travailleurs handicapés, insertion des jeunes en grande précarité, création d'entreprise...), fortement développées au sein des services du ministère et à l'ANPE à travers la co-traitance, restent plus difficilement insérables dans des procédures d'achat public. Faut-il en conclure que la logique de marché et d'achat public n'est pas adaptée à certains types de mesures, à certains types de relations ou à certains types d'opérateurs ? La question reste ouverte et sera reprise dans la troisième partie du rapport.

---

1. *Cf. constat de la mission IGF-IGAS :* « Les chiffres définis sont issus de négociations et ne reposent pas sur une étude partagée et fondée des besoins ».

CHAPITRE 5

L'aval : le suivi et l'évaluation des opérateurs

1. Les procédures de suivi

Cette première partie du chapitre analyse les modalités de suivi du recours aux opérateurs externes en aval de la prestation. De manière convergente avec ce qui a été observé en amont, le suivi des opérateurs est fort inégal selon les commanditaires : les services du ministère assurent un suivi hétérogène des opérations externalisées qui, parfois, se limite à la dimension budgétaire ; l'ANPE a développé un pilotage à la fois physique et financier des prestations sous-traitées. Ces constats sont à mettre en regard de logiques d'action différentes entre les deux commanditaires, comme il a été dit en introduction de la présente partie.

1.1. Un suivi par les services du ministère hétérogène et globalement insuffisant

1.1.1. L'hétérogénéité du suivi

La partie précédente a montré combien la conduite de la politique de l'emploi s'appuie sur des opérateurs externes pour exercer des fonctions diverses (offrir un accompagnement plus individualisé, proposer du conseil aux entreprises, confier des fonctions d'animation...) et induit en cela des modes de relations fort variés entre le ministère et ses opérateurs. Il en découle des modalités de suivi des mesures différentes selon que :

- le ministère est à l'origine ou non de la mesure ;

- les opérateurs ont été créés à la suite d'initiatives locales ou non.

Alors même que la loi de lutte contre les exclusions en date du 29 août 1998 achève de faire des structures de l'IAE des partenaires officiels de la politique de l'emploi, les modalités de leur suivi restent marquées par la relative autonomie de ce secteur dont la création est d'initiative locale et remonte aux années soixante-dix. L'examen des conventions qui lient le ministère de l'Emploi à ces structures [1] est symptomatique de la prudence qu'il entretient à leur égard : le suivi des opérateurs s'effectue sur la base d'une fiche annuelle dont l'absence n'est pas sanctionnée, le contrat peut être résilié en cas d'« empêchement de la structure »...

À l'autre extrême, on trouve des actions qui s'inscrivent dans une stricte relation de sous-traitance, c'est-à-dire où les services du ministère président à la définition du projet et des critères de sélection, mettant en concurrence des organismes diversifiés. Juridiquement, ces relations conduisent à des conventions plus strictes dans la définition des obligations et des modalités de contrôle des opérateurs. Ainsi, l'accompagnement des CES fait-il l'objet d'un cahier des charges et d'une convention-type, arrêtés au plan national, qui prévoient de manière précise les obligations de l'opérateur, son suivi (présentation annuelle d'un compte rendu qualitatif et quantitatif par l'organisme, et production de toutes pièces justificatives pendant dix ans) et son contrôle (le prestataire est évalué en référence à un pourcentage d'accès à l'emploi défini dans la convention). La convention-type contient également des stipulations relatives à la résiliation par le ministère si les objectifs visés ne sont pas atteints et si les moyens mis en œuvre ne correspondent pas aux objectifs fixés dans le cahier des charges.

Par ailleurs, on note que des mesures qui font l'objet d'une priorité politique importante sont plus clairement encadrées dans leur suivi que des actions moins en vue. Cette tendance est particulièrement présente dans le suivi de l'appui-conseil ARTT puisque, dès l'origine, des instruments précis ont été fournis aux services déconcentrés du ministère pour s'assurer du suivi quantitatif – nombre d'entreprises passées à trente-cinq heures, budgets correspondants... – et qualitatif des opérateurs sélectionnés – à travers la fiche SIDONIE remise à l'ANACT qui fait état du contenu de l'intervention, des difficultés des entreprises, des besoins... –. Ces instruments, s'ils présentent des limites techniques, ont permis

1. La circulaire n° 99-17 du 26 mars 1999 relative à la réforme de l'insertion par l'activité économique prévoit ainsi la signature de conventions entre le préfet de département et les EI, ETTI et les AI en échange du versement de l'aide financière.

d'alimenter une évaluation nationale de la mesure menée par le ministère et par l'ANACT. Le programme TRACE, politiquement prioritaire lui aussi, s'est accompagné du perfectionnement d'un système de suivi dédié, PARCOURS ; le paiement pour les sous-traitants a, en outre, été conditionné aux résultats obtenus, une norme nationale ayant été édictée en termes de taux de sortie des jeunes.

Les rapports avec le CNASEA et l'AGEFIPH méritent une mention particulière, dans la mesure où leur suivi correspond, en l'espèce, à l'exercice d'une tutelle. Le suivi est donc national et peu comparable à celui des autres mesures.

La tutelle sur le CNASEA a été précisée par le décret n° 2000-837 du 29 août 2000 modifiant les statuts de l'organisme et insérant des dispositions spécifiques dans le code rural [1]. La gestion des aides donne lieu à des avenants particuliers annexés à la convention conclue entre le ministère en charge de l'Emploi et l'établissement public. Ces avenants organisent, avec précision, les modalités du paiement des employeurs et de reversement, le cas échéant. Ils prévoient, par ailleurs, la production de données à des fins statistiques au profit des administrations centrales (sur ce point, certains éléments pourraient être encore améliorés) [2]. Le CNASEA offre ainsi les moyens d'un suivi strict des mesures gérées par l'administration centrale. Au-delà des remontées obligatoires de données, la convention entre le ministère et le CNASEA pose les bases d'une relation équilibrée et de long terme entre les deux parties : les modalités du contrôle du CNASEA par le ministère ne sont pas explicitées dans la mesure où celles-ci ressortissent à des mécanismes généraux de surveillance des établissements placés sous tutelle (présence au conseil

---

1. *Ainsi, l'article R. 313-5 du code rural énonce-t-il que* : « Le CNASEA gère les aides dont l'État décide de lui confier le traitement dans le cadre des politiques qu'il conduit en matière de formation professionnelle et d'emploi. »
2. *Le rapport d'audit relatif à l'activité du CNASEA dans le secteur de la formation professionnelle et de l'emploi réalisé par l'IGF et l'IGAS en date d'avril 2002 aboutit ainsi à la conclusion suivante* : « D'une manière générale, la fonction statistique a privilégié l'information rapide des gestionnaires des mesures emploi. (...) C'est sans doute la raison pour laquelle les échanges entre le CNASEA et la DARES ne reposent pas sur des textes effectivement cosignés par la DARES. Ainsi les cahiers des charges ne comportent que des dispositions très générales concernant les produits, la DARES n'ayant pas elle-même pris l'habitude de préciser la nature exacte de ses demandes de manière formalisée. »

d'administration, possibilité de diligenter des inspections, contrôle d'État...).

La tutelle de l'État sur l'AGEFIPH (statuts de l'association agréés le 13 septembre 1988) se double d'une convention quinquennale d'objectifs conclue entre les deux parties en date du 9 décembre 1998 [1]. Là encore et comme pour le CNASEA, ce mode de relation permet l'explicitation précise des obligations de l'AGEFIPH à l'égard du ministère. L'AGEFIPH contribue ainsi à la collecte des données quantitatives et qualitatives disponibles. Elle apporte également sa contribution aux travaux d'évaluation et transmet le projet de répartition des contributions collectées par l'association ainsi qu'un rapport sur l'utilisation des fonds. Comme le CNASEA, le contrôle de l'organisme obéit à des mécanismes caractéristiques d'une relation de tutelle (mise en place d'un comité de suivi, présence au conseil d'administration, saisine possible d'une inspection...).

1.1.2. Un suivi globalement insuffisant

Le suivi des opérateurs en aval de la commande rejoint très largement le constat effectué en amont quant à la répartition des tâches au sein du ministère de l'Emploi : il met en évidence la relative déconnexion entre l'administration centrale, d'une part, centrée sur l'élaboration politique des mesures, et, d'autre part, les services départementaux chargés de leur mise en œuvre. Ce constat conduit donc à des modalités de suivi sur le terrain plus approfondies mais très disparates entre les services déconcentrés et à un suivi des mesures externalisées *a minima* par l'administration centrale centré sur la consommation des crédits.

Des modalités locales de suivi peu étoffées et disparates entre les actions et entre les départements

Les conclusions de l'évaluation prolongent, en la matière, ce qui a été observé, en amont de la chaîne, dans le cadre de la procédure d'achat. Les DDTEFP développent des modalités de suivi encore peu étoffées, se

1. Certains objectifs de résultats sont précisés dans la convention : réduire de 10 % le nombre des entreprises d'au moins 20 salariés n'employant aucun travailleur handicapé, offrir un bilan d'évaluation-orientation à 20 000 personnes et un appui individualisé à 90 000 jeunes. D'autres restent plus flous : augmenter significativement l'effort de formation.

contentant parfois d'un suivi comptable et budgétaire *a minima* des mesures. Les modalités d'un suivi quantitatif et qualitatif des mesures sont ensuite hétérogènes entre les mesures et entre les départements.

Le suivi comptable et financier constitue le socle commun à l'ensemble des mesures et à l'ensemble des départements. D'une part, en matière de paiement des mesures, les DDTEFP obéissent aux règles traditionnelles de la comptabilité publique, prévues par le décret de 1962, qui subordonnent le paiement à la production d'un certain nombre de justificatifs (attestation du service fait, bilan quantitatif et qualitatif de l'opération...). En bout de chaîne, le paiement constitue donc une puissante corde de rappel. D'autre part, sur un plan budgétaire, les services départementaux du ministère assurent le suivi de la consommation des crédits par ligne budgétaire, en faisant directement remonter leurs informations à l'administration centrale par le logiciel GBC. Cette remontée s'effectue « à l'aveugle » pour l'administration centrale puisqu'elle est déconnectée du suivi physique de la mesure. Elle offre néanmoins l'avantage d'être uniforme entre les services déconcentrés et effectuée de manière régulière.

Ce suivi *a minima* des mesures, répondant à des impératifs comptables et budgétaires, n'est qu'imparfaitement complété par un suivi quantitatif et qualitatif des mesures externalisées. En la matière, le déploiement des mesures donne ainsi lieu, dans bien des cas, à l'organisation de procédures locales de suivi, dictées par l'empirisme.

Cela aboutit à des situations contrastées entre les mesures mais également entre les départements, et ce malgré un encadrement national réel par le jeu de la circulaire nationale relative à la mesure. Les circulaires nationales relatives aux différentes mesures externalisées s'attachent, de manière croissante, à prévoir les modalités de suivi des mesures par les services dans les conventions-types annexées ou dans la circulaire elle-même. L'analyse des conventions élaborées par la DGEFP sur l'ensemble des mesures appartenant au champ de l'évaluation met ainsi en évidence un perfectionnement constant de la qualité juridique de celles-ci.

Elle suggère toutefois encore quelques améliorations. Ainsi, alors que le principe du contrôle de l'administration est souvent affirmé dans les conventions, les modèles de rapport d'exécution ne sont parfois pas proposés et l'absence de remise du rapport annuel n'est pas toujours assortie de sanction. De même, certaines conventions fixent des objectifs quantitatifs à atteindre, qui ne sont pas contrôlés, ni sanctionnés. Les cas de résiliation ne sont, enfin, pas toujours clairement exprimés. Certaines conventions prévoient ainsi la simple possibilité pour l'État de résilier la convention, même en cas de faute grave. Certaines conventions prévoient des cas de résiliation bilatérale (commanditaire et opérateur), ce qui confère à ce dernier d'importants pouvoirs, notamment lorsque la convention permet la résiliation en cas d'« empêchement du prestataire ». L'introduction récente de clauses de compétence juridictionnelle (compétence du tribunal administratif) tend à traduire une volonté de mieux prévoir en aval les conséquences d'une mauvaise exécution des prestations.

Néanmoins, malgré une amélioration constante des conventions-types, le suivi quantitatif et qualitatif de certaines mesures est parfois peu explicité par les circulaires. Ainsi, les observations relevées par l'instance sur les chéquiers-conseil ont mis en évidence trois modalités différentes de suivi dans trois départements : la DDTEFP du Nord organise ainsi un suivi par bénéficiaire retranscrit sur une feuille cartonnée mais sans synthèse générale, la DDTEFP de Seine-Maritime s'appuie sur un tableau synthétique des mandatements alors que la DDTEFP de la Sarthe présente un suivi plus poussé de la mesure, classé par type d'interventions, entreprises concernées... Le fait que le système d'information national prévu pour la mesure n'ait jamais fonctionné ne favorise pas, sur ce point, une harmonisation nationale du suivi.

Cette hétérogénéité du suivi s'observe également dans des cas où ses modalités ainsi que ses outils sont prévus par la circulaire nationale. En effet, la formalisation juridique du suivi ne signifie pas pour autant son appropriation par les services. Ainsi, dans certains cas, elle est d'autant plus mal acceptée par les services déconcentrés qu'elle s'accompagne de tableaux de bord préétablis et fournis sur des supports informatiques dont les agents n'ont pas toujours la maîtrise.

Dans d'autres cas enfin, les orientations nationales font l'objet d'une appropriation acceptée par les services déconcentrés et offrent ainsi les conditions d'un suivi harmonisé sur le plan national. C'est le cas du programme TRACE et de son logiciel PARCOURS ; c'est également le cas des fiches SIDONIE alimentées dans le cadre de l'aménagement et de la réduction du temps de travail.

L'observation des pratiques des DDTEFP met enfin en évidence l'influence des instances locales de coordination dans la mise en place d'un suivi quantitatif voire qualitatif des mesures. La présence d'un FLES dynamique peut ainsi conduire la direction départementale à améliorer le suivi de ses dispositifs d'accompagnement des CES. De même, la reconnaissance et le bon fonctionnement d'un CDIAE ou d'un comité départemental pour l'emploi au niveau local contribuent à une formalisation plus poussée du suivi des mesures externalisées tant sur un plan quantitatif que qualitatif. Dans certains cas, les directions départementales vont au-delà de la seule production de données et procèdent à une agrégation des résultats obtenus.

Un suivi par l'administration centrale essentiellement centré sur la consommation des crédits

Le défaut d'harmonisation des procédures de suivi au niveau local et l'inégale appropriation des outils prévus par les circulaires nationales conduisent inévitablement à une remontée très partielle des informations au niveau national et notamment dans les missions techniques de la DGEFP. Sauf pour certains dispositifs pour lesquels le système d'information a bien fonctionné (appui-conseil ARTT, suivi du programme TRACE), ces dernières reconnaissent avoir une « *vision impressionniste des choses* ». Les informations liées au suivi quantitatif et qualitatif des mesures confiées à des prestataires remontent ainsi dans bien des cas de manière parcellaire et variée en termes de contenu.

Cet état de fait est, par ailleurs, reconnu par les missions de la DGEFP sans qu'une action correctrice ne soit véritablement envisagée. On retrouve là la priorité accordée par les services centraux au suivi budgétaire des mesures, par rapport aux autres dimensions du suivi. Concentrée sur des tâches de conception des mesures, la remontée d'information attendue par les missions techniques du ministère est essentiellement budgétaire et centrée sur la consommation des crédits, même si les remontées physiques existent et sont utilisées. Le travail de collecte des données budgétaires est effectué par la Mission des affaires financières de la DGEFP. Elle s'appuie pour son suivi sur un outil budgétaire et comptable, le GBC, qui lui permet d'apprécier la consommation de chacune des DDTEFP ainsi que le cadencement des dépenses et qui est utilisé de manière uniforme et régulière par les services déconcentrés.

Cette approche essentiellement budgétaire est porteuse d'effets pervers dans le pilotage global de la politique de l'emploi. Elle conduit à un appauvrissement de l'échange entre services centraux et déconcentrés en orientant trop fortement la discussion sur le niveau de cadencement des crédits et leur montant global, au détriment d'une analyse fine de l'atteinte des objectifs et des raisons qui peuvent expliquer les succès ou les échecs. Elle induit un décalage dans les enjeux perçus par les différents échelons du ministère, les services déconcentrés pouvant parfois se positionner en termes de temps/homme sur des dispositifs considérés comme mineurs à l'échelon central (ex. : accompagnement post-SIFE).

Un constat qui renvoie aux modalités internes de pilotage

Les constats relatifs à la diversité des suivis locaux et à la faible visibilité de l'échelon national mettent en évidence des modalités de pilotage encore insuffisantes au sein des services du ministère.

Le rôle stratégique reconnu au Service public de l'emploi régional présidé par le préfet de région et aux DRTEFP, avec leurs missions de pilotage, de programmation, d'animation, d'appui et de contrôle, doit assurer à terme à l'échelon régional une place essentielle dans l'organisation, le transfert vers les autres niveaux et l'analyse de l'ensemble de l'information nécessaire au suivi. Cet échelon a notamment bénéficié de la création des Services d'étude, de prospective, d'évaluation et de statistiques (SEPES) pour assurer ces fonctions. Mais le fonctionnement implicite du ministère repose encore trop souvent aujourd'hui sur des relations directes entre l'administration centrale en charge de la conception des mesures et les DDTEFP en charge de leur exécution ; et le dialogue entre les deux échelons reste relativement peu formalisé malgré les évolutions annoncées en la matière : [1] les contacts entre les missions techniques de la DGEFP et les services déconcentrés se font ainsi par téléphone ou par courrier électronique et les déplacements dans les services sont rares. Par ailleurs, les missions de la DGEFP ne disposent pas, à quelques exceptions près

1. *Ainsi la Déclaration nationale d'orientation mise en place le 15 mars 2002 prévoit-elle* « l'organisation, à titre expérimental, du dialogue de gestion entre chaque Comité technique régional et interdépartemental (CTRI) et les quatre directions de l'administration centrale ».

(correspondants « alternance » en DRTEFP par exemple), d'interlocuteurs identifiés dont elles assumeraient l'animation et la formation [1].

Plus généralement, ces difficultés d'articulation s'expliquent par la faiblesse de la culture de contrôle de gestion au sein du ministère en charge de l'Emploi, malgré l'introduction de certains éléments de ce contrôle dès les années quatre-vingt. Ce constat est ancien et avait conduit en 1996 à une tentative d'uniformiser les approches dans les services déconcentrés. Prolongeant ces travaux, un plan de contrôle de gestion a été lancé en mars 2002 au sein du ministère à la suite de la circulaire commune des ministres du Budget et de la Fonction publique en date du 21 juin 2001. Cette démarche encore parcellaire a abouti à la définition d'objectifs pour le ministère, déclinés notamment à travers l'adoption de la première directive nationale d'orientation propre au secteur emploi en 2002. Les difficultés de mise en place de la démarche sont liées aux insuffisances du système d'information et à la faiblesse des outils lui servant de base (projets ACCORD et INDIA, projet ALEXANDRIE), mais aussi à un manque de perception de ce que l'on peut en attendre. Elles s'expliquent également par la multiplicité des opérateurs et des instruments de suivi aux périodicités et aux niveaux de détail différents. Ceci renvoie notamment à la question de l'homogénéité des clauses des cahiers des charges.

1.2. À l'ANPE, un pilotage orchestré du niveau local au niveau central

L'ANPE s'appuie sur une doctrine différente du recours aux opérateurs externes. Ce dernier est le moyen pour l'Agence d'assurer la montée en charge du dispositif d'accompagnement des demandeurs d'emploi lié à la mise en place exigeante du PARE/PAP. La mise en place d'un système de suivi apparaît comme la conséquence des objectifs que lui assignent les partenaires sociaux et l'État ; les procédures de suivi sont pensées en

1. *La diversité de taille et d'organisation des directions départementales ne facilite d'ailleurs pas la constitution de tels réseaux. Ce constat est pointé dans le plan triennal de développement du contrôle de gestion élaboré par le ministère en date du mars 2002 qui énonce que* « l'organigramme du secteur emploi repose encore fondamentalement sur une logique institutionnelle et non fonctionnelle, ce qui est bien démontré par l'absence de correspondance entre l'organigramme de l'administration centrale et celui de ses services déconcentrés. Au sein de chaque direction, on peut faire un constat relativement identique ».

fonction des possibilités de *reporting* que l'Agence doit assurer face à sa tutelle et aux partenaires sociaux.

Trois niveaux sont distingués dans les concours externes de l'Agence : la sous-traitance, la co-traitance, les partenariats dits de coopération (avec les collectivités locales notamment) ; à chacun de ces niveaux correspondent des procédures de suivi et d'évaluation spécifiques. Les partenariats ne font pas directement partie du champ de l'évaluation dans la mesure où ils se traduisent par la conclusion de conventions à fin de placement (*cf.* chapitre 2). Ils n'ont donc pas fait l'objet d'observations spécifiques et l'analyse est centrée ici sur les deux premiers niveaux de la sous-traitance et de la co-traitance.

1.2.1. La sous-traitance offre les conditions d'un pilotage efficace des opérateurs

Les procédures contractuelles définies par l'ANPE pour suivre les interventions de ses sous-traitants paraissent adaptées, bien articulées aux procédures « amont » ; elles lui donnent les moyens de réagir très vite à des situations difficiles. Le cahier des charges réalisé pour chaque catégorie de prestations précise l'objectif, le contenu et les moyens à mettre en œuvre pour leur réalisation, ainsi que les résultats attendus pour les prestations d'accompagnement. Il oblige le prestataire à remettre des fiches de suivi devant permettre à l'ANPE de s'assurer de la qualité du service rendu, ainsi que, sur simple demande, toute information nécessaire. L'ANPE assure directement le suivi et le contrôle de l'exécution de la prestation, et dispose d'un pouvoir de résiliation unilatérale pour motif d'intérêt général et pour faute du prestataire.

Ce cadrage juridique a été complété par la désignation dans les ALE de « correspondants prestations », à qui est confié le suivi d'une famille de prestations (accompagnement, atelier, évaluation en milieu de travail, bilan), et par la création de « référents qualité » dans certaines ALE ou dans des groupes d'ALE organisées en bassin d'emploi. Pour exercer leur mission de contrôle et de suivi, les « correspondants prestations » peuvent s'appuyer sur toute la chaîne qui, du niveau national au niveau des directions déléguées, définit ce que doit être l'offre de services et construit les méthodes, les outils de contrôle et de suivi de son contenu : Direction du développement des services à la Direction générale, service d'appui à la production des services dans les Directions régionales, chargés de mission spécialisés sur ces questions dans les directions déléguées. Cet appui s'exerce de différentes façons : documents méthodologiques, journées de formation, réunions collectives au niveau régional ou de la direction déléguée.

L'ensemble de cette chaîne n'occupe pas encore, au sein de l'ANPE, la place centrale qui est reconnue au contrôle de gestion ; les enquêtes de terrain mettent en évidence une hétérogénéité certaine dans les modalités de suivi et de contrôle du contenu et de la qualité des prestations selon les ALE et selon les catégories de prestations. L'objectif quantitatif de volume d'activité semble parfois entrer en contradiction avec le souci du contenu des prestations sous-traitées. Les ALE des zones rurales ou excentrées peuvent aussi être confrontées à un déficit d'offre de services qui les amène à recourir aux prestataires disponibles, malgré l'appréciation mitigée portée sur eux par les correspondants prestations. Mais, partout, les correspondants sont en contact régulier avec les prestataires et s'assurent par des visites plus ou moins fréquentes du bon déroulement des prestations. Un mouvement structuré et outillé s'est donc enclenché qui devrait permettre d'améliorer encore la maîtrise du suivi des prestations.

Le suivi financier et le contrôle de gestion sont des aspects tout à fait centraux de l'activité de l'ANPE. Les possibilités de choix entre la réalisation des prestations en interne et l'externalisation, qui sont laissées aux niveaux territoriaux afin de favoriser l'atteinte des objectifs d'activité, supposent, comme on l'a dit au chapitre précédent, un suivi financier très fin et très diligent si l'on veut éviter que le cumul des décisions locales n'aboutisse à des dérives budgétaires ou à des sous-consommations de crédits. Le système mis en place répond à cette contrainte. Il permet aux différents échelons – ALE, DDA, DRA, DG – de suivre en permanence l'ensemble des volumes de dépense (le niveau d'engagement) et d'être alertés en cas de risques de dérives. Par ailleurs, l'ANPE s'est donné pour objectif de développer une culture d'analyse des risques sur l'ensemble des champs de son activité. Un dispositif de contrôle interne est ainsi en cours de déploiement à tous les niveaux (procédures d'auto-contrôle, de contrôle hiérarchique, audit interne). Les prestations sont l'une des priorités de ce contrôle interne.

L'augmentation rapide du nombre des prestations délivrées a, par ailleurs, entraîné un alourdissement sensible de la gestion administrative des dossiers. Les « pôles appui gestion » créés dans chaque ALE pour y répondre ont adopté des organisations variées. Parfois, la programmation, la gestion et la facturation des prestations ont été mutualisées au niveau d'un bassin. L'ANPE a donc su trouver en interne les ressources pour faire face à l'alourdissement de ses tâches administratives. Toutefois, ces solutions ne sont pas sans poser quelques problèmes de compétence des agents et sans créer quelques tensions internes : une partie des agents, parmi les conseillers adjoints notamment, peuvent se trouver cantonnés à des tâches qu'ils jugent fastidieuses.

1.2.2. La co-traitance présente les éléments d'un suivi beaucoup plus aléatoire

Les ambiguïtés relatives à la nature des rapports entre l'ANPE et ses co-traitants [1] n'ont pas seulement des conséquences sur le contenu des conventions qui encadrent leurs relations. Elles se traduisent aussi par le fait que l'ANPE éprouve à tous les niveaux des difficultés pour saisir le contenu précis des actions menées dans le cadre du PARE/PAP par ses co-traitants, qu'il s'agisse de l'APEC, du réseau Cap Emploi ou des missions locales et PAIO.

Ces difficultés semblent avoir deux origines :

- d'une part, les conventions nationales avec les co-traitants prévoient que le suivi de l'action partenariale est effectué par chaque direction régionale de l'ANPE et que chaque co-traitant s'engage à transmettre toutes les informations nécessaires au renseignement du dossier informatisé du demandeur. Mais les informations dont la transmission est prévue sont relativement limitées, même si des initiatives régionales permettent d'enrichir l'information par la mise en place de tableaux de bord qui ne sont pas centrés sur le seul objectif quantitatif de l'accueil ; [2]

- d'autre part, le fonctionnement de l'interface entre les systèmes d'information de l'ANPE et de ses co-traitants, qui était prévue dans les conventions afin de faciliter la transmissions des données, rencontre

---

1. La mise en œuvre du PARE-PAP conduit l'ANPE à confier l'accompagnement de certains publics à des opérateurs spécialisés « co-traitants » : l'APEC, les missions locales et le réseau Cap Emploi (cf. chapitre 2).

2. Rapport de la mission IGAS-IGF déjà cité.

des difficultés importantes. Tous les co-traitants sont bien reliés au système d'information de l'Agence, mais on observe des déperditions sensibles d'information qui ne permettent pas d'obtenir des consolidations nationales fiables : erreurs de saisie, absence de remplissage systématique de certaines rubriques. Les co-traitants jugent le système de l'ANPE inadapté à leurs besoins et s'en plaignent. Par exemple, les missions locales estiment qu'elles ont, avec leur propre logiciel PARCOURS, des informations plus riches, en particulier sur leur offre de services dans le domaine social, qui leur sont nécessaires pour leur démarche qualité. Les co-traitants disposent donc, dans leur propre système de suivi, de données fiables et qui peuvent être assez complètes, mais celles-ci ne sont pas transmises au format voulu à l'ANPE.

Les problèmes techniques à résoudre pour améliorer la transmission d'informations à l'ANPE sont tout à fait réels. Mais on peut faire l'hypothèse que la situation actuelle est due aussi à un autre facteur. Chacun des co-traitants dispose d'une forte légitimité institutionnelle dans son propre domaine d'action (l'insertion sociale et professionnelle des jeunes, l'emploi des cadres, l'insertion professionnelle des travailleurs handicapés) et il n'est prêt à modifier ses modalités, bien rodées, de suivi de son public pour répondre aux besoins de suivi et de contrôle de l'ANPE que si ces modifications n'impliquent que des évolutions relativement marginales de son organisation et une surcharge de travail limitée pour ses agents.

2. L'évaluation de l'action des opérateurs

2.1. Des difficultés méthodologiques nombreuses et délicates à surmonter

L'évaluation de l'action des opérateurs par le Service public de l'emploi se heurte à de nombreux problèmes méthodologiques qui doivent être pris en compte lorsqu'on cherche à apprécier les pratiques actuelles des services.

2.1.1. *Distinguer l'évaluation de la mesure (ou de la prestation) et l'évaluation des pratiques des opérateurs*

En premier lieu, il est *a priori* indispensable de bien distinguer l'évaluation de la mesure, ou de la prestation, ayant donné lieu au recours à des opérateurs externes et l'évaluation des pratiques des opérateurs.

L'évaluation de la mesure (ou de la prestation), dont le contenu et les objectifs ont été définis par l'administration, relève des procédures « classiques » d'évaluation de la politique publique de l'emploi, telles qu'elles sont définies et pilotées par la DARES. Elle vise à répondre aux questions suivantes : par rapport aux objectifs de la politique de l'emploi et aux moyens disponibles, était-il pertinent de créer cette mesure ? Les objectifs spécifiques qui lui ont été assignés ont-ils été atteints ? Pourquoi ?

L'évaluation des pratiques des opérateurs concerne, cette fois, les services de gestion. Il s'agit de mettre en évidence l'apport propre des pratiques des opérateurs à l'efficacité et à l'efficience du dispositif qui leur a été confié : était-il pertinent d'externaliser sa mise en œuvre ou aurait-il été préférable de la conserver en interne ? Tel ou tel opérateur obtient-il de bons résultats ?

Toutefois, la distinction entre les deux démarches évaluatives n'est pas toujours évidente, les résultats globaux d'une mesure ou d'une prestation étant la somme des résultats obtenus par chacun de ceux qui ont eu à la mettre en œuvre. Elle devient impossible si la mise en œuvre d'une action est confiée à un seul opérateur, mais une diversification des opérateurs ne résout pas pour autant toutes les difficultés. Il n'est, par exemple, pas aisé de faire la part, dans l'échec d'une mesure, entre ce qui est dû à l'inadaptation du cadre normatif d'action défini par l'administration, dans lequel devaient s'inscrire les pratiques des opérateurs, et ce qui est dû à la qualité globalement insuffisante de l'action des opérateurs désignés pour mettre en œuvre cette mesure.

De fait, la distinction entre les deux approches évaluatives ne semble s'opérer réellement que si l'évaluation des opérateurs s'inscrit dans une démarche comparative : comparaison entre les résultats obtenus par les opérateurs externes et les résultats obtenus par les services lorsqu'une action n'est que partiellement externalisée ; comparaison entre les résultats obtenus par divers opérateurs pour une même mesure ou une même prestation. On se heurte alors aux difficultés de la comparaison « toutes choses égales par ailleurs », bien connues en évaluation :[1] comment comparer rigoureusement les performances d'opérateurs agissant dans des zones d'emploi aux situations économiques et sociales contrastées ? Comment les comparer si les publics qu'ils ont en charge ont des caractéristiques différentes ? Un opérateur peut-il être considéré comme moins efficace si les résultats qu'il obtient baissent parallèlement à la dégradation de la conjoncture de l'emploi ?

2.1.2. Définition des objectifs et articulation entre la prestation externalisée et l'action plus générale dans laquelle elle s'inscrit

Toute évaluation des résultats d'une action publique suppose de se référer aux objectifs poursuivis par cette action. Pour la politique de l'emploi, les objectifs généraux sont bien définis : faciliter le retour à l'emploi des publics-cibles ; inciter les employeurs à créer plus d'emplois. Malgré des ambiguïtés, souvent relevées par les évaluations, dans les objectifs spécifiés pour chacune des grandes mesures de la politique active de l'emploi et malgré la difficulté à traduire ces objectifs en indicateurs de résultats pertinents, il existe un certain consensus sur la bonne façon d'apprécier les résultats de ces mesures.

L'évaluation des actions confiées à des opérateurs externes rencontre des problèmes méthodologiques spécifiques, liés au fait que ces actions ne sont souvent qu'un élément, parfois assez marginal, d'un dispositif plus vaste piloté par le SPE. Les actions externalisées d'accompagnement des personnes en CES ou en SIFE, tout comme les ateliers de l'ANPE concourent, certes, à l'objectif de retour à l'emploi des bénéficiaires. Mais on peut penser que, dans chacun de ces dispositifs, d'autres éléments sont plus importants pour l'atteinte de cet objectif que ne l'est l'action externalisée. Par exemple, le contenu de l'emploi occupé et les stages de formation suivis par le salarié pendant son CES, ou encore, pour les prestations ANPE, la capacité des agents des ALE à orienter les demandeurs d'emploi vers les prestations correspondant à leurs besoins et à les mettre en relation avec les employeurs susceptibles de les recruter.

---

1. Ces questions feront l'objet d'un examen plus détaillé dans la partie du chapitre sept consacrée à l'analyse des expériences étrangères.

Aussi, l'accès à l'emploi du bénéficiaire ne peut-il être qu'un critère indirect d'évaluation de l'action des opérateurs. Il faut définir des critères *ad hoc* d'évaluation, dont la dimension quantitative n'est pas toujours évidente, et qui exigent que le Service public de l'emploi ait bien précisé, initialement, ce qui était spécifiquement attendu de l'intervention de l'opérateur au sein de la chaîne complexe d'action dans laquelle il s'intègre [1].

Ce type de difficultés s'atténue lorsque la mission confiée aux opérateurs externes s'élargit. La réalisation d'un parcours d'insertion (TRACE, PLIE, SIAE), comme la gestion complète d'une mesure ou d'un programme de la politique active de l'emploi (EDEN, AGEFIPH pour les travailleurs handicapés) peuvent plus facilement être évaluées à partir des critères traditionnels d'évaluation de la politique active de l'emploi : taux de retour à l'emploi, taux de survie des entreprises créées, etc. Mais ces actions concernant souvent une catégorie particulière de publics – les personnes « très éloignées » de l'emploi notamment –, on retrouve le problème évoqué précédemment : comment comparer les résultats obtenus par les opérateurs avec ceux qui sont obtenus pour des demandeurs d'emploi qui ne sont pas confrontés aux mêmes obstacles ?

2.2. Les services du ministère : une grande hétérogénéité des instruments et des modalités d'évaluation

Outre l'hétérogénéité des pratiques selon les actions concernées, situation déjà constatée pour le suivi, deux phénomènes caractérisent les dispositifs d'évaluation dans les services du ministère et les différencient nettement des pratiques observées à l'ANPE :

- il y a une séparation marquée entre les démarches visant à évaluer les résultats de chaque opérateur, qui relèvent des services de gestion, et les procédures d'évaluation, pilotées par la DARES ou par les SEPES en région, qui visent à porter un jugement global sur les résultats des actions confiées à ces opérateurs. Il est donc indispensable de bien distinguer ces deux dimensions dans l'analyse ;

1. *La même analyse peut être faite pour les actions d'appui-conseil aux entreprises.*

- pour une part non négligeable des actions, les opérateurs eux-mêmes, leur « tête de réseau » lorsqu'ils sont organisés en réseau, ou encore des organismes tiers sont les concepteurs et les producteurs des données qui constituent la principale base d'informations pour les services lorsqu'ils veulent apprécier la qualité et l'efficacité des actions menées par les opérateurs externes.

2.2.1. Plusieurs facteurs défavorables à des procédures formalisées d'évaluation des opérateurs dans les services déconcentrés

Compte tenu de la déconcentration de la gestion des mesures et des prestations dont la mise en œuvre est externalisée, l'évaluation des opérateurs est d'abord du ressort des services déconcentrés. Le faible développement de procédures formalisées d'évaluation dans ces services s'explique, en partie, par deux éléments qui ressortent nettement des tableaux financiers présentés dans le chapitre 2.

En premier lieu, le montant des crédits alloués aux actions mises en œuvre par les opérateurs externes a varié sensiblement au cours de ces dernières années sous l'effet des décisions de création, puis de suppression de dispositifs qui ont bénéficié d'une bonne part de ces crédits durant leur période de plein développement : appui-conseil ARTT, accompagnement des projets NSEJ, TRACE. Dans ces cas, comme dans d'autres cas plus anciens, le recours à des opérateurs externes a pu être perçu par les services comme une situation transitoire, ne nécessitant pas qu'ils réalisent un investissement nécessairement important (compte tenu des problèmes méthodologiques évoqués précédemment) pour évaluer les performances de ces opérateurs puisque la relation nouée avec eux dans le cadre du dispositif avait toutes chances de ne pas être durable.

En second lieu, les crédits budgétaires affectés à la plupart des actions mobilisant des opérateurs externes sont d'un montant limité (quelques dizaines de millions d'euros au plus). Chaque DDTEFP dispose donc d'une somme qui ne lui permet de conventionner qu'un nombre très réduit d'opérateurs. L'agent responsable de la prestation ou de la mesure peut considérer que, dans ces conditions, la mise en place d'une procédure formelle d'évaluation est inutile pour apprécier la qualité de l'action des opérateurs. Le contact direct, au cours de réunions ou par quelques déplacements sur le terrain, peut lui paraître suffisant ou même préférable.

Cette attitude peut être confortée par le caractère marginal des sommes en jeu au regard des dépenses engendrées par le dispositif dans lequel s'inscrit l'action externalisée. Les prestations d'accompagnement pour les CES et les SIFE, tout comme les prestations d'aide au conseil pour les employeurs du programme NSEJ représentent moins de 1 % des crédits consacrés à ces mesures et les agents portent d'abord leur attention sur ce qui, à leurs yeux, en constitue le cœur : caractéristiques des bénéficiaires, contenu des actions de formation ou des emplois occupés, pratiques des employeurs. Les circulaires soulignent, certes, que ces prestations ont pour objectif d'améliorer les résultats des mesures qu'elles accompagnent. Mais elles ne sont qu'un élément de leur réussite, dont le caractère central est parfois mis en doute par les agents qui, de toute façon, déclarent ne pas pouvoir faire la part des effets propres de ces prestations sur l'insertion des bénéficiaires ou sur la consolidation des emplois créés.

Ces éléments de contexte restent toutefois insuffisants pour expliquer le faible développement des procédures d'évaluation. Le recours à des opérateurs externes correspond souvent à des dispositifs pérennes (insertion par l'activité économique, PLIE, missions locales, cellules de reclassement, aide à la création d'entreprise, insertion des travailleurs handicapés...) et, pour certaines de ces actions (chèque-conseil, appui-conseil ARTT), ou encore dans les grands départements, le nombre des opérateurs est trop important pour que les agents puissent avoir une connaissance fine des pratiques de chacun grâce à des relations directes.

D'autres éléments d'explication doivent être avancés.

Les *modalités de rémunération des opérateurs* sont un premier élément, tout à fait essentiel. Sauf exception (TRACE [1]), les opérateurs ne sont pas

---

1. La circulaire du 23 octobre 1998 relative au programme TRACE restait ambiguë quant aux règles de rémunération des opérateurs externes (autres que les missions locales, les PAIO et les ALE) en fonction des résultats obtenus en termes de placement. Il était clair que le placement rapide d'un jeune sur un emploi stable permettait à un opérateur externe de recevoir plus vite l'ensemble de la rémunération (12 000 F) prévue pour l'accompagnement d'un jeune. Mais cette somme pouvait aussi lui être attribuée au terme de la convention pour des jeunes que l'opérateur n'était pas parvenu à placer si la DRTEFP jugeait, après transmission du bilan, examen des conditions d'exécution de la convention et de la qualité de la prestation d'accompagnement fournie, que l'opérateur s'était correctement acquitté des tâches qui lui avaient été confiées.

rémunérés en fonction de leurs résultats mais en fonction du volume d'action réalisé. Dans leurs pratiques de gestion, les services ne sont donc pas obligés de définir des indicateurs formels de résultats conditionnant le paiement. Compte tenu des problèmes méthodologiques rencontrés pour construire et, surtout, pour interpréter ces indicateurs, [1] beaucoup d'agents avancent l'argumentation suivante [2] : il est certes possible d'obtenir des indicateurs de résultats sur l'action des opérateurs. Ils sont d'ailleurs prévus pour certaines catégories d'actions et sont régulièrement fournis par les opérateurs ; mais ces indicateurs sont incapables de rendre compte correctement de la qualité de leur action. Leurs résultats sont très sensibles à des éléments de contexte qu'ils ne prennent pas en compte : type de public, état du marché du travail. Les indicateurs quantitatifs couramment retenus se concentrent sur l'accès à l'emploi et ne rendent pas compte d'autres effets de l'action externalisée, tout aussi importants pour le bénéficiaire (effets sociaux notamment).

Le jugement porté par les agents sur les opérateurs tient compte des résultats quantitatifs disponibles, mais ceux-ci ne constituent pour eux qu'une information parmi d'autres informations qu'ils obtiennent, hors procédures d'évaluation, par leur connaissance du terrain et par leur participation aux réseaux d'acteurs locaux.

Un second élément vient conforter la réserve des agents des services déconcentrés à l'égard de procédures formalisées d'évaluation : l'*absence fréquente de demandes de l'administration centrale* visant à récapituler les résultats obtenus par les actions auxquelles concourent les opérateurs, ou encore l'absence de retours de l'administration centrale (sous la forme d'un bilan national commenté, par exemple) sur les résultats que les services ont pu lui fournir. Les circulaires soulignent en général la nécessité d'évaluer l'action des opérateurs, mais elles n'en fournissent pas la méthode, et le manque de dialogue organisé avec l'administration centrale sur ce sujet amène les agents à en conclure que la question de la bonne utilisation des fonds consacrés au financement des opérateurs

1. Le chapitre 7 traite en détail cette question à partir de l'analyse des pratiques d'utilisation des indicateurs de résultats dans plusieurs pays ayant adopté des modes de rémunération des opérateurs en fonction de leurs résultats.

2. Ce raisonnement se retrouve fréquemment dans les entretiens avec les agents des services du ministère réalisés par la société OBEA pour l'instance d'évaluation dans le cadre de l'étude sur l'« appréciation des effets de l'externalisation sur la qualité et sur la performance des services aux usagers ».

externes n'est pas centrale pour leur hiérarchie. Il en résulte, notamment, que les notions d'efficacité et, plus encore, d'efficience ne sont que très rarement évoquées spontanément lorsque les agents rendent compte de leurs pratiques.

L'absence (ou la méconnaissance) [1] de procédures nationales d'évaluation portant sur ces actions ajoute au sentiment d'un relatif désintérêt de l'administration centrale. Surtout, elle ne favorise pas l'émergence dans les services déconcentrés d'une « culture de l'évaluation » qui encouragerait les agents à surmonter les difficultés méthodologiques pour se doter des outils les mieux à même, malgré leurs limites, de leur fournir quelques éléments rigoureux de jugement sur les opérateurs. Il faut, comme on l'a dit, distinguer l'évaluation d'une mesure ou d'une prestation et l'évaluation de l'action d'un opérateur chargé de la mettre en œuvre. Il n'en demeure pas moins que, au vu de la contiguïté entre les deux démarches, beaucoup des apports méthodologiques des évaluations nationales pourraient être repris par les services déconcentrés pour l'évaluation des opérateurs.

Le dernier élément à prendre en compte a trait à la *nature des relations qui s'établissent entre les services déconcentrés et les opérateurs*. Comme le résume très bien le rapport de la société OBEA, « *C'est l'optimisation des dispositifs partenariaux, beaucoup plus qu'une recherche d'efficacité mesurée par les performances des publics confiés aux opérateurs, qui semble, en règle générale, mobiliser les services* ». Ces derniers inscrivent plus volontiers leur action dans une logique de moyen terme, visant à constituer et à stabiliser un réseau d'intervenants sur leur territoire, que dans une logique de récompense/sanction des opérateurs en fonction des résultats qu'ils obtiennent périodiquement [2]. La question essentielle pour

---

1. Plusieurs évaluations, menées au cours de ces dernières années par la DARES ou dans le cadre de procédures interministérielles, ont directement porté sur une partie des dispositifs concernés (cf. section suivante). Elles auraient pu constituer pour les agents un cadre de référence précieux pour définir des critères de choix des opérateurs et des indicateurs pertinents de suivi de leur action.

2. D'autant que, dans bon nombre de cas, les services déconcentrés ne maîtrisent pas le choix des opérateurs. Il peut résulter de décisions nationales (mobilisation des missions locales pour TRACE, du réseau Cap Emploi pour les travailleurs handicapés, des organismes consulaires pour la seconde phase de l'appui-conseil ARTT, de l'ADIE pour EDEN, etc.). La présence d'opérateurs peut être aussi le fruit d'initiatives locales soutenues par les collectivités territoriales (PLIE, SIAE,

les agents du SPE est alors la suivante : l'opérateur peut-il être durablement intégré dans ce réseau d'intervenants et, si oui, comment faciliter son intégration ? Aux yeux des agents, les relations directes avec l'opérateur doivent permettre d'y répondre en révélant son degré d'engagement dans les actions qui lui sont confiées, son intérêt pour les publics concernés, sa volonté d'améliorer son action et de participer au réseau des services déconcentrés et de leurs partenaires. Et ces critères ont tendance à se substituer à celui des résultats obtenus. Pour que le processus d'intégration fonctionne, il faut bien sûr que l'opérateur respecte les règles et les procédures qui lui sont fixées, qu'aucune difficulté majeure n'apparaisse en cours d'action. Mais les procédures de suivi et de contrôle suffisent pour percevoir de tels dysfonctionnements, sans qu'il soit nécessaire de bâtir un dispositif d'évaluation.

2.2.2. Des procédures nationales d'évaluation parfois très complètes, parfois inexistantes

Ce qui vient d'être dit des réticences des services déconcentrés à l'égard des procédures formalisées d'évaluation des opérateurs ne signifie pas pour autant que les actions mises en œuvre par ces derniers ne font l'objet d'aucune procédure d'évaluation plus globale [1].

Comme pour le suivi, la priorité politique attachée à une action est un facteur favorable à son évaluation. Mais les procédures d'évaluation, pilotées en général par la DARES, disposent d'une large autonomie par rapport aux systèmes de suivi comptable et financier, et leur élaboration répond à des logiques qui leur sont propres. Il existe, en particulier, une tradition d'évaluation des mesures de la politique de l'emploi qui ne s'étend pas aux prestations. Aussi, les évaluations nationales se sont-elles plutôt concentrées sur les actions que l'on pouvait facilement assimiler à des mesures. Au contraire, les prestations créées pour améliorer l'efficacité

---

etc.) que les services déconcentrés n'ont pas réellement le pouvoir de remettre en cause.

1. Dans l'ensemble de cette sous-partie, la notion de procédure d'évaluation est prise dans une acception très large. Pour résumer, toute opération formalisée de rassemblement et d'analyse d'informations quantitatives et qualitatives sur un dispositif de politique active de l'emploi qui débouche sur la publication de résultats et sur la production d'un jugement sur le dispositif est prise en compte. La première partie du chapitre six présente les résultats les plus robustes qui ont été obtenus par ces diverses procédures.

de programmes plus généraux (le conseil aux employeurs dans le programme NSEJ par exemple) n'ont jamais été, en tant que telles, un objet d'évaluation. Par ailleurs, toute évaluation, pour être rigoureuse, doit pouvoir s'appuyer sur un système d'information bien rodé et assez complet. Sa construction demande du temps et les évaluations les plus ambitieuses ne peuvent porter que sur des dispositifs ayant un minimum d'ancienneté ou ayant pu, dès leur création, bénéficier de systèmes d'information préexistants (tels que le logiciel PARCOURS pour TRACE).

La conjonction de tous ces éléments a engendré une très forte hétérogénéité dans l'évaluation des actions. Conduites par la DARES ou interministérielles, certaines procédures d'évaluation se sont révélées très complètes. Elles ont conjugué des études statistiques sur le devenir des bénéficiaires, des enquêtes d'opinion auprès de ces derniers, des analyses monographiques sur le fonctionnement interne des organismes chargés de leur mise en œuvre et sur les relations de ces organismes à leur environnement. Ont bénéficié de ces procédures des actions qui, toutes, du fait de leur durée et des moyens dont elles ont disposé, pouvaient être assimilées à des « mesures » ayant pour objectif de permettre à leurs bénéficiaires de retrouver un emploi (ou une formation qualifiante) à leur issue. La notion de « sortie positive » apparaît donc comme un indicateur central, assez facile à construire, pour mesurer les résultats de ces actions et en apprécier l'efficacité. Peuvent être rangés dans cette catégorie :

– *le programme TRACE* (et, plus généralement, l'action des missions locales et des PAIO). L'évaluation du programme TRACE s'appuie sur l'exploitation régulière par la DARES du logiciel PARCOURS et du système de remontée d'informations WebTrace, ainsi que sur des études qualitatives confiées par la DARES à des prestataires extérieurs à partir de cahiers des charges précis. Des publications régulières paraissent dans la série *Premières Synthèses* de la DARES et dans les bilans annuels de la politique de l'emploi. La plus récente de ces publications [1] propose notamment un modèle économétrique d'explication des sorties positives qui intègre de nombreuses variables, telles que la situation économique du territoire, les caractéristiques et les conditions de vie du bénéficiaire, la durée du suivi et la nature de l'organisme chargé de l'accompagner, les types d'emplois provisoires

1. MAS (S.), *« Un jeune sur deux en emploi à la sortie du dispositif TRACE »*, Premières Synthèses, *n° 34.1, 2002.*

et de formation dont il a pu bénéficier durant son passage dans TRACE [1] ;

- *les conventions de cellule de reclassement.* Elles n'ont pas bénéficié de procédures d'évaluation régulières aussi complètes que pour TRACE. Mais les taux d'accès à l'emploi à la sortie d'une cellule de reclassement sont systématiquement connus et font l'objet de récapitulations nationales publiées chaque année dans les bilans de la politique de l'emploi, de même que les caractéristiques des bénéficiaires et des entreprises signataires des conventions. Par ailleurs, une évaluation très complète de ce dispositif avait été réalisée par la DARES en 1994, qui permettait de mettre en évidence les facteurs, notamment les modes de fonctionnement des cellules, favorables au reclassement des salariés ; [2]

- *les plans locaux pour l'insertion et l'emploi.* Outre les évaluations lancées à leur initiative (*cf.* section suivante), les PLIE (200 environ en 2003) ont principalement fait l'objet de procédures de suivi/évaluation dans le cadre de l'objectif 3 du Fonds social européen. L'organisation adoptée pour le programme 1994-1999 du FSE confiait au niveau régional, sous le pilotage de la DRTEFP, les évaluations des PLIE de la région à partir d'un cahier des charges national croisant approches

1. L'activité permanente des 376 missions locales et des 200 PAIO ne fait pas l'objet d'une évaluation ministérielle équivalente à l'évaluation de TRACE. La notion même de « résultats obtenus » par ces structures est beaucoup plus délicate à définir compte tenu de l'éventail plus large de leurs objectifs et de la diversité des demandes et de la fréquence des visites des jeunes qui s'adressent à elles. L'exploitation régulière du logiciel PARCOURS par la DARES et la synthèse des rapports d'activité réalisée de 2000 à 2002 par la Délégation interministérielle à l'insertion sociale et professionnelle des jeunes permettent néanmoins d'avoir des informations précises sur leurs activités. Les pratiques de leurs agents ont fait, par ailleurs, l'objet d'analyses très fines dans le cadre de recherches commanditées par la DARES et la DIIJ. Cf. « Les intermédiaires des politiques publiques de l'emploi », Cahier Travail et Emploi, *DARES, La Documentation française, 2000.*

2. Aucouturier (A.-L.), Bertrand (H.), Vermel (N.), « Les cellules de reclassement - à quoi servent-elles ? », Cahier Travail et Emploi, *DARES, La Documentation française, 1995.*

quantitative et qualitative. Une synthèse nationale a été rédigée à partir de l'ensemble des évaluations régionales [1] ;

- *les structures d'insertion par l'activité économique*. Les associations intermédiaires, les entreprises d'insertion et les ETTI font l'objet de travaux d'évaluation réguliers de la part de la DARES qui permettent notamment de connaître le devenir professionnel des personnes passées par ces structures [2]. Une évaluation interministérielle avait été lancée au Commissariat général du Plan en 1994, à l'initiative du Conseil national de l'insertion par l'activité économique. Le rapport final d'évaluation n'est jamais sorti mais de nombreuses études d'un grand intérêt sur la genèse et sur le fonctionnement de ces structures, ainsi que sur leurs résultats, ont été réalisées à cette occasion [3].

Tous ces dispositifs font donc l'objet d'évaluations qui permettent d'en connaître à la fois les modalités de fonctionnement et les résultats obtenus. Mais deux limites sont à signaler :

- pour des raisons méthodologiques principalement, on ne dispose pas réellement de données rigoureuses sur l'efficacité comparée de ces dispositifs, par rapport à d'autres mesures de la politique de l'emploi ou par rapport à la situation qu'aurait connue le demandeur d'emploi s'il n'avait bénéficié d'aucune action particulière. On dispose, certes, d'informations sur les taux de retour à l'emploi après le passage dans ces dispositifs que l'on peut comparer aux résultats disponibles pour les principales mesures de la politique de l'emploi (SIFE, CIE, CES, contrats en alternance) ou aux taux de sortie du chômage des demandeurs d'emploi ne bénéficiant d'aucune mesure, mais on se heurte aux difficultés de la comparaison « toutes choses égales par

---

1. *Perez (C.), « Évaluation du programme de l'objectif 3 du FSE en France (1994-1999). Évaluation de la mesure 13 »,* Document de travail du Centre d'études de l'emploi, *n° 99/32. Une synthèse des résultats est parue sous le titre « Les plans locaux d'insertion économique »,* 4 pages du CEE, *n° 34, 1999.*
2. *Cealis (R.), Smyk (A.), « Insertion par l'activité économique : plus de la moitié des salariés retrouvent un emploi hors structure »,* Premières Synthèses, *n° 26.1, 2003.*
3. *Le rapport d'E. Maurel et de C. Bout de l'An,* Bilan des travaux réalisés concernant les publics des structures d'insertion par l'activité économique *(2001), propose, notamment, une présentation de ces études, ainsi qu'une analyse des concepts et des problématiques qu'elles ont utilisés.*

ailleurs ». On peut souligner toutefois que des progrès très récents ont été réalisés dans cette voie avec les travaux publiés par la DARES à partir d'un panel de 43 000 personnes – bénéficiaires de l'une des mesures de la politique de l'emploi en 1999 et « population témoin » –, interrogées au printemps 2002 sur leur trajectoire professionnelle depuis cette période. Sans que soient résolus encore tous les problèmes méthodologiques liés à la comparaison « toutes choses égales par ailleurs », on dispose néanmoins d'informations nouvelles pour mesurer l'efficacité comparée du dispositif TRACE, en termes d'accès à l'emploi [1] ;

– conformément à une certaine tradition française de l'évaluation, la dimension de l'efficience est quasiment absente des résultats des évaluations.

À l'opposé de ces actions, les prestations telles que les chèques-conseil, l'accompagnement des personnes en CES, l'accompagnement post-SIFE, l'appui-conseil aux employeurs du programme NSEJ n'ont fait l'objet d'aucune évaluation jusqu'à une date très récente. Quelques informations sur la manière dont les bénéficiaires perçoivent certaines de ces actions ont été fournies dans les évaluations plus générales réalisées sur les CES et sur le programme NSEJ, mais elles ne permettaient pas d'apprécier leurs résultats. Là encore, l'exploitation du panel des bénéficiaires cité précédemment contribue aujourd'hui à améliorer la connaissance des effets spécifiques de la formation et de l'accompagnement dans les dispositifs de politique de l'emploi. Elle met en évidence que bénéficier d'un accompagnement ou d'une formation complémentaire dans le cadre d'une mesure de politique de l'emploi telle que le CES est un facteur potentiellement favorable à l'insertion professionnelle [2].

Enfin, sur un autre plan, et sans qu'il existe de procédures formelles d'évaluation, l'administration centrale possède une vision précise de l'efficacité et de l'efficience de l'action du CNASEA. Les résultats attendus sont faciles à identifier et à contrôler : absence d'erreurs dans les montants versés aux ayants droit, rapidité de paiement, fourniture dans les délais

1. *Mas (S.), « TRACE, un parcours accompagné vers l'autonomie »,* Premières Synthèses, *n° 44.4, DARES, octobre 2003.*
2. *Even (K.), « Formation et accompagnement dans les dispositifs de politique de l'emploi : les principaux enseignements du panel des bénéficiaires »,* Premières Synthèses, *n° 44.1, DARES, octobre 2003.*

prescrits des informations nécessaires à la DARES pour les exploitations statistiques. Parallèlement, la rémunération versée par l'administration au CNASEA pour ses services a été objectivée. La base de calcul est issue du travail réalisé sur des ratios de productivité par l'IGAS, l'IGF et l'Inspection générale de l'agriculture à partir du calcul des « temps agent » et des « temps siège » ainsi que des moyens matériels mobilisés.

2.2.3. Un rôle important des organismes tiers dans la conception et dans la mise en œuvre d'une partie des évaluations

Entre les deux situations qui viennent d'être décrites – absence complète d'évaluation ou mise en œuvre de procédures rigoureuses bien maîtrisées par l'administration –, prend place un troisième type de situation qui semble se développer aujourd'hui au niveau territorial comme au niveau central : celle où le processus de conception et de réalisation des évaluations repose largement sur des organismes tiers. Il ne s'agit pas d'évoquer ici les cas où des études évaluatives sont réalisées par des organismes de recherche ou des cabinets de consultants dans le cadre de procédures d'évaluation pilotées par la DARES ou les DRTEFP sur la base de cahiers des charges précis. Il s'agit d'un autre cas de figure où des organismes tiers lancent, de leur propre initiative ou à la demande de l'administration qui leur en confie le pilotage, des procédures de production et d'analyse d'informations sur les résultats des opérateurs pour une catégorie d'actions, qui sont souvent à la frontière du suivi et de l'évaluation : les informations sont produites assez rapidement et sont disponibles à différents niveaux territoriaux (national, régional, départemental) mais les questionnements sont moins complets et les méthodes d'enquête et d'analyse des résultats sont en général moins rigoureuses que dans les procédures pilotées par la DARES.

L'information produite par l'AGEFIPH pour le suivi-évaluation des 119 structures du réseau Cap Emploi est emblématique d'une situation qui paraît tout à fait satisfaire les services du ministère. Celle-ci fait l'objet d'une analyse partagée à tous les niveaux territoriaux et permet aux services de vérifier si les objectifs concertés de résultats fixés à chaque structure ont été atteints, de dialoguer avec l'ensemble des parties prenantes pour trouver des solutions aux situations difficiles, de définir de nouveaux objectifs pour l'avenir.

Le rôle joué par l'ANACT et les ARACT dans l'analyse et dans la synthèse des informations qualitatives relatives à l'appui-conseil ARTT, obtenues à partir des fiches SIDONIE, semble avoir été important pour permettre aux services du ministère de se forger un jugement sur l'action des opérateurs au niveau départemental et sur le fonctionnement d'ensemble du dispositif au niveau national.

Dans le programme NSEJ, les modifications organisationnelles introduites récemment confient aux dispositifs locaux d'accompagnement, animés par des organismes tiers (le réseau France active notamment), la responsabilité d'apprécier l'action des opérateurs chargés du conseil aux employeurs en vue de la consolidation des emplois créés par le programme, alors qu'initialement cette responsabilité relevait directement des services déconcentrés.

Plus généralement, semble se dessiner un mouvement où les têtes de réseau rassemblant une partie des opérateurs des dispositifs d'insertion et d'appui aux créations d'emploi sont de plus en plus impliquées dans la conduite des évaluations. Le Conseil national de l'insertion par l'activité économique (CNIAE) [1] avait en quelque sorte initié ce mouvement en 1994 en étant à l'origine de la création au Commissariat général du Plan de l'instance d'évaluation sur l'insertion par l'activité économique évoquée précédemment. Il se manifeste aujourd'hui par les évaluations réalisées par l'Alliance Ville Emploi sur les PLIE, par les démarches d'évaluation engagées par le Conseil national des missions locales ou encore par France active et par la Caisse des dépôts sur les actions menées par le réseau France active dans le cadre du programme NSEJ. Les objectifs assignés à toutes ces évaluations sont, en particulier, de favoriser les échanges de bonnes pratiques entre les opérateurs et l'animation du réseau.

Le développement d'évaluations faisant une large place aux réseaux d'opérateurs ou à des organismes tiers dans la définition et la conduite des processus d'évaluation, en vue de la réalisation d'un « diagnostic partagé » sur les résultats obtenus, est de nature à favoriser les logiques de

1. Le CNIAE n'est pas une tête de réseau mais une structure chargée de conseiller le gouvernement pour l'amélioration des politiques relatives à l'insertion par l'activité économique ; il rassemble des élus, les représentants des réseaux nationaux de l'insertion par l'activité économique, les partenaires sociaux, les administrations et des personnalités qualifiées.

partenariat que le ministère souhaite instaurer dans ses relations avec ces opérateurs. Cette orientation comporte toutefois deux risques pour le ministère que l'on voit poindre actuellement pour certaines actions :

- celui que ses services perdent progressivement la maîtrise de la définition des thèmes prioritaires, des options méthodologiques à retenir et de l'analyse des résultats obtenus ;

- celui que se développent des pratiques d'évaluation incontrôlées, fort éloignées des critères déontologiques et méthodologiques que devrait respecter toute évaluation.

Pour éviter ces risques, il est certainement nécessaire de bien distinguer divers types d'évaluation qui, tous, ont leur raison d'être mais qui ne sont pas substituables entre eux.

2.3. L'ANPE, des approches bien structurées qui n'en présentent pas moins des limites

La caractéristique la plus évidente de l'organisation de l'évaluation à l'ANPE est qu'elle s'intègre complètement à l'ensemble du processus très structuré de gestion de l'externalisation qui existe à l'Agence : articulation performante entre les services centraux et les autres niveaux, cohérence de l'outillage mis en place pour maîtriser l'ensemble des phases du processus d'externalisation (*cf.* section précédente).

Comme pour les actions gérées par les services du ministère, l'externalisation à l'ANPE ne donne pas lieu à des modalités de paiement des opérateurs en fonction de leurs résultats. Mais d'autres facteurs s'avèrent favorables au développement dans les services de l'évaluation de l'action des opérateurs. La distinction déjà mise en évidence pour le suivi des actions externalisées entre la sous-traitance et la co-traitance s'avère encore une fois pertinente pour rendre compte des pratiques d'évaluation.

2.3.1. Une bonne articulation entre l'évaluation des sous-traitants, les procédures d'habilitation et le contrôle qualité

Au regard des facteurs défavorables au développement de l'évaluation évoqués pour les services du ministère, un premier constat s'impose : la sous-traitance des prestations est à l'ANPE une pratique ancienne et bien établie qui met en jeu des volumes financiers importants et mobilise beaucoup de prestataires. Le niveau régional habilite, en moyenne, 200 prestataires environ et beaucoup d'ALE conventionnent avec un nombre non négligeable d'entre eux.

Si l'évaluation des résultats des opérateurs n'a pas pour enjeu immédiat le niveau de leur rémunération, il y a néanmoins un intérêt pour les services à évaluer ces résultats et pour les opérateurs à démontrer que leurs résultats sont bons : il est en effet clair pour tous que le jugement porté par les agents des ALE sur la qualité des services que les opérateurs fournissent aux demandeurs d'emploi sera un élément déterminant pour le renouvellement de leur habilitation et pour le montant des conventions qu'ils pourront passer avec les ALE de la région. La procédure d'habilitation représente en effet une forme de mise en concurrence entre les prestataires potentiels, qui peuvent être nombreux, et son obtention n'a rien d'automatique [1].

L'évaluation des résultats des prestataires se heurte toutefois, pour la plupart des prestations, aux difficultés méthodologiques évoquées précédemment. À l'exception des actions les plus lourdes, telles que l'accompagnement individuel renforcé (l'ensemble des actions d'accompagnement représente environ 40 % des crédits consacrés à la sous-traitance), il n'est guère possible de considérer que le taux de retour à l'emploi est un indicateur pertinent pour mesurer l'effet direct de l'action de l'opérateur sur le bénéficiaire. La prestation fournie n'est qu'un élément parmi d'autres de l'offre de services délivrée dans le cadre du PARE/PAP.

Pour surmonter ces difficultés, les agents de l'ANPE disposent des outils d'analyse fournis par le contrôle qualité. L'évaluation de l'opérateur ne se fait plus par la mesure directe de ses résultats mais par la conformité de la prestation qu'il délivre à des standards d'action, précisés dans les cahiers des charges, dont les études approfondies menées au titre du contrôle qualité ont établi qu'ils étaient les plus profitables pour les usagers. Cette dynamique qualité, enclenchée par la direction générale, n'est pas uniquement « descendante ». Des directions régionales peuvent la compléter par la définition de leur propre grille d'évaluation des

1. Le rapport IGAS-IGF sur les procédures de gestion à l'ANPE, déjà cité, fait, par exemple, état de plus de 50 % de candidats refusés lors de la commission d'habilitation d'octobre 2001 en région Nord-Pas-de-Calais. Le taux de refus est toutefois nettement plus faible (20 %) l'année suivante.

opérateurs [1]. D'autre part, même si les agents ne citent pas spontanément l'appréciation des usagers comme un élément déterminant du jugement qu'ils portent sur les opérateurs, ils disposent des enquêtes de satisfaction réalisées régulièrement dans chaque agence et de la possibilité de recueillir leurs avis lors des entretiens individuels qu'ils ont avec eux.

Le diagnostic sur l'apport du contrôle qualité à l'évaluation des opérateurs doit toutefois être nuancé. Celui-ci n'a pas encore à l'ANPE le même poids que le contrôle de gestion et son influence sur les pratiques des agents est inégale d'une ALE à l'autre [2]. Aussi, d'autres facteurs vont être pris en compte pour juger les opérateurs. La qualité des bilans individuels remis par l'opérateur aux agents de l'ANPE est un critère souvent cité, bien qu'il ne soit pas le gage de la qualité du service rendu au demandeur d'emploi. La fourniture de bilans imprécis, difficilement exploitables, est perçue comme un élément très négatif. Elle complique en effet l'une des missions principales des agents vis-à-vis des demandeurs d'emploi : construire une offre de services pertinente à partir des prestations existantes pour faciliter leur accès à l'emploi.

Enfin, le diagnostic émis pour les services déconcentrés du ministère se retrouve pour l'ANPE avec un degré de généralité certainement moindre : la consolidation des partenariats locaux apparaît souvent aux agents tout aussi prioritaire que la mesure de la performance.

2.3.2. Une absence d'évaluation de l'efficacité et de l'efficience des actions, selon qu'elles sont réalisées en interne ou confiées à des opérateurs externes

Ce qui vient d'être dit de l'évaluation des opérateurs et ce que l'on sait des systèmes d'information sur les données de gestion à l'ANPE conduisent à supposer que des analyses comparatives ont été menées sur les résultats obtenus et sur les coûts engendrés par la mise en œuvre des prestations selon que ces dernières sont externalisées ou réalisées en interne. Or il n'en est rien jusqu'à présent.

---

1. Cf., *par exemple, les pratiques régionales en Pays de la Loire citées dans le rapport d'OBEA.*
2. Cf. *le rapport commandité par l'instance d'évaluation à Coaching Group.*

Plutôt qu'à des insuffisances techniques ou à l'« oubli » de traiter une question qui aurait été considérée comme secondaire, on peut attribuer cette absence à la volonté de la Direction générale de l'ANPE d'assumer entièrement la responsabilité des résultats obtenus avec les moyens qui lui sont alloués. En fonction des objectifs assignés, des moyens dont elle dispose, des situations locales ou de la conjoncture, l'ANPE peut être amenée à sous-traiter ou non. Mais il s'agit de décisions techniques, qui relèvent de son fonctionnement interne, et il n'y aurait pas de raison de distinguer les résultats qui seraient complètement attribuables à l'Agence, parce que tous les services proposés aux usagers auraient été réalisés en interne, et ceux qui auraient été obtenus avec l'intervention d'opérateurs externes.

L'importance nouvelle accordée aujourd'hui dans la sphère publique à l'optimisation du ratio coût/efficacité est reconnue par la Direction de l'ANPE, et devrait conduire à des avancées dans le champ de l'analyse comparée des résultats et du ratio coût/efficacité. Toutefois, il ne faut pas sous-estimer les obstacles méthodologiques que devront surmonter les études comparatives pour conclure, de manière rigoureuse, à une plus grande efficience de telle ou telle option.

Le diagnostic sur l'évaluation de la co-traitance se déduit de ce qui a été dit des faiblesses du suivi dans ce domaine. En l'absence d'un système de suivi performant et de procédures d'évaluation autonomes du système de gestion, adossées à un système d'information spécifique (enquêtes régulières sur un échantillon représentatif de co-traitants par exemple), il n'y a pas d'évaluation des résultats de la co-traitance.

2.4. Les pratiques de suivi et d'évaluation du SPE, vues par les opérateurs

Les pratiques de suivi et d'évaluation du Service public de l'emploi ne s'exercent pas sur des opérateurs qui resteraient sans réaction. Ils peuvent les soutenir, se contenter d'y répondre *a minima*, en contester certains aspects ou même la pertinence d'ensemble. Ces diverses attitudes ne sont pas sans conséquences sur le bon déroulement de ces pratiques et sur la possibilité pour le SPE d'en garantir la fiabilité, de procéder aux améliorations méthodologiques qui s'avéreraient souhaitables, ou encore d'augmenter leur périodicité ou leur champ.

L'absence d'une base de données nationale sur les opérateurs, couplée à l'extrême hétérogénéité des actions auxquelles ils participent, n'a pas permis à l'instance d'évaluation de mener des enquêtes ambitionnant de recueillir des informations représentatives de l'attitude de l'ensemble des opérateurs vis-à-vis des procédures de suivi et d'évaluation auxquelles ils sont assujettis.

La trentaine d'entretiens en face-à-face réalisés dans six départements auprès d'organismes aux caractéristiques diversifiées, opérant dans toutes les catégories d'actions du champ de l'étude, permet néanmoins de mettre en évidence trois grands cas de figure [1].

Un premier groupe d'opérateurs, participant aux activités d'accompagnement vers l'emploi et de reclassement, et intervenant dans des dispositifs au cadre procédural bien défini (prestations ANPE, conventions de cellule de reclassement en particulier), *se déclare satisfait des modalités de suivi et d'évaluation employées par le SPE.* Ce sont des organismes spécialisés dans le conseil et le service en gestion des ressources humaines, la formation, le reclassement. Certaines structures à but lucratif sont résolument tournées vers l'entreprise, les associations et les organismes publics s'adressent à la fois aux entreprises et aux institutions publiques, mais tous évoluent dans un environnement concurrentiel et sont soumis à une forte pression de leurs commanditaires. Pour les membres de ce groupe, l'enjeu évaluatif se formule en termes de reconnaissance des performances qu'ils sont capables d'accomplir. Cette reconnaissance passe par deux types de mise à l'épreuve : la mesure objective des résultats de leurs prestations d'une part, une appréciation plus qualitative de leur travail de l'autre. L'utilisation par le SPE d'indicateurs de résultats fondés sur les taux de retour à l'emploi leur paraît tout à fait légitime et, quelles que soient leurs imperfections, ils se refusent à les contester. Cette pratique de la mesure est non seulement admise mais revendiquée. Elle est l'expression de leur culture professionnelle, elle leur permet d'apporter des preuves de leur efficacité. Ils valorisent, de même, les pratiques de contrôle de qualité développées à l'ANPE. La présence des correspondants « qualité » de l'Agence dans leurs locaux est pour eux un puissant moyen de motiver les demandeurs

---

1. Ces entretiens ont été réalisés dans le cadre des enquêtes confiées aux sociétés OBEA et Dubouchet-Berlioz. La typologie présentée ici ressort des conclusions du rapport d'OBEA.

d'emploi en leur montrant l'étroitesse des liens qui les unissent à leur donneur d'ordre. De même ils valorisent tous les dispositifs (comités de suivi par exemple) qui leur permettent de faire un point régulier sur leurs travaux.

Le second groupe est constitué par les organismes spécialisés dans l'insertion des publics en difficulté. Ils travaillent sur des dispositifs hétérogènes mais la problématique des parcours leur est commune. Un problème les rassemble, encore qu'il ne se présente pas avec la même acuité pour tous les membres de ce groupe : celui de la définition des indicateurs susceptibles de mesurer les progrès accomplis par les publics les plus éloignés de l'emploi. La qualité des rapports établis avec les agents du SPE devient alors déterminante : il s'agit de leur faire voir ce qui contribue à des processus de changement difficilement objectivables. *L'enjeu évaluatif se formule alors en termes d'instauration de critères d'appréciation communs,* même s'ils ne font pas toujours l'objet d'une codification très formalisée : c'est dans une logique partenariale que les opérateurs cherchent à inscrire leurs relations avec le SPE. Si, comme on l'a vu, la posture des agents des services déconcentrés du ministère et de l'ANPE permet en général d'avancer dans cette voie, beaucoup d'organismes d'insertion semblent néanmoins vivre assez mal ce qu'ils estiment être paradoxal dans la logique d'action du SPE. Ils sont conscients de participer à la mise en œuvre de la politique de l'emploi parce qu'on leur reconnaît une excellente connaissance de certaines catégories de publics et des territoires, que ne possèdent pas nécessairement les agents du SPE. Mais ils estiment en même temps que ces derniers ne cherchent pas suffisamment, dans les demandes d'informations qu'ils expriment, à s'appuyer sur eux pour parfaire leurs connaissances, pour mieux comprendre les difficultés et les potentiels de ces publics et de ces territoires. D'où une frustration vis-à-vis de relations qui, à leurs yeux, pourraient être plus enrichissantes pour les deux parties. On peut d'ailleurs remarquer que beaucoup de ces organismes appartiennent aux réseaux associatifs qui construisent aujourd'hui leurs propres systèmes d'évaluation et d'échange de bonnes pratiques.

Le troisième groupe est constitué des prestataires de l'appui-conseil aux entreprises. Leur relation avec le SPE n'est souvent qu'indirecte (au moment de la procédure d'agrément, parfois peu sélective) puisque le choix de l'intervenant est laissé à l'employeur. D'où un suivi par les services de l'emploi qui paraît beaucoup plus faible que pour les organismes des deux autres groupes. L'enjeu évaluatif ne présente peut-être pas la même importance pour cette raison, mais il n'en est pas moins réel. La liberté dont jouissent les prestataires a, en effet pour contrepartie, d'une part, l'indétermination des attentes du « commanditaire » et, d'autre part, l'opacité des réactions des bénéficiaires d'interventions, dont, bien souvent, ils ne savent rien. Ce cas de figure est, en quelque sorte, emblématique de deux difficultés auxquelles se heurtent assez fréquemment les démarches évaluatives : une absence d'objectifs clairs de la part des pouvoirs publics ; un problème de mesure de l'impact d'une action qui vient seulement compléter des dispositifs plus lourds (le passage aux trente-cinq heures, les aides financières à la création d'emplois). La relation à l'administration se réduit souvent, dans ces conditions, à de simples rapports administratifs qui laissent les prestataires dans une certaine incertitude quant au bien-fondé et à l'utilité de leur intervention. Ils sont donc en général demandeurs d'une évaluation. Toutefois, ils ne la conçoivent pas en termes de mesure, par le SPE, de l'impact de leur action mais plutôt en termes d'enquête de satisfaction auprès de leurs clients.

TROISIÈME PARTIE

LES PERSPECTIVES OUVERTES PAR L' ASSOCIATION DES OPÉRATEURS EXTERNES À LA CONDUITE DE LA POLITIQUE ACTIVE DE L' EMPLOI

L'ampleur du recours à des opérateurs externes et son impact sur les modalités de gestion quotidienne des services en charge de l'emploi, mis en évidence dans les deux parties précédentes, conduisent à dresser un portrait rénové des conditions dans lesquelles s'organise la politique active de l'emploi.

Le Service public de l'emploi demeure l'interlocuteur direct des employeurs et des demandeurs d'emploi pour la mise en œuvre des mesures les plus importantes de la politique active de l'emploi, même si leur gestion courante est, de plus en plus souvent, confiée par le ministère à d'autres organismes. Mais les usagers sont aussi amenés à entrer en relation avec de nombreux intervenants, publics ou privés, pour bénéficier de quelques-unes de ces mesures et, surtout, des nombreuses prestations de conseil et d'accompagnement qui sont aujourd'hui un élément essentiel de la politique active de l'emploi.

Ceci constitue une évolution majeure du fonctionnement du Service public de l'emploi.

Sur le plan interne d'une part, cette évolution influence les conceptions traditionnelles du rôle et des tâches qui lui étaient exclusivement dévolus. Le SPE n'a plus à fournir directement tous les services susceptibles de répondre aux besoins des demandeurs d'emploi et des employeurs. Mais il doit alors produire des diagnostics sur ces besoins, évaluer la qualité des réponses fournies jusqu'à présent et organiser au mieux l'offre de services en tenant compte de l'ensemble des ressources qui peuvent être mobilisées sur son territoire. Cette évolution de ses missions n'est pas sans conséquences sur son organisation et sur les compétences nécessaires à ses agents.

Sur le plan externe d'autre part, l'émergence d'une offre de services beaucoup plus diversifiée et indépendante organiquement du SPE constitue aussi une novation importante de la dernière décennie qui tend à modifier le paysage institutionnel. Elle pose alors des questions nouvelles. Comment adapter cette offre aux besoins des usagers ? Est-elle assez structurée pour ce faire, tant sur le plan quantitatif que qualitatif ? La diversité des statuts des organismes porteurs de cette offre pose également la question de leurs relations avec le SPE et des rapports qu'ils sont susceptibles de nouer entre eux. Faut-il favoriser la constitution de nouveaux réseaux fonctionnels et certaines formes de partenariat ? De quels leviers dispose le SPE pour faire évoluer ces relations dans le sens qu'il souhaite promouvoir ?

Les réponses à ces questions sont, par ailleurs, largement dépendantes des modes de prise en charge des actions confiées aux opérateurs externes : financement par le SPE uniquement ou cofinancement. Or, là encore, le contexte est en pleine évolution avec l'engagement accru des partenaires sociaux et des collectivités territoriales dans la politique active de l'emploi.

La conclusion centrale de la présente évaluation est en effet que la politique active de l'emploi n'est pas et ne peut plus être conduite sans l'association étroite des opérateurs tant publics que privés : il s'agit d'une donnée qui s'impose à l'État et sur laquelle il paraît difficile de revenir, tant au vu des avantages qu'elle procure (chapitre 6) que des éléments du contexte européen (chapitre 7) et du contexte national (chapitre 8) qui la favorisent. Il s'agira donc pour l'État, et plus largement pour l'ensemble des institutions qui interviennent dans la politique de l'emploi, de transformer cette évolution constatée en une stratégie d'action plus consciente et organisée (chapitre 9).

Chapitre 6

Un bilan plutôt positif mais une stratégie d'action qui reste à construire

Les analyses présentées dans la partie précédente amènent à la conclusion qu'on ne dispose pas de toutes les informations permettant d'apporter une preuve certaine que le recours à des opérateurs externes a eu des effets plus positifs, par rapport aux objectifs de la politique de l'emploi, que n'en aurait eu le choix de faire réaliser toutes les actions en interne en recrutant un nombre élevé de nouveaux agents aux compétences diversifiées.

On dispose néanmoins d'un faisceau d'indications convergentes qui autorisent à affirmer que le recours aux opérateurs externes est aujourd'hui un mode d'action bien établi, au vu des avantages qu'il offre, dans un contexte qui favorise son développement. Ce diagnostic est fondé sur plusieurs éléments :

- on observe un consensus des acteurs de la politique active de l'emploi sur l'enrichissement des services aux usagers engendré par le recours aux opérateurs externes ;
- ce recours est un facteur essentiel de souplesse de gestion pour le Service public de l'emploi ;
- les résultats disponibles pour les principales actions externalisées peuvent être considérés comme satisfaisants.

Toutefois, les pratiques actuelles comportent encore des lacunes qui tiennent, certes, à des faiblesses techniques dans la gestion des actions externalisées mais qui s'expliquent aussi, pour une bonne part, par l'absence d'une doctrine susceptible d'encadrer efficacement l'ensemble des relations que noue le SPE avec ses opérateurs.

1. Un enrichissement des services pour les usagers

Ce constat peut être étayé différemment selon que l'on se réfère à l'accompagnement des publics, au conseil aux entreprises ou au paiement des mesures de politique de l'emploi, qui constituent les trois domaines principaux de l'externalisation mis en évidence dans la première partie. Mais dans tous les cas, le recours aux opérateurs externes apparaît toujours comme un enrichissement de la politique active de l'emploi : grâce aux opérateurs externes, celle-ci s'adapte mieux aux besoins des usagers et la capacité d'action du Service public de l'emploi en est largement accrue.

L'intervention sur le marché du travail par une individualisation des services proposés aux demandeurs d'emploi constitue le domaine où le recours aux opérateurs externes est essentiel à l'accroissement et à la diversification de l'offre de services du SPE. Celui-ci peut s'adresser à un nombre croissant de personnes (effet de masse) mais également s'adapter à la grande hétérogénéité des publics de la politique de l'emploi – travailleurs handicapés, jeunes, chômeurs de longue durée, cadres, etc. – et leur proposer des formes de parcours de plus en plus individualisées.

Le recours aux opérateurs externes apparaît comme une réponse à la difficulté pour le Service public de l'emploi de bien maîtriser la complexité des tâches qui lui sont demandées et qui peuvent relever de logiques d'action en partie contradictoires, notamment quand il s'agit de concilier la nécessité d'un traitement de masse, afin de contenir les chiffres du chômage, et le besoin d'être très attentif à la qualité du service offert, afin de répondre aux attentes des usagers [1].

---

1. Pour une analyse de la dimension « production de services complexes » de l'action publique sur le marché du travail et de la diversité des logiques d'action que les agents du Service public de l'emploi doivent s'efforcer de concilier, on pourra se référer à l'article de Barbier (J.-C.), 1995, déjà cité.

La conjugaison d'une « externalisation de spécialité » et d'une « externalisation de capacité » est caractéristique de la démarche de l'ANPE. Le recours croissant aux opérateurs/sous traitants s'explique par la mise en œuvre en 1998 du « service personnalisé pour un nouveau départ vers l'emploi », puis, à partir de 2001, par la généralisation du projet d'action personnalisé (PAP) avec la massification de la construction des parcours que ces programmes ont provoquée. Mais il répond également à la volonté de densifier l'offre du Service public de l'emploi par la proposition de « produits » non réalisés à l'Agence, tels que les bilans de compétences approfondis.

La création des missions locales, le soutien au développement des PLIE et du secteur de l'insertion par l'activité économique s'inscrivent également dans une perspective d'enrichissement de l'action publique en direction des publics en grande difficulté d'insertion. Par là-même, ils élargissent le contenu de l'action publique en liant davantage les dimensions sociale et professionnelle de l'insertion.

De multiples illustrations pourraient venir étayer le constat selon lequel la politique de l'emploi a su se nourrir des initiatives locales pour l'emploi imaginées et expérimentées hors du SPE, et les intégrer progressivement. Les observations faites par l'instance d'évaluation sur le terrain montrent ainsi, d'une manière plus générale, que le choix d'une partie des opérateurs locaux s'inscrit délibérément dans la volonté de toucher des publics que le SPE arrive difficilement à atteindre (cas du recours à des petites associations travaillant pour des publics particuliers : jeunes et adultes en « errance », anciens détenus, prostituées, etc.) et permet d'innover dans le contenu des services offerts.

En ce sens, le recours aux opérateurs externes serait favorable à la bonne application du principe d'équité. Ce constat mérite d'autant plus d'être souligné qu'il s'écarte des résultats d'évaluations menées dans d'autres pays, où le recours aux opérateurs externes est largement développé, qui concluent à l'existence de phénomènes d'« écrémage » importants, au détriment des publics en grande difficulté (*cf.* chapitre suivant).

L'appel à des consultants pour le conseil aux entreprises s'inscrit également dans cette recherche d'enrichissement de l'action publique pour l'emploi. L'appui-conseil aux entreprises est un domaine complexe où les acteurs du Service public de l'emploi, notamment dans les services déconcentrés du ministère, ne se sentent pas toujours légitimes, et s'estiment peu armés. L'intervention d'opérateurs externes permet alors d'élargir la palette des interventions de l'État en direction des entreprises.

Il existe donc une « externalisation de spécialité » qu'il ne paraît pas pertinent, y compris à terme, de chercher à internaliser : accompagnement des publics en difficulté sociale ; conseil aux entreprises dans le champ de la gestion des ressources humaines (à l'exception du conseil en recrutement qui relève des activités normales de l'ANPE) ; conseil et accompagnement des créateurs d'entreprise.

Les motivations du recours à des tiers pour l'exercice des fonctions de paiement et de production de données apparaissent plus hétérogènes. Néanmoins, les constats formulés sur la capacité du CNASEA, avec son organisation centralisée spécialisée sur cette fonction, à offrir un service de qualité, mettant fin aux retards de paiement et difficultés diverses constatés auparavant, suffisent à valider l'hypothèse d'un enrichissement du service fourni aux usagers.

2. Le recours aux opérateurs externes, facteur essentiel de souplesse de gestion

L'hétérogénéité des actions concernées a pour corollaire que le recours à des opérateurs externes constitue une modalité de gestion d'une grande souplesse pour le SPE. La flexibilité est une motivation d'autant plus importante pour les gestionnaires publics que la politique de l'emploi est, par nature, contracyclique. Les crédits qui lui sont attribués chaque année ont été dans le passé, et resteront très certainement dans l'avenir, corrélés au niveau du chômage. Or ces évolutions restent largement imprévisibles à court terme et, *a fortiori*, à moyen terme. D'autre part, la politique de l'emploi doit faire face, en permanence, aux modifications qualitatives du marché du travail : de nouvelles difficultés apparaissent, dont la résolution devient une priorité politique nécessitant des actions spécifiques, des tensions constatées antérieurement disparaissent et rendent obsolètes les instruments qui leur avaient été consacrés.

Tout gouvernement envisageant la réussite de son action, il est naturel qu'il adopte une logique de réversibilité des actions qu'il entreprend. L'engagement politique affirmé au moment de leur création a un caractère limité dans le temps. Il a vocation à s'interrompre une fois le problème résolu. Le fait de pouvoir, à tout moment, externaliser une mesure ou une prestation, c'est, implicitement, dire qu'elle n'a pas nécessairement un caractère permanent et structurel : en cas de réussite à plus ou moins bref délai, elle pourra devenir inutile, ce qui est rassurant pour l'État financeur comme pour l'opinion publique. De plus, l'absence de doctrine, qui fait du recours aux opérateurs externes une procédure de gestion ponctuelle et donc non généralisable par nature à l'ensemble de la politique de l'emploi, offre l'avantage d'un choix renouvelé pour chaque action. L'administration de l'emploi peut y avoir recours au gré de ses propres impératifs sans être contrainte par un cadre normatif étroit.

Ainsi, qu'elle en use ou non, l'administration par l'externalisation organise un transfert de flexibilité du Service public de l'emploi vers le marché de l'offre de services. En l'espèce, il est en effet possible de dire, par analogie avec la logique industrielle, que le Service public de l'emploi a aussi recours à des opérateurs externes pour lisser les aléas conjoncturels et le rythme fluctuant des commandes [1]. Cela participe d'une gestion efficace des crédits consacrés à la politique de l'emploi, mais cela a aussi pour conséquence de contribuer à une certaine précarité des salariés de ces secteurs.

3. Les résultats disponibles peuvent être considérés comme satisfaisants

Le constat selon lequel on ne dispose pas des preuves que le recours à des opérateurs externes a eu des effets plus positifs, à moyens équivalents, qu'une gestion purement interne de la politique active de l'emploi n'a rien d'étonnant. Il peut être attribué en premier lieu aux motivations qui sont à l'origine du recours aux opérateurs externes. Dans d'autres pays, ce recours relève d'un principe général d'action visant à développer la logique de marché dans la mise en œuvre de la politique de l'emploi, après que le gouvernement a mis en doute le bon fonctionnement du Service public de l'emploi ou a affirmé sa conviction que l'efficacité et l'efficience de ce dernier ne pouvaient être développées que par une mise

1. Une illustration simple se trouve dans le recours au CNASEA qui, pour rester flexible face aux aléas de commandes de l'État, disposait il y a quelques années de plus de 15 % de travailleurs précaires (CDD, contrats d'intérim). Cette proportion est toutefois plus faible aujourd'hui, compte tenu des règles de gestion du personnel récemment adoptées.

en concurrence avec des opérateurs privés sur certains champs d'action (*cf.* chapitre 7). Mais en France, une telle orientation n'a encore jamais été retenue, les décisions de recours ayant été prises au coup par coup pour répondre rapidement aux besoins engendrés par la mise en œuvre des actions. Aussi n'a-t-on accordé qu'une faible attention à la question de l'efficience et n'existe-t-il pas d'évaluations comparant les résultats obtenus respectivement par le recours à des opérateurs externes et par une réalisation en interne, pour les quelques actions (les prestations ANPE en particulier) où ces deux modes opératoires coexistent.

Il faut également avoir à l'esprit que, même si l'on possède des résultats très complets sur les effets d'une action publique, on ne peut pas les comparer de manière rigoureuse, faute de moyens de comparaison, aux effets qu'aurait pu avoir un tout autre choix dans le contenu ou l'organisation de cette action. Enfin, une telle comparaison est rendue délicate, d'un point de vue méthodologique, par la nécessité de la réaliser en fonction de divers horizons temporels. Un choix d'externalisation peut être très efficient à court terme et se révéler dommageable à moyen terme s'il se traduit pour les agents du SPE par une perte des compétences indispensables à la conduite de la politique de l'emploi et au suivi de l'action des opérateurs. Inversement, un choix d'externalisation peu efficient dans un premier temps, du fait d'une mauvaise maîtrise de la gestion des opérateurs, peut gagner progressivement en efficience si cette maîtrise s'améliore.

Au regard des objectifs poursuivis par la politique active de l'emploi, certains types d'informations apparaissent néanmoins appropriés pour juger des résultats obtenus, même s'ils n'en rendent compte que partiellement. Peuvent être cités :

- *pour les mesures et prestations destinées aux demandeurs d'emploi* : l'accès à l'emploi et le niveau de rémunération à la suite de cette action, ou l'obtention d'une autre solution « positive » (formation en particulier) ; l'opinion des bénéficiaires sur l'utilité, pour eux, de l'action à laquelle ils ont participé ;

- *pour l'appui-conseil aux entreprises* : la création de nouveaux emplois ou le maintien d'emplois menacés et, plus généralement, une évolution de la gestion des ressources humaines dans un sens favorable à l'emploi ; l'opinion des employeurs et des salariés sur l'utilité de l'action pour l'emploi dans leur entreprise.

On est loin, comme on l'a vu, de disposer de ces informations pour chaque catégorie d'actions. Il existe toutefois, pour une bonne partie des dispositifs, des données sur la situation professionnelle des demandeurs d'emploi à la suite des actions suivies, ainsi que des enquêtes d'opinion auprès des usagers sur un champ plus restreint d'actions.

3.1. Les actions s'adressant aux demandeurs d'emploi

Les principales mesures d'aide à l'insertion professionnelle des publics prioritaires de la politique active de l'emploi font l'objet d'enquêtes régulières sur le devenir professionnel de leurs bénéficiaires. On ne détaillera pas les nombreux résultats disponibles sur la situation de ces derniers à l'issue d'un stage de formation (SIFE), d'un emploi aidé dans le secteur non marchand (CES, CEC), d'un emploi aidé en entreprise (CIE) ou d'une formation en alternance (contrat de qualification) [1]. Ces résultats sont sensibles à la conjoncture économique, [2] mais sur le long terme une hiérarchie se dessine entre catégories de mesures, qui s'est révélée constante depuis trente ans.

Les mesures qui supposent la présence du bénéficiaire en entreprise sur un contrat de travail aidé offrent de réelles opportunités de stabilisation ultérieure dans un emploi non aidé. Toutefois, les employeurs exercent une sélection assez stricte au moment de l'embauche en contrat aidé, si bien qu'une grande partie des publics potentiels ne peuvent pas y accéder. Les emplois aidés du secteur non marchand sont rarement suivis d'un accès direct à l'emploi dans une entreprise. Ils peuvent constituer une étape vers une stabilisation progressive dans le secteur non marchand mais beaucoup de CES sont suivis de périodes de chômage. Enfin, les stages en centre de formation permettent, plus que les CES, un accès

---

1. *L'ouvrage de la DARES,* Quarante Ans de politique de l'emploi, *publié à La Documentation française, propose une récapitulation des résultats des enquêtes de suivi menées jusqu'en 1996. Les résultats des enquêtes récentes sont résumés dans l'ouvrage paru en septembre 2003 dans la collection « Repères »,* Les Politiques de l'emploi et du marché du travail, *DARES, La Découverte.*
2. *« Les bénéficiaires des politiques de l'emploi : des parcours sensibles aux mouvements conjoncturels de l'économie »,* Premières Synthèses, *n° 52.3, DARES, 2002.*

rapide à l'emploi classique, mais les retours au chômage sont tout aussi fréquents. Au total, les quelques travaux économétriques cherchant à mesurer les effets nets du passage en stage de formation ou en CES sur la situation professionnelle des bénéficiaires concluent à des effets relativement faibles, variables suivant les catégories de publics [1].

Une partie des actions dont la mise en œuvre est confiée à des opérateurs externes a pour objectif, on l'a dit, d'améliorer l'efficacité des mesures précédentes par la construction de parcours d'insertion pouvant combiner ces dernières et leur adjoindre des prestations complémentaires (PLIE, TRACE, accompagnement CES et post-SIFE). D'autres actions se sont traduites par la création de nouvelles formes d'emploi d'insertion (SIAE).

Comparer leurs résultats à ceux des CES, des SIFE ou des CIE n'a guère de sens, faute d'un contrôle des variables (conjoncture, caractéristiques personnelles, contexte institutionnel, effets de sélection à l'entrée du dispositif) qui, tout autant que l'efficacité propre à ces différentes formes d'action, peuvent expliquer les écarts constatés dans la situation professionnelle des bénéficiaires. On peut néanmoins constater que les données disponibles pour TRACE, pour les PLIE et pour les SIAE font apparaître des taux bruts de retour à l'emploi supérieurs à ceux des CES ou des SIFE, [2] ce qui conforte certainement les opérateurs de ces dispositifs

---

1. Cf., en particulier, Barailler (C.), « Effets sur les trajectoires des chômeurs d'un passage dans deux dispositifs de politique de l'emploi (CES, SIFE) », Rapport du GREQAM pour la DARES, *1999.*

2. Le taux d'emploi était, par exemple, de 49 % et le taux de chômage de 37 % pour les 48 000 jeunes sortis du programme TRACE entre octobre 1998 et juillet 2001 (« Un jeune sur deux en emploi à la sortie du dispositif TRACE », Premières Synthèses, *n° 34.1, 2002, déjà cité).*

Le taux de sortie « positive » (emploi de plus de six mois ou formation qualifiante) atteignait 60 % pour les 25 000 personnes sorties d'un PLIE entre 1993 et 1997 dans un contexte économique pourtant difficile (« Les plans locaux d'insertion économique 1993-1997 », 4 pages du CEE, *n° 34, déjà cité). Dans une conjoncture nettement plus favorable, le taux de chômage à la sortie d'un SIFE était de 45 % au début de l'année 2000, tout comme le taux d'emploi. Le taux de chômage plus faible à la sortie d'un CES (39 %) s'expliquait par l'importance des renouvellements de contrat et des entrées dans une autre mesure – un CEC le plus souvent –, alors que l'accès à un emploi non aidé ne concernait qu'un quart des bénéficiaires.*

Trois ans après l'entrée dans une structure d'insertion par l'économique, 71 % des personnes interrogées en avril 2002 étaient en emploi, soit un taux comparable à

dans leur sentiment de contribuer à l'amélioration de l'efficacité de la politique active de l'emploi.

Les données récentes sur le devenir professionnel des bénéficiaires d'un accompagnement vers l'emploi en CES confortent, quant à elles, la perception positive exprimée par les salariés en CES dans des enquêtes plus anciennes sur l'utilité de cette prestation [1].

Les résultats disponibles à l'ANPE ne portent pas spécifiquement sur les effets des prestations externalisées ou de la co-traitance. Mais les études sur le programme « service personnalisé pour un nouveau départ vers l'emploi » (SPNDE) mis en place en 1998, puis le premier bilan de la mise en œuvre du PARE/PAP ont cherché à identifier les effets pour les demandeurs d'emploi de l'augmentation très sensible du volume des prestations de service au cours de ces cinq dernières années, que ces prestations soient réalisées en interne ou par des opérateurs externes.

Il ressort des études sur le SPNDE que, toutes choses égales par ailleurs, la plupart des catégories de demandeurs d'emploi de longue durée augmentent de quelques points leurs chances de sortie de l'ANPE [2] dans les quatre mois suivant l'entrée dans ce programme [3]. Les premiers résultats du PARE/PAP sont difficiles à interpréter compte tenu du retournement de conjoncture survenu au moment de son démarrage. En termes de sortie de l'ANPE ou d'exercice d'une activité réduite dans les six

---

celui observé, au même moment, pour les bénéficiaires d'un CIE et bien supérieur à celui des bénéficiaires de CES ou de SIFE. (« Insertion par l'activité économique : plus de la moitié des salariés retrouve un emploi hors structure », Premières Synthèses, *n° 26.1, 2003, déjà cité). Le rapport d'E. Maurel sur les publics des structures d'insertion par l'activité économique, déjà cité, recense par ailleurs l'ensemble des études et enquêtes réalisées dans ce champ.*

1. Cf. *l'enquête auprès d'un échantillon représentatif de personnes en CES réalisée dans le cadre de l'instance d'évaluation présidée par Y. Robineau sur* Les mesures d'aide aux emplois du secteur non marchand, *La Documentation française, 2002, p. 242.*

2. *L'indicateur de sortie de l'ANPE ne doit toutefois pas être confondu avec un indicateur de retour à l'emploi. Les reprises d'emploi ne représentent en effet que 50 % environ des motifs de sortie de l'ANPE, Chazal (J.) et al., « Les sorties du chômage vers l'emploi »,* Premières Synthèses, *n° 11.1, 2003.*

3. *Micheau (J.) et al., « Le service personnalisé pour un nouveau départ vers l'emploi : programme français d'accompagnement des chômeurs »,* Premières Synthèses, *n° 18.1, DARES, 2001.*

mois suivant l'entrée dans le PAP, les résultats obtenus sur les dix-huit premiers mois de la mise en œuvre du programme (juillet 2001-décembre 2002) se situent un peu en retrait par rapport aux sorties observées en 1999 et 2000 dans un contexte économique beaucoup plus favorable. Mais ils sont supérieurs de quelques points aux résultats de 1997 et de 1998, période pendant laquelle la création d'emplois a été pourtant plus importante qu'en 2001-2002. Des études économétriques indiquent d'autre part que la prestation d'accompagnement à l'emploi semble avoir un impact positif sur l'accélération du retour à l'emploi, alors que les bilans de compétences approfondis et la prestation d'accompagnement projet n'accéléreraient pas, voire retarderaient, la sortie du chômage dans un délai court [1].

Par ailleurs les enquêtes de satisfaction conduites par l'ANPE auprès des demandeurs d'emploi montrent que les prestations sont très appréciées de leurs bénéficiaires : quelle que soit la famille de prestations considérée, plus de quatre bénéficiaires sur cinq les jugent utiles.

Enfin, des enquêtes régulières existent depuis 1990 sur la situation des bénéficiaires de cellule de reclassement à la sortie du dispositif. Si, là encore, les taux annuels de reclassement sont sensibles au contexte économique, et donc meilleurs lorsque la croissance est forte, on constate néanmoins une tendance assez nette à l'augmentation de ces taux sur moyenne période [2]. Cette tendance à l'amélioration progressive de l'efficacité des conventions de cellule de reclassement peut être le signe d'effets d'apprentissage, manifestant à la fois une professionnalisation des opérateurs pour la mise en œuvre des actions de reclassement et celle des agents du SPE pour la sélection des opérateurs comme pour le suivi des cellules dans le cadre des commissions de suivi.

3.2. Les actions d'appui-conseil aux employeurs

En l'absence de résultats rendant compte des effets de l'appui-conseil sur les pratiques des entreprises, l'enquête réalisée par l'instance d'évaluation

---

1. Ces résultats sont présentés page 21 du document de l'ANPE, « PARE/PAP, 1er bilan de la mise en œuvre du programme », déjà cité.

2. Depuis 1996, le taux annuel de reclassement se situe entre 49 % et 60 %, alors qu'il avait toujours été inférieur à 48 % entre 1990 et 1995, cf. Brégier(O.), « Les dispositifs publics d'accompagnement des restructurations en 2002 », Premières Synthèses, *n° 35.1, DARES, 2003.*

auprès d'employeurs bénéficiaires de ces prestations dans le cadre de la politique d'aménagement et de réduction du temps de travail et du programme NSEJ révèle des opinions positives sur les services reçus [1].

La satisfaction des employeurs est particulièrement marquée lorsqu'ils ont, eux-mêmes, choisi leur organisme de conseil et lorsque l'action débouche effectivement sur la réalisation de l'objectif pour lequel elle a été créée (la signature d'un accord de RTT par exemple). Mais même dans les cas inverses, l'appréciation des employeurs reste favorable. Si toutes les questions qui préoccupaient l'employeur n'ont pas nécessairement été traitées lors de l'intervention, celui-ci se montre particulièrement satisfait des compétences techniques des prestataires et de leur disponibilité.

3.3. Intervention des opérateurs externes et reconnaissance, par l'usager, de la qualité de l'action du SPE

La satisfaction manifestée par les usagers à l'égard des prestations assurées par les opérateurs externes n'implique pas qu'ils créditent le Service public de l'emploi de la qualité des services qui leur ont été fournis. Il se peut qu'ils le fassent spontanément, notamment s'ils assimilent le prestataire extérieur au Service public de l'emploi, mais il se peut aussi qu'ils opèrent une distinction entre les prestations reçues de l'opérateur externe et celles qui leur ont été fournies directement, à d'autres occasions, par les agents du SPE.

L'instance d'évaluation n'a eu connaissance que d'une seule enquête d'opinion comparant l'image que des personnes en grande difficulté pouvaient avoir de diverses institutions, dont celles de l'emploi, et des réseaux associatifs intervenant dans le champ du social [2]. Il en ressort que l'accueil à l'ANPE recueille 75 % d'opinions plutôt favorables, soit un taux équivalent à ceux obtenus par les Caisses d'allocations familiales ou les

---

1. Enquête réalisée par la société OBEA auprès de 92 entreprises (ARTT) et de 66 associations (NSEJ) dans le cadre de son étude sur l'appréciation des effets de l'externalisation sur la qualité et sur la performance des services aux usagers. Au total, 27 % des employeur se déclarent très satisfaits, 57 % satisfaits, 13 % peu satisfaits et 3 % seulement pas du tout satisfaits.

2. Paugam (S.) et Clémençon (M.), « Détresse et ruptures sociales », Recueils et Documents, *n° 17, FNARS, 2002. Enquête réalisée par l'Observatoire sociologique du changement auprès de 1 160 personnes fréquentant, dans 17 départements, les services d'accueil, d'hébergement et d'insertion.*

services municipaux, bien supérieur à ceux recueillis par les services de police ou de justice, mais inférieurs à ceux obtenus par les établissements de santé, les centres associatifs ou, pour les jeunes, les missions locales. Une autre question sur la confiance dans les institutions conduit au même type de conclusion : les associations d'aide et les travailleurs sociaux obtiennent de meilleurs résultats que l'ANPE, mais d'autres institutions obtiennent des résultats moins bons que cette dernière.

Toutefois cette enquête n'avait pas pour objet d'identifier l'effet propre du recours à des opérateurs externes sur l'image de l'ANPE ou des services déconcentrés. Aussi a-t-il semblé utile à l'instance de compléter ces résultats par une série d'entretiens qu'elle a fait réaliser auprès des usagers pour mieux saisir l'impact d'une prestation fournie par un opérateur externe sur leur représentation de l'action du Service public de l'emploi [1].

Les opinions exprimées par les bénéficiaires de prestations d'accompagnement lors des réunions de groupes auxquelles ils ont été conviés ne permettent guère tirer des conclusions générales. Elles ont néanmoins l'intérêt de bien mettre en évidence la diversité des conséquences d'un recours aux opérateurs externes pour la qualité des relations que le SPE réussit à établir avec les usagers.

Pour un premier groupe de personnes ayant bénéficié d'un accompagnement en cours de CES dans un département où existe une collaboration très étroite entre la DDTEFP et un Fonds local emploi-solidarité (FLES) chargé d'organiser la prestation fournie par d'autres opérateurs, la satisfaction vis-à-vis des services reçus rejaillit très positivement sur la perception qu'elles ont du SPE. L'action d'accompagnement se concrétise par des journées d'information

---

1. Des questions en ce sens ont été posées aux chefs d'entreprise par la société OBEA dans le cadre de l'enquête déjà citée. Interroger des demandeurs d'emploi sur ce thème soulevait d'importants problèmes méthodologiques liés aux difficultés de repérage des bénéficiaires des prestations d'accompagnement financées par les services déconcentrés du ministère, mais aussi à ce qu'il n'était pas du tout certain qu'ils aient bien repéré l'appartenance institutionnelle des personnes qui avaient réalisé les prestations d'accompagnement dont ils avaient bénéficié. Il a donc été décidé de réaliser un nombre très limité (trois) de réunions de groupes rassemblant à chaque fois une dizaine de bénéficiaires des prestations suivantes : accompagnement CES, accompagnement post-SIFE, accompagnement vers l'emploi de l'ANPE.

collectives, par un suivi sur le lieu de travail s'échelonnant sur plusieurs mois. Le FLES intervient au terme de ce module pour faire un bilan avec chaque bénéficiaire. La dimension importante d'explication des enjeux du CES pour les personnes, l'explicitation de leurs droits, l'image d'une action bien coordonnée procurée par la participation au module de sensibilisation de l'ASSEDIC et de l'ANPE modifient la perception que les bénéficiaires ont du CES. Au lieu d'être considéré comme un « dispositif de relégation », il est progressivement perçu comme un tremplin pour permettre de concrétiser un projet professionnel, comme le signe de l'intérêt de la collectivité pour ses bénéficiaires. Les personnes en CES retirent de cette action qu'il existe une véritable coopération entre l'opérateur, le FLES, la DDTEFP et le réseau d'employeurs adhérents à la charte de qualité pour tenter de les aider dans leur trajet professionnel.

Les opinions exprimées, lors d'une autre réunion, par des bénéficiaires de prestations d'accompagnement vers l'emploi de l'ANPE révèlent au contraire une situation paradoxale. L'accompagnement constitue de toute évidence une mesure conforme à leurs besoins, une prestation dont tous les bénéficiaires ont souligné l'utilité. Mais cette action, loin d'améliorer l'image de l'ANPE, semble plutôt contribuer à sa dépréciation. L'externalisation, qui est un succès sur le plan pratique, échoue sur le plan institutionnel à réconcilier les figures du traitement administratif et de l'accompagnement vers l'emploi. Les personnes ont vécu en effet leurs relations avec l'opérateur externe comme un moment positif de rupture avec les situations rencontrées depuis leur entrée au chômage. Elles ont pu nouer une relation individuelle faite d'écoute et de disponibilité avec un opérateur dont tout l'environnement suggérait la proximité du monde du travail, d'où un effet pour eux de remotivation, un sentiment d'avoir acquis de nouvelles compétences pour s'adresser aux employeurs.

Elles opposent ce type de relations aux rapports beaucoup plus impersonnels qu'elles ont pu vivre dans l'ALE, où l'action des agents leur a paru beaucoup trop contrainte par un ensemble de procédures administratives et par la nécessité de faire face au flot des demandeurs d'emploi qui se présentaient dans les locaux. L'inscription de la prestation d'accompagnement dans l'offre de services, plus large, de l'ANPE paraît mal perçue, même si les demandeurs d'emploi sont conscients que l'Agence suit de près les résultats obtenus par le prestataire. Certains considèrent qu'il est du devoir du Service public de l'emploi d'établir lui-même une relation individualisée avec le demandeur d'emploi.

Cette situation paradoxale semble trouver son origine dans un certain manque de liaison, sur le territoire observé, entre l'ANPE et les opérateurs [1]. Au démarrage de l'action, l'impact d'une présentation conjointe de la prestation par un conseiller de l'ALE et par le prestataire avait été très positif. Mais, ensuite, l'absence du conseiller au bilan intermédiaire et au bilan final, et l'impression, au sortir de la prestation, que leur dossier n'avait pas été suivi, que l'accompagnement n'était pas relayé par une action spécifique de l'ALE ont provoqué chez les demandeurs d'emploi ce sentiment de distance entre l'action du prestataire et celle de l'ANPE.

Les actions de conseil auprès des employeurs ne semblent pas avoir provoqué chez ces derniers une transformation significative de l'image qu'ils pouvaient avoir du Service public de l'emploi. Les DDTEFP ont donné le sentiment d'être restées plutôt en retrait lors de l'intervention de l'opérateur, en particulier lorsque l'employeur a choisi lui-même son prestataire. Toutefois, cette discrétion des services n'induit pas d'insatisfaction. Les modalités de suivi de la prestation, même si elles sont restées légères, sont jugées plutôt positivement.

4. Des obstacles encore nombreux à une bonne maîtrise des relations avec les opérateurs externes

La situation actuelle comporte un certain nombre d'avantages. Elle permet en particulier beaucoup de souplesse de gestion, la prise en compte des innovations et le développement d'une offre de services individualisés pour un nombre croissant de personnes aux besoins diversifiés. Elle apparaît cependant problématique au regard de deux objectifs essentiels du recours aux opérateurs externes :

- améliorer la qualité du service proposé aux usagers et accroître l'efficience de la politique de l'emploi à court et moyen termes ;
- assurer l'effectivité du principe d'égal accès aux droits et aux services.

1. On a vu dans le chapitre précédent que l'ANPE réussissait toutefois à établir cette liaison grâce à ses correspondants prestations dans de nombreuses agences.

4.1. L'amélioration de la qualité du service offert aux usagers et de l'efficience de la politique de l'Emploi

Les difficultés auxquelles est confronté le Service public de l'emploi ne sont pas exactement les mêmes pour les relations de sous-traitance et pour les relations d'une autre nature avec les opérateurs (formes de partenariat, maîtrise d'œuvre déléguée, etc.), à l'ANPE et dans les services déconcentrés, selon que l'on se situe dans le court terme ou dans le moyen terme.

4.1.1. La sous-traitance

Les relations avec les sous-traitants représentent le domaine où les différences entre l'ANPE et les services du ministère sont certainement les plus sensibles. Le cadrage juridique sur les obligations des opérateurs, la précision des cahiers des charges quant aux procédures à suivre et quant aux objectifs à atteindre, le mode de sélection des prestataires, la cohérence des systèmes internes de gestion et d'information, la création de fonctions spécifiques de « correspondants prestations » et de « référents qualité » dans les ALE sont autant d'éléments qui assurent à l'ANPE une maîtrise de la gestion des crédits consacrés aux opérateurs externes et du contenu de l'action de ces derniers, même si le contrôle qualité est encore à développer et si l'on constate une faible adaptation aux réalités des territoires dans la fixation des prix. Sur tous ces points, les services du ministère doivent encore progresser, mais ces progrès ne paraissent pas évidents à réaliser compte tenu de la faiblesse actuelle de l'appui technique aux services déconcentrés, notamment pour l'amélioration de leurs instruments de pilotage de la sous-traitance, qu'il s'agisse d'un appui interne par l'administration centrale ou d'un appui externe.

Ces différences sont toutefois un peu moins sensibles si l'on se situe dans une perspective d'amélioration du service procuré aux usagers et de l'efficience de la politique de l'emploi sur le moyen terme. L'ANPE dispose certes, avec son instrumentation, des moyens de progresser encore dans la sélection des opérateurs à partir des informations accumulées sur les prestations qu'ils fournissent. Elle peut également, au prix d'évolutions mineures de son système d'information, entreprendre de mesurer l'efficience respective des prestations réalisées en interne et des prestations confiées à des opérateurs externes. Mais deux questions, qui ne sont d'ailleurs pas sans liens, mériteraient d'être mieux prises en compte à l'ANPE comme, d'ailleurs, dans les services déconcentrés :

- *Comment bien intégrer les services fournis à l'usager par les prestataires dans l'action plus globale conduite par le SPE pour ce même usager ?* On pense en premier lieu à la nécessité pour une ALE de construire, dans la durée, une offre de services cohérente pour les chômeurs de longue durée et pour les personnes en situation professionnelle précaire qui alternent périodes de travail et périodes d'inscription à l'ANPE. Mais ce problème concerne aussi les services déconcentrés pour les quelques prestations destinées aux demandeurs d'emploi qu'ils gèrent (accompagnement CES, suivi post-SIFE...) et pour l'appui-conseil aux employeurs (la relation entre conseil et consolidation des emplois dans le programme NSEJ ; la relation entre conseil et conclusion d'un accord d'aménagement et de réduction du temps de travail pour l'appui-conseil ARTT).

  La réussite de cette intégration suppose que le suivi et l'évaluation de l'action des prestataires ne se limitent pas à la vérification de la bonne application des procédures prévues, ni même à la mesure de quelques indicateurs de résultats. Il est nécessaire que les agents du SPE s'appuient sur l'expérience des opérateurs pour enrichir leurs connaissances des usagers et du contexte dans lequel se réalisent les prestations afin de disposer de tous les éléments nécessaires à l'actualisation de leur diagnostic sur les besoins de ces derniers et sur les opportunités qui s'offrent à eux. Or les opérateurs sont nombreux à déplorer le manque d'intérêt des agents du SPE pour les informations qualitatives qu'ils pourraient leur transmettre. Il en résulte un risque de déperdition quant à l'efficacité globale de l'action du Service public de l'emploi : une série de prestations mal coordonnées ne constituera pas une offre de services réellement utile à l'usager, même si chacune d'entre elles a été bien réalisée.

- *Comment concourir à la professionnalisation des sous-traitants afin de favoriser la consolidation d'une offre de qualité sur l'ensemble des territoires ?* Qu'il s'agisse des prestations aux demandeurs d'emploi ou de l'appui-conseil aux employeurs, l'augmentation soudaine du volume des marchés de sous-traitance à la fin des années quatre-vingt-dix ne s'est pas heurtée à un manque manifeste d'offre de services. Les organismes de formation, les cabinets de conseil aux entreprises et de recrutement, les associations spécialisées dans l'action sociale ont en effet saisi l'occasion de se positionner sur ce nouveau marché. Le secteur d'activité se caractérise toutefois par son caractère peu structuré. S'y côtoient un très grand nombre d'organismes, de petite taille pour la plupart, connaissant une forte rotation de leur personnel et souvent dépendants d'une commande publique aléatoire pour leur survie.

Il est donc peu probable que leur professionnalisation se réalise spontanément par une structuration interne du milieu permettant la constitution d'une offre de formation continue adaptée aux besoins des salariés du secteur, la diffusion des techniques d'intervention innovantes ou encore l'adoption de règles de déontologie. Or, dans les relations qu'il noue avec ses sous-traitants, le Service public de l'emploi ne dispose pas réellement de moyens dédiés à cette professionnalisation. Les études de terrain font état d'une attitude souvent très ouverte des agents du SPE à l'égard de leurs sous-traitants. Ils ne cherchent pas à les sanctionner immédiatement lorsque apparaissent les premières difficultés, encore moins à les exclure définitivement des marchés de prestations à venir. Beaucoup d'agents cherchent au contraire à aider les opérateurs à surmonter les problèmes qu'ils peuvent rencontrer dans la réalisation de leurs prestations. Mais il s'agit là d'initiatives individuelles qui ne s'inscrivent pas dans une stratégie explicite du SPE de professionnalisation des sous-traitants.

4.1.2. Les relations d'une autre nature avec les opérateurs externes

Un constat s'impose à la lecture des comptes rendus des très nombreux entretiens réalisés par l'instance d'évaluation : il s'avère extrêmement difficile de qualifier précisément la nature des relations qu'entretient le SPE avec un grand nombre d'opérateurs qui ne sont pas seulement des sous-traitants, en ce sens que leur rôle excède la simple exécution d'un contenu précis de tâches définies, *ex-ante*, par le SPE.

La question se pose pour l'ANPE (*cf.* Deuxième partie) mais elle est limitée par la possibilité de regrouper les modalités de relations avec les opérateurs dans quelques grandes catégories (sous-traitance, co-traitance, partenariat de coopération) et par l'existence d'éléments de doctrine pour chacune de ces catégories. Elle apparaît en revanche plus complexe pour les services du ministère. Malgré la formalisation croissante, à travers des conventions-types, des relations avec les opérateurs, on observe, pour une même action, des conceptions variables, selon les services ou les territoires, quant au sens de ces relations, quant à l'étendue des droits et des obligations des contractants, quant aux marges de manœuvre qu'il convient d'accorder aux opérateurs et, finalement, quant au rôle qui doit être celui du SPE dans la conduite de l'action pour l'emploi lorsqu'il y a intervention d'opérateurs externes.

Pourtant, au-delà de la diversité des situations qui sont à l'origine du recours aux opérateurs externes, les relations autres que la sous-traitance peuvent toujours s'analyser :

- soit comme le résultat d'un partage de pouvoirs : en suscitant des partenariats, l'État juge légitime de partager la responsabilité de certaines actions avec d'autres acteurs qui participent, eux aussi, à la poursuite de l'intérêt général (collectivités territoriales, partenaires sociaux, réseaux associatifs) et qui acceptent de s'impliquer dans la politique active de l'emploi ;

- soit comme la reconnaissance que les services du ministère n'ont pas la capacité d'assurer seuls le pilotage de l'action des opérateurs chargés de délivrer les services externalisés. Il faut alors des intermédiaires pour organiser et suivre l'action des sous-traitants ; ou bien il faut confier la réalisation de l'ensemble de l'action à un opérateur jouissant d'une large autonomie pour optimiser l'usage des moyens qui lui sont délégués ; [1]

- soit comme une combinaison des deux motifs précédents (*cf.* chapitre 3).

Il doit être possible, à partir de ce schéma, de préciser la répartition des pouvoirs entre institutions partenaires, ou encore les droits et obligations

1. Le vocabulaire courant de l'entreprise permet de préciser les fonctions et les responsabilités de ces intermédiaires, avec les notions d'assistance à maîtrise d'ouvrage, de maître d'œuvre délégué ou de coordonnateur. Comme le souligne D. Thierry, membre de l'instance, les collectivités territoriales se sont approprié ce vocabulaire et l'utilisent couramment. L'État, au contraire, s'y réfère peu, ce qui est probablement le signe d'une maîtrise beaucoup plus faible de ces formes de relations : l'État, dans une tradition jacobine, reste plus réticent pour déléguer.

des organismes intermédiaires et, par là, de définir le rôle qui doit être celui des services du ministère dans les partenariats ou en tant que « maître d'ouvrage ». On observe toutefois qu'une telle clarification est rarement menée à son terme [1] et qu'il en résulte plusieurs lacunes dans l'action des services :

- une absence de formation systématique aux fonctions dont la maîtrise est pourtant de plus en plus exigée pour les cadres des services centraux et déconcentrés : animation des partenariats, maîtrise d'ouvrage ;

- un sentiment de dépossession parfois éprouvé par les agents, faute d'une conception claire de ce que doit être le rôle de l'État dans les partenariats avec d'autres institutions ou la fonction de maître d'ouvrage lorsque existent des intermédiaires entre eux et les opérateurs de terrain. Ceci peut les conduire à se désintéresser des actions menées lorsque les opérateurs ont la charge d'une action dépassant la simple mise en œuvre d'un service ponctuel à un usager et se situant sur un registre plus complexe : construction locale d'une offre de services pour certains publics, élaboration de parcours d'insertion, diagnostic local, désignation des bénéficiaires de l'action. Il en résulte un risque réel d'incohérence des actions menées sur un territoire et de mauvaise utilisation des moyens disponibles ;

- des difficultés à utiliser les instruments, encore trop rares, qui sont mis à leur disposition pour exercer ces nouvelles fonctions. L'exemple des outils permettant de susciter les partenariats locaux et d'orienter leur action est à cet égard éclairant. Dans la panoplie des instruments financiers présentés dans les chapitres précédents, quatre d'entre eux au moins ont été le support, dans certains des territoires examinés par l'instance d'évaluation, d'actions très positives d'impulsion et d'orientation des actions partenariales :

- la ligne de crédit pour le financement du secrétariat des plans départementaux d'insertion des travailleurs handicapés ;

---

1. *Y compris là où les rôles de chacun semblent pourtant les mieux précisés,* cf. *par exemple le rapport de l'IGAS sur le contrôle de l'AGEFIPH (2000) qui conclut à la nécessité* « de progresser dans l'institutionnalisation de la collaboration entre l'État et l'AGEFIPH tout en réaffirmant la large autonomie dont doit disposer cette dernière ».

- le Fonds départemental pour l'insertion, ainsi que l'aide à l'accompagnement dans les associations intermédiaires ;
- les conventions promotion de l'emploi ;
- une partie des crédits de la ligne d'action spécifique.

Or deux constats peuvent être faits à propos de ces instruments. D'une part, les crédits budgétaires qui leur sont attribués sont faibles (quelques dizaines de millions d'euros) par rapport à l'ensemble des sommes versées à des opérateurs externes, alors que la mission d'animation du partenariat est aujourd'hui reconnue comme une fonction centrale des services déconcentrés du ministère. D'autre part, cette faiblesse peut s'expliquer par l'utilisation très hétérogène de ces lignes par les services déconcentrés jusqu'à présent.

4.2. L'effectivité du principe d'égal accès aux droits et aux services

Dans le champ de l'insertion professionnelle, [1] l'organisation de l'offre de services adoptée par l'ANPE pour son troisième contrat de progrès et étendue à tous les demandeurs d'emploi avec la mise en œuvre du PARE/PAP constitue un bon exemple de recours aux opérateurs externes en vue d'une traduction opérationnelle du principe d'égal accès. Il se concrétise par une procédure systématique, renouvelée périodiquement pour les personnes toujours au chômage, qui articule les trois phases du diagnostic des besoins de la personne, de la détermination du niveau et du type de service adapté, enfin de la désignation, si nécessaire, de l'opérateur chargé de fournir les services prescrits.

La maîtrise, par l'ANPE, de cette chaîne et du niveau de service effectivement offert à chaque demandeur d'emploi est toutefois loin d'être complète faute d'une bonne connaissance des prestations assurées dans le cadre de la co-traitance par les missions locales, par l'APEC et par le réseau Cap Emploi. D'autre part, malgré les dispositions de la loi de lutte contre les exclusions visant à faire de l'ANPE la « plaque tournante » de l'orientation vers l'ensemble des dispositifs d'insertion, on sait que celle-ci

---

1. On a vu (chapitre 3) que cet objectif était beaucoup moins présent pour le conseil aux entreprises.

ne maîtrise qu'imparfaitement l'entrée dans les actions pilotées par les opérateurs externes (SIAE, PLIE), tout comme, d'ailleurs, l'entrée dans des mesures gérées directement par le SPE, telles que le CES [1]. Certes, la relative autonomie des opérateurs externes « partenaires du SPE » ne signifie nullement, comme on l'a vu, que ces structures concentrent leur action sur les plus « employables » et mettent à l'écart les publics en difficulté. Mais il n'en demeure pas moins que, faute d'un système d'information intégré, il n'est pas possible de comparer les services qu'elles offrent à ceux de l'ANPE et de ses sous-traitants pour les mêmes types de publics, et de s'assurer qu'il y a bien égalité d'accès.

Le recours aux opérateurs externes ne favorise pas nécessairement le respect du principe d'égal accès pour deux autres raisons :

– l'appel aux opérateurs externes peut être source d'inégalités si leur offre de services ne se diffuse pas spontanément sur l'ensemble du territoire et si le SPE n'a pas la capacité de les faire venir là où, initialement, ils ne souhaitaient pas s'implanter. Cette situation est relativement fréquente pour la sous-traitance de prestations. Le problème peut être en partie résolu si le déficit d'opérateurs externes sur un territoire est compensé par un accroissement des dotations en personnel susceptible de réaliser les mêmes services, ce qui est rarement le cas, *a fortiori* lorsqu'il s'agit d'une externalisation de « spécialité ». Le risque d'inégalités territoriales est encore accru lorsque le recours aux opérateurs externes est le fruit de la construction de partenariats financiers avec les collectivités territoriales : des services spécifiques sont créés sur une partie seulement du territoire, sans avoir vocation à s'étendre à l'ensemble du pays. Enfin, l'intégration dans la politique de l'emploi d'actions créées à l'initiative des réseaux associatifs et dont la réalisation continue à être assurée par les mêmes structures, extérieures aux services de l'État, soulève aussi le problème de leur diffusion territoriale. Même si le ministère soutient leur développement, celle-ci est largement fonction de la dynamique propre à ces réseaux et peut se révéler plus lente que les pouvoirs publics l'auraient souhaité ;

1. *Cf. le rapport de l'instance d'évaluation présidée par Y. Robineau,* Les mesures d'aide aux emplois du secteur non marchand, *déjà cité.*

- les actions supposant un recours aux opérateurs externes et gérées par les services déconcentrés sont, plus encore que les autres mesures, soumises aux aléas financiers qui résultent des ajustements liés aux évolutions conjoncturelles du chômage, des décisions de gel budgétaire ou des retards dans les délégations de crédits (*cf.* chapitre 4). Il en résulte de grands aléas dans la programmation des actions, peu favorables à l'objectif d'en faire bénéficier les publics qui en ont le plus besoin. Ces aléas ont également pour effet de mettre en situation difficile les opérateurs les plus fragiles, les obligeant parfois à cesser leurs activités et provoquant ainsi des ruptures dans l'offre de services dont on peut penser qu'elles touchent en premier lieu les publics des territoires où cette offre est la moins fournie. Ils représentent également un obstacle sérieux à la mise en place de toute stratégie à moyen terme de diffusion de l'offre de services sur les territoires ne disposant pas encore de certains dispositifs.

CHAPITRE 7

Un contexte européen favorable au développement du recours aux opérateurs externes

La politique de l'emploi est longtemps restée éloignée des préoccupations des instances communautaires, ces dernières partant du principe que la responsabilité de la politique de l'emploi incombe exclusivement aux États membres. La modification du traité constitutif de 1957 par le traité d'Amsterdam en juin 1997, au terme duquel « *la promotion d'une coordination entre les politiques de l'emploi* [1]» constitue désormais un domaine d'action de l'Union européenne, ouvre une période nouvelle, dont les premières manifestations ont été l'insertion dans le traité d'un titre VIII organisant la coordination entre les politiques nationales, la définition des premières lignes directrices communautaires pour l'emploi fin 1997 et la création des plans nationaux d'action pour l'emploi.

1. L'affirmation d'une stratégie européenne pour l'emploi

En novembre 1997, le Conseil européen de Luxembourg consacré à l'emploi a adopté pour la première fois dix-neuf lignes directrices organisées autour de quatre piliers : améliorer l'insertion professionnelle, développer l'esprit d'entreprise et la création d'emplois, renforcer la capacité d'adaptation des entreprises et de leurs salariés, renforcer la politique d'égalité des chances [2].

---

1. Article 3 du traité d'Amsterdam modifiant le traité instituant la Communauté européenne.

2. Pour ne pas alourdir son rapport, l'instance d'évaluation a fait le choix de ne se référer qu'aux textes de la Commission européenne. Elle aurait pu également faire référence aux orientations et aux analyses nombreuses de l'OCDE sur cette question. On peut citer en particulier les textes suivants :

Si la force opposable des lignes directrices est limitée, l'action combinée de ces orientations et des plans nationaux annuels d'action pour l'emploi, impliquant la mise en œuvre d'un système d'indicateurs de suivi aux niveaux national et communautaire, a eu un impact incontestable sur la politique active de l'emploi en France, même s'il s'avère délicat de le distinguer d'autres influences [1]. La stratégie européenne pour l'emploi n'a pas bouleversé la vision française des politiques de l'emploi et du marché du travail qui avait évolué avant sa mise en place et qui, elle-même, par certains aspects, a influencé le contenu de cette stratégie. Mais elle a contribué à renforcer un cadre de référence commun à partir duquel sont envisagées les évolutions possibles de la politique nationale. La logique d'activation, l'accent mis sur les risques de « trappe à inactivité », l'efficacité reconnue aux politiques préventives, la coordination nécessaire des politiques de l'emploi et d'assistance, l'égalité professionnelle entre les hommes et les femmes sont quelques-uns de ces référents communs qui peuvent d'ailleurs évoluer au cours du temps. Ils laissent aux gouvernements des marges de liberté importantes pour les traduire dans les politiques nationales mais ils sont devenus des éléments structurants des débats nationaux.

La stratégie européenne pour l'emploi a eu un impact sur le contenu même de la politique en permettant aux acteurs qui souhaitaient promouvoir certaines orientations de se référer aux débats communautaires pour les faire prévaloir. Ainsi, la mise en œuvre du PARE/PAP a pu s'appuyer sur les préconisations d'activation de la dépense pour l'emploi, avec une dimension préventive marquée, « *fondée sur l'identification précoce des besoins individuels* [2] ». Il en est résulté pour

---

– *OCDE, « Les politiques du marché du travail et le service public de l'emploi : principales caractéristiques, nouveaux enjeux »,* Document de travail, *OCDE, 2000 ;*

– *FAY, (R.), « Making the Public Employment Service More Effective Through the Introduction of Market Signals »,* Occasional Papers, *n° 25, OCDE, 1997 ;*

– *KONING (J. de), « Comment renforcer l'efficacité des politiques actives ? Le rôle de l'organisation, de la mise en œuvre et de l'allocation optimale dans une politique active du marché du travail »,* Document de travail, *OCDE, 2000.*

1. Cf. pour une analyse fine de cet impact sur la politique nationale : Barbier (J.-C.) et Samba Sylla (N.), « La stratégie européenne pour l'emploi : les représentations des acteurs en France », Dossier de recherches du CEE, *n° 7, 2002. Nous reprenons ici quelques-unes des conclusions de ce rapport.*

2. Cf. lignes directrices en date du 19 janvier 2001 publiées au JOCE, *24/01/2001.*

l'ANPE un changement de dimension dans son offre de services, avec des projets d'action personnalisée proposés à plus de 6 millions de demandeurs d'emploi de juillet 2001 à décembre 2002. Ces propositions ont été adressées à presque tous les nouveaux inscrits à l'ANPE (4,3 millions de PAP relèvent de cette logique de prévention), les autres ont concerné les chômeurs de longue durée (950 000) et les allocataires du RMI (500 000).

Les modes d'élaboration de la politique de l'emploi s'en sont trouvés aussi modifiés. Si les orientations visant à rendre cette politique « *plus interministérielle, plus transversale et dont la dimension locale est renforcée* [1]», ont connu des avancées inégales en France, [2] un de leurs effets reconnus a été d'augmenter le rôle des partenaires sociaux et du service du droit des femmes, et de l'égalité au sein du système d'acteurs de la politique de l'emploi.

1.1. Stratégie européenne pour l'emploi et organisation des SPE

La stratégie européenne pour l'emploi porte, tout d'abord, sur l'organisation institutionnelle du Service public de l'emploi, [3] même si les orientations en ce domaine sont essentiellement indicatives. La communication 641 de la Commission européenne, diffusée en 1998 et intitulée *Moderniser les services publics de l'emploi pour soutenir la stratégie européenne pour l'emploi* (*cf.* chapitre Premier), apparaît ainsi comme un cadre de référence [4] proposé aux États membres pour améliorer l'efficacité et l'efficience des Services publics de l'emploi.

---

1. Ces évolutions ont été analysées dans le cadre d'un groupe technique dont les travaux ont été publiés en 2002 : Holcblat (N.), « Stratégie européenne et politique française de l'emploi (1997-2001) », Cahier Travail et Emploi, *La Documentation française, 2002.*

2. Cf. *notamment les travaux de Berthet (T.), Cuntigh (P.) et Guitton (C.) déjà cités.*

3. Rappelons que, dans le langage communautaire, le SPE désigne l'Agence nationale de l'emploi et n'inclut pas, contrairement à la terminologie utilisée en France, les services du ministère en charge de la politique de l'Emploi. Dans ce chapitre, le terme SPE est toujours employé en référence au langage communautaire.

4. L'instance d'évaluation ne s'y réfère pas a priori *en tant que modèle auquel devrait se conformer l'ANPE en France.*

Après avoir relevé les tendances communes dans l'Union européenne et mis en avant le rôle central des Services publics de l'emploi, « *acteurs essentiels de la stratégie européenne de l'emploi* [1] », la Commission européenne souligne dans sa communication la nécessité pour eux de s'adapter à un environnement en évolution rapide car « *dans toute l'Europe, les marchés de l'emploi sont en mutation, de même que le rapport des autorités publiques vis-à-vis de ces marchés* ». Elle insiste tout particulièrement sur l'apparition et le développement de « *nouveaux fournisseurs de services intermédiaires* » qui peuvent être :

- des organismes privés travaillant pour des employeurs (sélection, recrutement, reclassement des travailleurs licenciés) ;

- des agences et organisations « *qui, dans un certain nombre de pays, complètent les activités des SPE (...)* », en notant toutefois que « *ces prestataires de services sont pour tout ou partie financés par les deniers publics* ».

La Commission signale alors les « *défis de l'ajustement* » des services publics de l'emploi, dans un contexte marqué par « *l'élimination progressive de leur monopole* », ce qui les confronte à plusieurs options :

- se désengager car d'autres sont capables de mieux exercer certaines activités. Cette option, dit la Commission, « *peut revenir à une externalisation des ressources,* [2] *phénomène devenu courant de longue date pour ce qui concerne la formation, mais qui empiète à présent sur les conseils, l'orientation et le courtage* [3] *lui-même* » ;

- confier à d'autres institutions (municipalités, etc.) la charge de s'occuper de certaines catégories de publics ;

---

1. Les extraits de cette communication sont tirés de la version française du texte, disponible sur le site Internet de la Direction générale emploi et affaires sociales de la Commission européenne.

2. Outre l'évolution de la répartition des tâches entre secteurs et niveaux d'établissements publics ou territoires (décentralisation, rapports entre aide sociale et emploi, etc.).

3. La notion de courtage est employée ici comme un équivalent de l'anglais brokerage, *et est proche de la notion d'*intermédiation.

– ou encore être mis en concurrence avec des agences privées, quitte à ce que le Service public de l'emploi développe lui-même des services payants. La Commission envisage, ainsi, que les gouvernements mettent les « *SPE à l'épreuve du marché, pour mettre en œuvre une partie des services publics* ».

Plus généralement, le texte en conclut « *qu'il est clair que les SPE doivent à présent définir plus précisément quel est leur rôle propre et la valeur qu'ils ajoutent au marché, par rapport aux fournisseurs commerciaux et non commerciaux de services* ».

Enfin, la Commission évoque, en partant de ces évolutions, des axes de « modernisation », qui incluent, selon elle, des processus de décentralisation, la disparition du monopole de placement et ses conséquences, la réforme des rapports entre prestations et activités de placement, le but général de la communication étant précisément « *la modernisation visant à améliorer leurs performances* [des SPE] ».

La caractéristique essentielle de ce texte est donc de faire référence au recours à des opérateurs externes en tant que pratique bien identifiable dans de nombreux pays de l'Union européenne et de replacer cette pratique dans une analyse beaucoup plus générale de la place des Services publics de l'emploi dans l'offre des services pour l'emploi. Si l'on suit cette analyse, l'externalisation (associée à des coopérations avec des organismes privés), le désengagement et la mise en concurrence sont des aspects d'un « *processus de modernisation* », orienté vers l'amélioration des performances, en réponse à une évolution inéluctable de l'environnement (attente des entreprises et des demandeurs d'emploi, montée de l'offre privée de services).

1.2. Évolutions des SPE et recours aux opérateurs externes

Les réunions régulières des Agences nationales de l'emploi au niveau communautaire font apparaître que, *a minima,* des orientations communes peuvent être identifiées dans la plupart des États membres, sous l'effet d'un impératif général de performance, même si elles ne sont pas partout portées par des stratégies explicites.

Quatre grandes tendances méritent d'être signalées :

– la reconnaissance de la nécessité d'adapter les services aux caractéristiques changeantes des marchés locaux ou régionaux du travail, de les rapprocher des usagers (demandeurs d'emploi, employeurs), d'ouvrir des possibilités d'individualisation du service. Dans plusieurs pays, cette justification a conduit à la décentralisation de la commande de services ;

– l'introduction de nouveaux modes de management par objectifs, en référence au « *new public management* ». À tous les niveaux, sont explicités les objectifs à atteindre, avec un mécanisme de contrôle et d'évaluation de la performance. Cette organisation suppose des systèmes d'information intégrés susceptibles d'alimenter les indicateurs de moyens et de résultats qui deviennent un élément essentiel de pilotage de l'action des services ;

– un accroissement du rôle des dispositifs partenariaux pour répondre à une double préoccupation, politique et managériale. Politiquement, le partenariat permet d'associer à la conception, à la gestion, au pilotage, à l'évaluation des dispositifs et des services les « parties prenantes ». D'un point de vue de management public, le partenariat permet d'augmenter efficacité et efficience. Les résultats du récent questionnaire relatif aux relations entre les SPE et les fournisseurs privés de services pour l'emploi, communiqués lors de la treizième réunion des chefs des Agences nationales de l'emploi, mettent en évidence toutefois le caractère encore fragile de ce processus [1] ;

– dans l'hypothèse d'une régression progressive du monopole public, la mise en concurrence des services publics et privés est enfin partout évoquée. Elle est étroitement circonscrite à la fonction de placement et elle est liée à la ratification de la convention n° 181 de l'OIT révisant le cadre d'action des « agences privées pour l'emploi » (agences de travail temporaire principalement). Cette dernière met fin à l'attitude restrictive adoptée jusque-là à l'égard de ces agences ; elle reconnaît le rôle positif joué par celles-ci sur le marché du travail et libéralise leurs conditions d'action « *dans le respect de la protection des salariés*

1. *Athènes, 12 juin 2003. Extrait du rapport* : « L'enquête réalisée parmi les SPE de l'Union européenne ne donne certes pas l'impression d'un mouvement rapide et général vers des relations étroites (...). Une certaine tendance dans cette direction semble indubitable. »

recourant à leurs services [1] ». Un projet de directive communautaire relative aux conditions d'intervention sur le marché des agences de travail temporaire est en cours d'examen au Parlement européen.

L'adoption de ces orientations par les pays de l'Union européenne ne signifie pas pour autant qu'est en train de s'instaurer un modèle uniforme d'organisation de la mise en œuvre de la politique active de l'emploi, avec des formes de relations entre le SPE et les opérateurs privés identiques d'un pays à l'autre. Le fonctionnement du marché du travail, la nature des problèmes rencontrés, l'histoire institutionnelle de chaque pays, de même que l'appréciation portée par les gouvernements sur le fonctionnement antérieur de leur Service public de l'emploi sont autant d'éléments qui peuvent expliquer des différences profondes dans les options retenues.

Les conclusions du rapport remis à Athènes sur le thème de l'externalisation indiquent ainsi « *qu'il semble y avoir une tendance croissante à l'externalisation* [2] », mais que trois des quinze pays ayant répondu à l'enquête (Suède, Irlande, Luxembourg) n'ont développé aucune pratique en ce sens. Pour les autres pays, le rapport distingue trois modalités d'externalisation :

- les SPE détiennent le budget et sous-traitent des activités qu'ils pourraient réaliser eux-mêmes ;
- les budgets sont détenus par d'autres (services du ministère en charge de l'Emploi, collectivités territoriales, agences de Sécurité sociale, etc.) La sous-traitance peut avoir trait à des missions pour lesquelles les SPE sont mis en concurrence sur le marché ou à des missions exclusivement confiées à d'autres, alors qu'elles revenaient précédemment aux SPE ;

---

1. *D'après le rapport remis à cette même réunion d'Athènes* : « À ce jour, six pays de l'Union européenne ont ratifié la convention 181 : la Finlande, l'Italie, l'Espagne, les Pays-Bas, l'Autriche et le Portugal. D'autres sont encore engagés dans des procédures préparatoires mais mentionnent une intention positive. Seule la Suède a pris une décision négative concernant la convention parce que les tâches changeraient dans une direction qui n'est pas conforme à sa mission. »
2. *Page 12 du document déjà cité.*

- l'externalisation est guidée par la demande. Ce n'est pas le détenteur du budget, mais le client, en utilisant un bon/crédits, qui décide de celui qui fournira le service [1].

La première modalité est, de loin, la plus répandue. Mais les sommes qui semblent lui être consacrées dans la plupart des pays (les données financières sont souvent mal connues) n'excèdent pas, et sont même parfois bien inférieures, relativement à l'importance du chômage, à celles qui sont utilisées par l'ANPE pour financer des opérateurs externes [2]. Par ailleurs, des différences apparaissent dans les formes de relations entre les SPE et les opérateurs privés, qui peuvent porter sur des points tout à fait déterminants : la nature des actions externalisées, les types de publics concernés et le mode d'affectation des publics auprès des opérateurs, les procédures de sélection des opérateurs (niveau géographique, modes d'habilitation, possibilités pour les usagers de choisir leur opérateur...), les règles de leur rémunération.

Pour mieux percevoir l'intérêt éventuel de faire du recours aux opérateurs externes un élément central des pratiques gouvernementales en vue d'améliorer l'efficacité et l'efficience de la politique active de l'emploi, l'instance d'évaluation a fait porter plus particulièrement son analyse sur les quelques pays qui, en Europe, semblent avoir été le plus loin dans cette voie, en utilisant aussi les deux autres modalités d'externalisation : mission complètement confiée à d'autres opérateurs par les services du ministère en charge de l'Emploi ou par d'autres institutions, ou bien mise en concurrence du SPE avec d'autres opérateurs ; externalisation guidée par la demande.

Les réformes récentes introduites aux Pays-Bas, au Royaume-Uni et en Allemagne paraissent illustrer le mieux cette orientation en Europe [3].

---

1. Si l'on prend le cas de la France, la première modalité correspond à la sous-traitance de l'ANPE, la seconde correspond, par exemple, aux conventions de cellule de reclassement ou à l'action de l'AGEFIPH pour les travailleurs handicapés, la troisième aux modalités de recours aux opérateurs externes pour l'appui-conseil aux entreprises.

2. Aussi, le rapport cite-t-il l'ANPE comme un SPE national « faisant grand usage de l'externalisation » *(page 8 du document).*

3. L'instance d'évaluation tient à remercier tout particulièrement M. Herbillon qui a réalisé pour elle les trois études portant sur les réformes du Service public de l'emploi dans ces trois pays, ainsi que la Direction générale de l'ANPE, pour

L'Australie a fait, par ailleurs, l'objet de nombreuses études car c'est dans ce pays que les transformations ont été les plus radicales, avec une mise en œuvre de la politique active de l'emploi entièrement confiée au secteur privé.

2. Les Pays-Bas [1]

L'organisation actuelle de la politique de l'emploi aux Pays-Bas est le fruit des profondes réformes qui se sont succédé depuis une dizaine d'années. Elle répond à la volonté de respecter plusieurs principes :

- rapprocher la protection sociale et la politique de l'emploi, conformément à une logique d'« activation ». Les institutions publiques qui supportent la charge financière des allocations versées aux personnes sans emploi (demandeurs d'emploi relevant de l'assurance chômage, bénéficiaires d'une pension d'invalidité ou du revenu minimum d'existence) doivent avoir la responsabilité de leur reclassement professionnel [2]. Il en va de même pour les entreprises qui souhaitent se séparer de salariés considérés comme invalides [3] ;

- bien distinguer le partage des tâches et des responsabilités entre les institutions publiques et le secteur privé ;

---

laquelle il travaille dans le cadre d'une convention CIFRE, qui a accepté qu'il réalise ce travail gracieusement.

1. Pour rédiger le texte sur les Pays-Bas, l'instance d'évaluation s'est appuyée principalement sur le rapport demandé à M. Herbillon, mais aussi sur le texte suivant : Sol (E.), « Government Governance and Beyond », Managing Decentralisation : A New Role for Labour Market Policy, *publication de l'OCDE, 2003.*

2. La politique active de l'emploi se confond aujourd'hui aux Pays-Bas avec la politique de réintégration professionnelle, terme le plus couramment employé pour la désigner. En novembre 2002, les Pays-Bas comptaient environ 320 000 bénéficiaires du revenu minimum d'existence, près de 200 000 bénéficiaires de l'assurance chômage, plus de 900 000 personnes dans le régime d'invalidité.

3. Suite à la réforme du régime d'invalidité, le niveau de cotisation des entreprises varie sensiblement en fonction de l'intensité de leur recours au dispositif public d'invalidité. L'employeur a également l'obligation de financer des actions de reclassement professionnel pour les salariés ayant fait des demandes de prestation invalidité.

- dégager les moyens nécessaires pour mettre en œuvre une politique ambitieuse d'aide à la réintégration professionnelle et pour assurer aux personnes sans emploi des ressources financières relativement élevées. En 2000, d'après les chiffres standardisés de l'OCDE, les Pays-Bas consacraient 1,57 % de leur PIB à la politique du marché du travail, soit plus que la France (1,36 %), l'Allemagne (1,23 %) ou même le Danemark (1,54 %). On constate toutefois une tendance récente à la baisse des allocations versées par le système de protection sociale, alors que les crédits consacrés à la politique active de réintégration ont été nettement augmentés.

2.1. Les missions du Service public de l'emploi

L'application de ces principes a conduit à la mise en place en janvier 2002 d'une nouvelle « structure intégrée de mise en œuvre de l'emploi et des revenus » (SUWI), avec la création d'un guichet unique pour l'emploi et les revenus sur chaque espace territorial (131 CWI au total) dépendant d'une agence administrative nationale placée sous la tutelle du ministère des Affaires sociales et de l'Emploi. Cette agence, qui constitue le Service public de l'emploi et des revenus, a des missions qui, par de nombreux aspects, sont équivalentes à celles de l'ANPE en France : interlocutrice unique des demandeurs d'emploi, elle assure la gestion de la liste de ces demandeurs d'emploi, la collecte et la gestion des offres d'emploi, le placement, la collecte et la diffusion de l'information sur le marché du travail, les fonctions de conseil aux demandeurs d'emploi et aux employeurs.

Les missions des CWI se distinguent toutefois de celles de l'ANPE sur trois points essentiels :

- conformément à sa fonction de guichet unique de l'emploi et des revenus, le CWI a la charge de constituer le dossier de demande d'allocation, quel que soit le type d'allocation demandé, de procéder aux vérifications nécessaires et de le transmettre à l'institution gestionnaire de ces allocations ;

- le CWI n'intervient pas dans la définition du contenu et dans la mise en œuvre des « parcours de réintégration » destinés aux personnes en difficulté sur le marché du travail. Cette fonction faisait partie des missions du SPE auparavant. Avec la réforme, les services du SPE qui l'assuraient (environ 60 % du budget temps de l'ancien SPE) ont été regroupés dans une nouvelle structure, une société anonyme dont le seul actionnaire est, pour l'instant, l'État néerlandais ;

- le CWI s'est vu, en revanche, confier un rôle essentiel de détermination de la catégorie de « distance au marché du travail » dans laquelle le demandeur d'emploi doit être classé, en fonction des résultats des procédures de profilage auxquelles il est systématiquement soumis au moment de l'inscription, puis périodiquement s'il reste sans emploi. En fonction du résultat, et indépendamment du type d'allocation qu'il reçoit, le demandeur d'emploi est pris en charge directement par le CWI si sa « distance à l'emploi » est jugée faible (ce qui est le cas pour les deux tiers des demandeurs d'emploi environ). Il reçoit alors les services « standard » que celui-ci a pour mission de lui fournir : mise en relation, conseils, prestations ponctuelles. Sinon, il reçoit du CWI un « avis de réintégration » et son dossier est transmis à l'institution gérant l'allocation à laquelle il a droit, avec les conclusions de la procédure de profilage.

2.2. Un rôle majeur pour les institutions versant les allocations

Pour les personnes dont la distance à l'emploi est jugée importante, les institutions allocatrices ont donc la charge de piloter le processus de retour à l'emploi. L'Agence d'assurance chômage et invalidité (UWV) finance ainsi 75 000 parcours de réintégration par an pour les allocataires de l'assurance chômage et pour ceux du régime d'invalidité dont la responsabilité de la réintégration ne revient pas à leur ancienne entreprise. Il est à noter que cette agence est sous la tutelle du ministère des Affaires sociales et de l'Emploi, alors que dans les années quatre-vingt-dix le régime était administré par une instance tripartite, avec un rôle dominant des partenaires sociaux, qui sous-traitait la gestion des allocations à des agences privées d'exécution mises en concurrence. Il y a donc eu un retour des régimes d'assurance dans la sphère de l'État après que les évaluations eurent conclu que l'organisation précédente avait conduit à faire supporter largement par les régimes d'assurance, et en particulier par le régime d'invalidité, les coûts des ajustement économiques auxquels étaient confrontées les entreprises.

Les communes ont, elles, la charge du pilotage des actions de réintégration pour les bénéficiaires du revenu minimum et pour ceux qui n'ont droit à aucune allocation. Elles financent un nombre équivalent de parcours d'intégration (environ 75 000).

La définition du contenu de ces parcours repose sur un référent. Appartenant en général aux institutions gérant les allocations (mais la fonction est parfois externalisée par les communes), celui-ci a un rôle essentiel : interlocuteur unique du demandeur d'emploi, il doit lui faire partager son diagnostic et sa vision du processus de réintégration, et définir avec lui le parcours de réintégration et les moyens à mobiliser, puis acheter les prestations correspondantes auprès des opérateurs qui ont été retenus à la suite des procédures d'appel d'offres. Il doit veiller à ce que le demandeur d'emploi respecte les engagements définis dans le contrat qu'il a signé, ajuster le parcours s'il y a lieu, piloter les relations contractuelles avec les prestataires de services et donner son visa pour leur rémunération en fonction de l'atteinte des objectifs.

Le recours aux opérateurs externes concerne donc la phase de mise en œuvre des prestations de réintégration. L'UWV a l'obligation de faire appel à eux pour toutes les prestations à assurer ; les communes sont fortement encouragées à le faire, mais peuvent aussi recourir à leurs structures propres de réintégration.

Les procédures d'attribution reposent sur la passation de marchés publics. Pour l'UWV, celles-ci sont définies très précisément : répartition des parcours de réintégration en lots (catégories de publics, secteurs d'activité, grandes régions) et procédures publiques d'appel d'offres, conformément aux règles néerlandaises et aux directives communautaires de mise en concurrence des marchés publics.

Les premiers éléments d'analyse de cette procédure mise en place en 2000 ont montré que le prix proposé n'était pas un critère de choix essentiel, celui-ci étant plutôt guidé par les résultats obtenus précédemment par les candidats. Les procédures très formalisées mises en place à l'origine ont toutefois favorisé les gros opérateurs. Les pouvoirs publics ont donc cherché à modifier certaines règles de ces procédures afin de faire une place plus importante aux petits opérateurs situés sur des niches très spécialisées du marché, ainsi qu'aux nouveaux opérateurs. Pour répondre à cet objectif, la taille des lots a été réduite, la périodicité des appels d'offres a été augmentée et la sous-traitance a été encouragée, de même que les alliances entre les opérateurs. Surtout, 20 % des parcours de réintégration sont maintenant attribués en dehors de la procédure d'appel d'offres pour favoriser les démarches innovantes et répondre à des besoins spécifiques. D'autre part, plusieurs organismes de réintégration sont retenus pour chaque lot afin de laisser aux bénéficiaires la possibilité de choisir leur prestataire.

2.3. Le fonctionnement du marché de l'offre de services

Le marché de la réintégration (plusieurs centaines de millions d'euros chaque année) est principalement constitué des commandes de l'UWV et des communes, mais il est alimenté aussi par les commandes des entreprises pour leurs salariés et par celles des sociétés de réassurance auxquelles les entreprises s'adressent pour gérer leurs obligations. L'expérience menée en 2002 d'attribuer un budget individuel de réintégration à des bénéficiaires de l'allocation d'invalidité introduit une nouvelle catégorie de donneur d'ordre sur ce marché : les bénéficiaires eux-mêmes.

Début 2002, plus de 600 organismes de réintégration étaient enregistrés dans le fichier central mis en place par les pouvoirs publics néerlandais. La moitié l'était depuis moins de trois ans. La plupart des organismes proposent, outre un accompagnement professionnel, un accompagnement d'ordre médical et un suivi social. Il y a peu de très petites entreprises, la plupart sont des PME de moins de 100 salariés, mais quelques gros organismes captent une part importante du marché. Un quart des organismes opère au plan national, les autres n'interviennent qu'au niveau régional ou local. Beaucoup développent, comme en France, d'autres activités : formation, intérim, action sociale, action médicale ou paramédicale, divers types de services marchands. Le marché, en forte croissance ces dernières années, est encore loin d'être stabilisé. On constate encore de nombreuses entrées, de même que des fusions et d'importants mouvements de spécialisation par « niche » (publics, commanditaires, types de services).

Une différence majeure avec la logique d'action en France tient à ce que les prestataires sont payés en fonction des résultats qu'ils obtiennent et non en fonction du volume d'activité qui leur est attribué. Un parcours est considéré comme réussi si le demandeur d'emploi obtient un emploi à durée indéterminée ou d'une durée égale à au moins six mois. Les modalités de rémunération de l'opérateur acquièrent alors une importance majeure pour le bon fonctionnement du système. Il faut trouver un juste équilibre entre des conditions de paiement trop généreuses (au détriment des finances publiques) et des conditions trop dures entraînant des faillites ou des retraits des opérateurs hors du marché. Il faut donc prendre en compte l'état du marché du travail et les catégories de publics auprès desquelles il mène son action. Il faut éviter également qu'il ne concentre son action sur les personnes dont la distance à l'emploi lui paraît la moins grande (effet d'« écrémage »), ce qui serait contraire aux objectifs de la politique publique.

Pour faire face à ces risques, les pouvoirs publics ont choisi en premier lieu de ne pas laisser de possibilités de sélection aux prestataires, tenus d'accepter les personnes qui leur sont adressées par les référents ou qui décident de s'adresser à eux. Ils ont par ailleurs expérimenté diverses modalités de rémunération afin de repérer celles qui paraissent les plus efficientes. On peut, par exemple, avoir une forme de rémunération associant plusieurs types de paiement :

- un paiement proportionnel au nombre de personnes adressées à l'opérateur, indépendant du résultat obtenu ;

- un paiement supplémentaire pour chaque personne pour laquelle la réintégration a été obtenue ;

- un bonus si, au total, l'opérateur a réussi à placer une certaine proportion de l'ensemble des personnes qui lui avaient été adressées (60 % par exemple).

On peut aussi avoir des niveaux de paiement différents suivant l'importance de la « distance à l'emploi » des personnes adressées à l'opérateur, telle qu'elle a été diagnostiquée par le CWI et le référent avant l'entrée dans le parcours de réintégration.

Dans tous les cas, la détermination d'un juste niveau de rémunération des opérateurs suppose que les pouvoirs publics disposent d'une évaluation assez fiable des chances de retour à l'emploi. Sur ce point, les évaluations récentes relatives à la capacité des procédures de profilage de prédire les chances de retour à l'emploi des chômeurs ne sont guère prometteuses. Il y a bien une corrélation significative entre le classement établi par la procédure de profilage du CWI et la durée moyenne de chômage mais il existe d'importantes marges d'erreurs. Ainsi, plus du tiers des demandeurs d'emploi censés retrouver du travail dans les six mois sans avoir besoin d'un parcours de réintégration sont toujours au chômage au bout de ce délai. On observe aussi que beaucoup de référents ne s'appuient pas sur le diagnostic établi par le CWI et pratiquent leur propre profilage.

Ce dernier exemple illustre les difficultés de coordination qui peuvent survenir entre les principales institutions intervenant dans la politique de réintégration : CWI, UWV et communes. Pour tenter de les surmonter, des plates-formes régionales pour la politique du marché du travail (25 à 30 devraient être créées) sont appelées à assurer la coordination territoriale de l'action en favorisant la coopération entre l'ensemble des acteurs qui concourent à la définition et à la mise en œuvre de la politique régionale de réintégration. L'initiative de leur création et leur animation reviennent aux communes-centres des régions, signe du renforcement de leur influence dans la définition des stratégies de réintégration [1]. À été créé par ailleurs un Conseil national pour l'emploi et les revenus composé de représentants des partenaires sociaux et des communes ; il s'agit d'une instance consultative formulant des avis sur la politique de réintégration et jouant un rôle central en matière de diffusion de l'information sur le marché de la réintégration professionnelle. Enfin, le gouvernement néerlandais a incité au regroupement dans un même lieu – les plates-formes locales de services pour l'emploi et les revenus – des services de ces institutions ainsi que des antennes des entreprises de réintégration, des entreprises de travail temporaire et des organismes de formation.

---

1. Le poids des communes est d'autant plus grand qu'elles sont aujourd'hui gestionnaires de l'ensemble des dispositifs d'emplois aidés dans le secteur non marchand qui disposent de moyens très importants.

3. Le Royaume-Uni [1]

3.1. La prééminence de la logique d'activation

Le Service public de l'emploi [2] est l'acteur central de la mise en œuvre de la politique de l'emploi au Royaume-Uni. Le maintien de cette fonction au sein du service public s'explique largement par la volonté, réaffirmée par les gouvernements successifs, d'établir un lien très étroit entre la politique de l'emploi et la délivrance des allocations pour les personnes d'âge actif, dans une logique d'activation visant à assurer, en référence au principe du « *Welfare to Work* [3]», une prééminence constante à la recherche d'emploi par rapport au maintien dans un régime d'assistance.

Cette orientation s'est notamment traduite en 2001 par une profonde réforme de l'organisation des départements ministériels. Le *Department for Education and Employment* et le *Department for Social Security* ont été réorganisés en deux nouveaux ministères : le *Department for Education and Skills* (en charge de la politique de formation initiale et continue) et le *Department for Work and Pensions* (responsable de l'intervention sur le marché du travail et des régimes d'indemnisation).

Au niveau opérationnel, le *JobCentre Plus* est né en 2002 de la fusion de l'*Employment Service* (1 100 agences, 32 000 salariés) et de la *Benefit Agency* (500 agences et 60 000 salariés). Ce guichet unique concerne non seulement les bénéficiaires de prestations de chômage, mais aussi les personnes bénéficiant des allocations de parent isolé, de handicapé ou de malade chronique, dans le cadre d'une stratégie d'« activation renforcée » concernant toutes les personnes en âge de travailler.

---

1. *Pour rédiger le texte sur le Royaume-Uni, l'instance d'évaluation s'est appuyée principalement sur le rapport demandé à M. Herbillon. Elle a également utilisé le texte suivant :* Finn (D.), *Joining up Welfare and Work – Welfare Reform and the Role of « Public Private Partnership » in Australia and Britain,* Document de travail, *université de Portsmouth, 2002.*
2. *Comme pour les Pays-Bas, le terme « Service public de l'emploi » désigne dans cette présentation l'équivalent fontionnel de l'ANPE en France :* « the Employment Service » , *dénommé aujourd'hui* « JobCentre Plus ».
3. Cf. *Barbier (J.-C.),* Les mesures d'aide aux emplois du secteur non marchand : une analyse comparative européenne, *Commissariat général du Plan, 2002.*

Le montant des crédits mobilisés pour la politique active de l'emploi, regroupés pour la plupart dans le programme New Deal, est loin d'être négligeable. Il reste néanmoins bien inférieur aux crédits consacrés à la politique de l'emploi en France, aux Pays-Bas ou en Allemagne. Il n'existe pratiquement pas, en effet, de mesures d'aide à l'emploi dans le secteur non marchand ou d'incitation à l'embauche dans le secteur marchand, alors que ce type de mesures représente dans beaucoup de pays une part importante des dépenses de politique active de l'emploi. Une large proportion de ces dépenses est consacrée au Royaume-Uni au fonctionnement du service de l'emploi et à la délivrance de prestations, souvent de courte durée, pour les personnes sans emploi.

Dans ce contexte, les relations entre, d'une part, le département ministériel et le Service public de l'emploi et, d'autre part, les opérateurs externes relèvent de deux modèles d'action de nature très différente.

3.2. La sous-traitance par le Service public de l'emploi

Le premier modèle s'apparente, par de nombreux aspects, à la situation observée en France au cours de ces dernières années. À la suite de la suppression en 1987 de l'organisation tripartite (*Manpower Services Commission*) qui, depuis sa création en 1974, avait joué un rôle croissant dans la mise en œuvre des programmes de politique active d'emploi, le service public de l'emploi fut reconstitué sous la forme d'une agence (*Executive Agency*) dont la stratégie d'action devait être orientée par une recherche constante de gains d'efficacité et d'efficience. Dans le cadre de relations contractuelles avec le gouvernement, détaillant ses objectifs et les résultats à atteindre, le Service public de l'emploi a disposé d'une large autonomie pour définir les modalités de son action et la manière dont il souhaitait mobiliser les opérateurs privés. Soumis à l'obligation d'accroître chaque année son efficience, le Service public de l'emploi a confié de plus en plus la mise en œuvre des programmes à des opérateurs très divers : entreprises privées, organismes à but non lucratif, services de collectivités locales, autres organismes publics. Aussi, avant même la création du *New Deal*, le Service public de l'emploi n'assurait plus la mise en œuvre directe d'une bonne partie des prestations et cette situation s'est perpétuée depuis. Actuellement, plus de 6 000 contrats de prestations sont en cours. Ils ont été conclus avec plus de 1 000 opérateurs différents. Les trois quarts d'entre eux sont des entreprises commerciales. Toutefois, le choix de l'externalisation étant laissé au district, [1] la proportion et le type de services externalisés se révèlent très variables d'un territoire à un autre.

La sélection des prestataires se fait par appel d'offres au niveau des directions régionales du SPE pour chaque type de prestations à fournir (22 types pour la mise en œuvre du *New Deal*). Longtemps disparates, les procédures d'appel d'offres ont été uniformisées en 2001 et se déroulent en deux étapes : habilitation, puis choix des prestataires. Les niveaux de rémunération des opérateurs étant fixés dans d'étroites limites par le SPE, le prix n'est pas un critère de sélection. Sont pris en compte la capacité du candidat à coopérer avec d'autres prestataires, ses liens avec des réseaux d'employeurs, ses résultats antérieurs, les garanties offertes en termes de qualité et de continuité du service.

Les opérateurs se doivent d'accepter les personnes qui leur sont adressées par le SPE. Leur rémunération finale est fonction du nombre de participants et de l'atteinte des divers résultats stipulés dans le cahier des charges de leur contrat.

Les procédures de mise en concurrence et la rémunération au résultat ne signifient pas que le Service public de l'emploi ait cherché à instaurer des relations purement marchandes de sous-traitance avec les prestataires. Le souci de construire des partenariats locaux est présent depuis longtemps. Il se traduit plus particulièrement dans le *New Deal* par diverses expérimentations :

- création de dispositifs de soutien méthodologique et adoption de procédures plus souples de rémunération pour les organismes nouveaux ou spécialisés dans l'appui à des publics très marginalisés (organismes à but non lucratif en particulier) ;

- appels d'offres sur des ensembles intégrés de prestations, afin d'encourager les partenariats d'opérateurs au niveau local.

---

1. *Les agences locales sont regroupées au sein de 144 districts* (Unit of Delivery). *Ceux-ci fonctionnent sous la responsabilité d'une direction régionale (7 en Angleterre, 1 en Écosse et 1 au Pays-de-Galles).*

3.3. Les opérateurs externes responsables de la mise en œuvre des programmes dans certains territoires

Le second modèle de recours aux opérateurs externes est très différent. Le *Department for Work and Pensions (DWP)* a décidé de confier dans certains territoires la mise en œuvre d'une partie des programmes de la politique active de l'emploi à des opérateurs privés, sans que le SPE y participe. Cette décision s'est traduite par trois types de dispositifs :

1) Dans douze districts, les deux programmes les plus importants du *New Deal* sont réalisés par de grandes entreprises. Celles-ci doivent respecter l'ensemble des procédures très précises qui ont été définies pour la mise en œuvre du programme. Les entreprises choisies (une par district) appartiennent aux secteurs de l'intérim et de la formation professionnelle, ou sont spécialisées dans les actions d'intégration professionnelle des demandeurs d'emploi.

2) Une expérimentation plus radicale, dénommée *Employment Zones,* a été lancée en 2000 dans quinze territoires connaissant une situation de l'emploi particulièrement mauvaise. Les opérateurs ont été sélectionnés à la suite d'un appel d'offres national organisé par le DWP. Quelques consortiums d'opérateurs locaux ont été retenus, mais un seul opérateur a obtenu la mise en œuvre du programme dans neuf des quinze zones. Il s'agit de *Working Links*, organisme qui symbolise la coopération étroite entre secteur privé et secteur public à laquelle aspire le gouvernement britannique. Il s'agit d'un consortium public/privé, né d'un partenariat entre *JobCentre Plus* et deux grandes entreprises de travail temporaire et de conseil. *Working Links* a connu une croissance rapide. Il fait aujourd'hui figure de leader sur le marché de la réintégration professionnelle et emploie 700 personnes dont 40 % de salariés détachés de *JobCentre Plus* qui bénéficient dans cet organisme d'un salaire plus élevé et de meilleures conditions de travail.

   Le programme *Employment Zones* remplace, dans les territoires concernés, le *New Deal* pour les chômeurs de longue durée. Le SPE n'y participe pas et les personnes éligibles sont directement orientées vers l'opérateur concessionnaire de zone qui ne peut refuser de les prendre en charge [1]. Celui-ci dispose d'une certaine liberté dans la conception de son action, mais il doit respecter un découpage en trois phases : bilan/orientation (treize semaines au plus) ; recherche d'emploi et mise en œuvre des autres prestations (vingt-six semaines au plus) ; suivi dans l'emploi (treize semaines).

L'originalité de l'expérimentation apparaît principalement lors de la seconde phase. L'opérateur reçoit pour la réaliser un montant financier qui correspond à une partie seulement (80 %) du niveau moyen des allocations versées à un demandeur d'emploi durant vingt-six semaines. Avec cette somme, il doit verser à ce dernier le montant des allocations auquel il a droit et déterminer avec lui quelles prestations méritent d'être achetées afin d'accélérer le retour à l'emploi.

Plus de la moitié de la rémunération à laquelle peut prétendre l'opérateur est liée à la réussite du placement : un emploi durant au moins treize semaines, avec un temps de travail hebdomadaire d'au moins seize heures.

3) Les opérateurs externes pilotent la mise en œuvre d'un troisième type de dispositif – *Action Team for Jobs* – dans une partie des quartiers en grande difficulté où celui-ci est déployé. Fondé sur des principes d'innovation, d'étroite collaboration entre le secteur associatif et le secteur privé, et bénéficiant d'une grande souplesse de mise en œuvre, ce dispositif vise à préparer des individus connaissant souvent de graves problèmes médico-sociaux, pour les faire accéder à des emplois de proximité dans des entreprises locales confrontées à des difficultés de recrutement.

   Les procédures et les critères de sélection sont identiques à ceux utilisés pour choisir les opérateurs des *Employment Zones* et les organismes sélectionnés sont souvent les mêmes. Les modalités de rémunération des opérateurs reposent largement sur les résultats obtenus en termes de retour à l'emploi. Toutefois, pour favoriser l'entrée sur ce marché d'opérateurs nouveaux et innovants, une subvention importante est versée à l'opérateur lorsqu'il obtient son premier contrat au titre du programme.

1. Durant toute la durée du programme, l'opérateur est responsable du contrôle de la recherche d'emploi. En cas de non-recherche, il doit le signaler au Service public de l'emploi qui reste seul habilité pour prendre d'éventuelles sanctions.

Les éléments d'évaluation disponibles ne permettent que des conclusions prudentes. Les résultats obtenus par les opérateurs privés dans les districts où ils ont la responsabilité de la mise en œuvre du *New Deal* sont équivalents, en termes d'efficience (coût par bénéficiaire accédant à un emploi), à ceux obtenus par le SPE dans les autres districts. Toutes choses égales par ailleurs, les participants au programme des *Employment Zones* semblent toutefois avoir de meilleures chances d'obtenir un emploi et de le conserver que les participants au *New Deal*.

D'un point de vue plus qualitatif, il est sûr que l'introduction des opérateurs externes a permis l'émergence de pratiques innovantes, a accéléré l'assouplissement des modalités de mise en œuvre des programmes, a favorisé une meilleure transparence dans la définition des objectifs et dans l'affectation des moyens. Elle a permis aussi, au moins dans une partie des zones, d'améliorer l'efficacité des services offerts à certaines catégories de publics. Mais il semble qu'on n'ait pas pu éviter jusqu'à présent que les opérateurs commerciaux concentrent leur action sur les personnes les plus proches de l'emploi, d'où des inégalités de traitement au détriment de ceux qui connaissent les difficultés les plus lourdes. Il apparaît enfin que dans les *Employment Zones*, les opérateurs privilégient la fourniture de prestations courtes et hésitent à financer les prestations plus longues et plus coûteuses (un stage de formation qualifiant par exemple) qui pourraient pourtant faciliter à moyen terme une stabilisation dans l'emploi.

4. L'Allemagne

Jusqu'à une date très récente, les opérateurs externes n'ont occupé qu'une place modeste dans la mise en œuvre de la politique active de l'emploi. S'ils étaient sollicités par les communes pour des actions d'appui à l'intégration professionnelle des bénéficiaires de minima sociaux dont ces dernières ont la charge, ils ne l'étaient guère par l'acteur central sur le marché du travail : le *Bundesanstalt für Arbeit (BA)*. Cet organisme, géré par les partenaires sociaux et au conseil d'administration tripartite, réunit en une seule institution les fonctions de placement, de définition et de mise en œuvre de la politique active de l'emploi, de collecte des cotisations sociales, de versement des indemnités de chômage et des allocations familiales. Ses moyens internes (90 000 personnes, dont 24 000 affectées à la fonction de placement) se sont toutefois progressivement révélés insuffisants pour piloter efficacement une politique active de l'emploi disposant d'un budget important [1] et pour faire face à la montée du chômage qu'a connue l'Allemagne dans les années quatre-vingt-dix.

Une première réforme, la loi *Job-Activ*, est entrée en vigueur en janvier 2002 en vue de renouveler les processus d'accompagnement et d'aide au reclassement des demandeurs d'emploi. Peu après, la vive controverse sur l'efficacité du BA, déclenchée par la publication d'un rapport très critique de la Cour fédérale des comptes allemande, a débouché dès décembre 2002 sur l'introduction d'une plus grande flexibilité dans le fonctionnement du marché du travail et sur une réorganisation du service public de l'emploi, à la suite des propositions de la Commission de « sages » présidée par Peter Hartz [2].

Ces réformes concernent tout d'abord le fonctionnement interne du BA. À l'exemple de ce qui se pratique dans la plupart des pays de l'Union européenne et notamment en France, elles visent à y introduire une « culture du résultat » : contractualisation avec l'État sur des résultats à atteindre ; management par objectifs avec une responsabilisation et une autonomie accrues des agents ; mise en place d'une « logique client » ; segmentation des publics pour leur offrir un service mieux adapté à leurs besoins ; renforcement du contrôle de gestion ; refonte du système d'information.

La création envisagée d'un guichet unique, le « *Job Center* », pour les demandeurs d'emploi et pour les bénéficiaires de l'aide sociale vise, quant à elle, à remédier aux difficultés de coordination entre le BA et les communes qui avaient été observées au cours de ces dernières années dans la mise en œuvre des actions en direction des publics en difficulté.

---

1. En 2001, le montant des crédits consacrés aux mesures de politique active de l'emploi dépassait 15 milliards d'euros. Un peu plus de la moitié de ces crédits était consacrée à la formation des demandeurs d'emploi, le reste des dépenses se partageant entre les incitations à l'embauche dans les entreprises, l'aide à la création d'entreprises, les emplois d'insertion dans le secteur non marchand, les fonds en faveur des Länder de l'Est.

2. DRH de l'entreprise Volkswagen.

Le recours sensiblement accru aux opérateurs externes est un autre volet essentiel de ces réformes qui s'est déjà concrétisé par trois types de décisions [1] :

- un appel beaucoup plus systématique à la sous-traitance pour la mise en œuvre de l'ensemble des prestations de la politique active de l'emploi ;
- la création de « bons de placement » mis à disposition des demandeurs d'emploi remplissant certaines conditions ;
- la création d'une nouvelle structure devant favoriser l'accès à l'emploi en entreprise : la *Personal Service Agenturen* (Agence de service en personnel).

4.1. Le développement de la sous-traitance

Le recours à la sous-traitance n'est pas une pratique nouvelle pour le BA, mais elle était restée d'une ampleur très limitée jusqu'à l'entrée en vigueur de la loi *Jöb-Activ,* n'étant utilisée par les services qu'au coup par coup, pour la réalisation de prestations de courte durée. Les évolutions enclenchées en 2002 sont très substantielles sur trois points :

- la sous-traitance ne concerne plus seulement des prestations de services ponctuelles. Elle s'élargit à des prestations globales : accompagnement vers l'emploi, placement, suivi éventuel dans l'emploi. Elle ne s'étend toutefois pas au contrôle de la recherche d'emploi ni au versement des allocations ;
- les services du BA doivent désormais envisager systématiquement la possibilité d'une sous-traitance de ces prestations globales pour certains demandeurs d'emploi ou certains groupes-cibles ;
- tout demandeur d'emploi inscrit depuis au moins six mois au chômage dispose d'un droit au service d'un tiers financé par le BA. S'il l'exerce, c'est toutefois le BA qui désigne le prestataire et définit le contenu des services à assurer.

---

1. Une autre décision importante – la réforme du système de formation pour les demandeurs d'emploi, avec l'introduction de bons de formation – n'est pas évoquée ici car elle ne fait pas partie du champ de cette évaluation.

Il en est résulté dès 2002 une très nette augmentation du volume de la sous-traitance (174 M€) et le plafond prévu pour 2003 est deux fois plus important (362 M€) [1].

La mise en œuvre de ces orientations reste de la compétence des services locaux du BA qui disposent d'une large autonomie dans la définition des services à externaliser et dans la sélection des opérateurs. Celle-ci fait en général l'objet de marchés négociés (le service local devant motiver sa décision) et rarement de procédures d'appel d'offres. La rémunération des opérateurs dépend du volume d'activités qui leur est confié pour les prestations ponctuelles, mais elle est largement fonction du résultat pour les prestations globales d'accompagnement au reclassement. Le niveau de la rémunération est fixé par les services locaux après négociation avec les opérateurs, dans les limites d'un plafond défini au niveau national. Il peut varier sensiblement d'un territoire à l'autre, contrairement à la situation observée en France et au Royaume-Uni. On peut noter que le marché de la sous-traitance est mal connu au niveau national. On sait néanmoins que le spectre des opérateurs est très large : des associations caritatives aux entreprises commerciales ; des petits organismes locaux aux grands opérateurs nationaux. Enfin, le système de contrôle qualité semble encore peu développé et il n'existe pas d'évaluation de l'efficience comparée de l'externalisation et de la réalisation en interne.

4.2. La création de bons de placement

Jusqu'au milieu des années quatre-vingt-dix, le BA avait réellement exercé un quasi-monopole du placement et la suppression officielle de ce monopole en 1994 n'avait pas entraîné d'arrivée massive d'opérateurs privés sur ce marché. La création en 2002 d'un droit à des bons de placement financés par le BA pour les demandeurs d'emploi inscrits au chômage depuis trois mois au moins et la liberté qui est laissée à ces derniers d'exercer ce droit en s'adressant à un (ou plusieurs) opérateurs de leur choix représente donc *a priori* une évolution majeure dans le fonctionnement du marché du travail.

L'opérateur n'est payé qu'au résultat. Il ne peut encaisser la première moitié de la somme correspondant au bon de placement qu'à l'entrée

---

1. Ces sommes restent toutefois proportionnellement inférieures à celles mobilisées par l'ANPE dans le cadre du PARE/PAP (cf. *chapitre 2).*

dans un emploi et la seconde moitié qu'après une période de six mois dans l'emploi.

La réussite de ce dispositif suppose que les demandeurs d'emploi puissent disposer des informations indispensables pour guider leur choix. Le BA commence à développer son système d'information en ce sens, sachant que ses agents doivent respecter un strict principe de neutralité et ne pas guider les choix des demandeurs d'emploi.

Il faut surtout que les demandeurs d'emploi prennent l'initiative d'exercer ce nouveau droit. À cet égard, la première année de mise en œuvre du dispositif fournit des indications mitigées. Si le nombre de bons retirés au BA n'est pas négligeable (330 000), les sommes payées à la suite d'un placement sont restées très en retrait des attentes initiales des promoteurs du système et ce dispositif semble avoir peu de chances, en l'état, d'occuper une place centrale dans la politique active de l'emploi. De nombreuses imperfections sont en effet rapidement apparues dans son fonctionnement, avec des risques importants d'effets d'aubaine et d'écrémage ou même d'utilisation abusive de ce dispositif par les opérateurs et les employeurs. Celles-ci découlent à la fois des conditions d'exercice de ce droit (l'opérateur peut refuser de travailler avec un demandeur d'emploi qu'il juge trop éloigné du marché du travail), des clauses de rémunération pouvant inciter à privilégier le placement sur des emplois très précaires, d'une insuffisante maîtrise du marché par le BA, liée à la rareté des informations qualitatives dont il dispose sur les opérateurs et sur leur offre de services.

4.3. Les agences de service en personnel (PSA)

La création des PSA correspond à la volonté du gouvernement allemand de réorienter les mesures de politique de l'emploi vers les dispositifs d'accès direct à l'entreprise alors que, par le passé, les stages de formation et les emplois d'insertion dans le secteur non marchand avaient été privilégiés.

Les PSA s'apparentent aux dispositifs d'insertion par l'activité économique existant en France, en particulier aux Groupements d'employeurs pour l'insertion et la qualification (GEIQ), tout en ayant des traits spécifiques. Dans un contexte marqué par le développement du travail temporaire, le dispositif vise à utiliser l'intérim afin de favoriser le placement durable de chômeurs connaissant des « risques de chômage moyens ». Les PSA sont des opérateurs indépendants qui, sur la base de contrats conclus avec les services locaux du BA, ont pour mission d'employer des demandeurs d'emploi sur des contrats de neuf à douze mois et de les mettre à disposition des entreprises dans le cadre de missions de travail temporaire. Les PSA doivent couvrir leurs charges salariales et de fonctionnement d'une part grâce aux sommes versées par les entreprises dans lesquelles les salariés des PSA sont mis à disposition, d'autre part grâce aux financements reçus du BA. Ceux-ci tiennent compte du nombre de salariés recrutés par le PSA mais aussi de la réussite de leur placement durable dans une autre entreprise.

L'originalité du dispositif allemand par rapport à la situation française tient principalement aux modalités de sa mise en œuvre. En France, l'insertion par l'activité économique s'est développée principalement grâce à des initiatives des réseaux associatifs qui ont été, au cours du temps, de plus en plus soutenues et encadrées par les pouvoirs publics (*cf.* chapitre 3). En Allemagne, les pouvoirs publics sont directement à l'origine de la création du dispositif et ils ont choisi une procédure d'appel d'offres ouverte à toutes les catégories d'organismes pour tenter d'atteindre rapidement leur objectif de diffusion des PSA sur l'ensemble du territoire et d'ouverture de 50 000 places.

5. L'Australie [1]

5.1. Une offre de services aux demandeurs d'emploi très largement privatisée

Le *Commonwealth Employment Service* (CES) était, jusqu'en 1998, la principale institution publique d'intervention sur le marché du travail. Il opérait dans un environnement déjà marqué par la place importante des opérateurs privés dans les activités de placement et de mise en œuvre des programmes pour l'emploi. Après sa suppression en 1998, les fonctions

1. La principale source d'information utilisée a été le rapport de la Productivity Commission, Independent Review of Job Network, Inquiry Report, *n° 21, 3 juin 2002, Australie. L'instance d'évaluation a également utilisé l'article suivant : Dockery (A.-M.), Stromback (T.), « Externalisation des services publics de l'emploi : évaluation préliminaire de l'expérience australienne »,* Revue internationale du Travail, *vol. 140, n° 4, 2001.*

toujours reconnues au Service public de l'emploi (inscription au chômage, réception des offres d'emploi, contrôle de la recherche d'emploi...) ont été confiées à une agence publique, *Centrelink*, chargée également de la gestion des allocations chômage et des prestations sociales.

Dans le nouveau système de mise en œuvre de la politique active de l'emploi, baptisé *Job Network*, cette agence conserve deux missions essentielles : la gestion d'une base de données nationale sur les offres d'emploi à laquelle peuvent avoir librement accès les demandeurs d'emploi, les entreprises et les prestataires de services ; le profilage des demandeurs d'emploi et l'orientation vers le niveau de services qui paraît leur convenir. En revanche, l'ensemble de la mise en œuvre des services aux demandeurs d'emploi est réalisée par des opérateurs privés [1] et le pilotage de *Job Network*, la définition des modes de contractualisation avec ces opérateurs, leur sélection, leur suivi et le contrôle de leur activité relèvent des services du ministère de l'Emploi [2].

Job Network entame aujourd'hui sa troisième période de fonctionnement et des modifications ont été apportées à son organisation à chaque période. Nous décrivons ici la seconde période du programme (février 2000-mars 2003). Le programme se décompose en trois niveaux de services, externalisés tous les trois :

- des activités d'appariement entre offres et demandes d'emploi, soit des fonctions de placement traditionnelles (320 000 bénéficiaires en 2001) ;
- des formations à la recherche d'emploi (techniques de recherche, motivation du chômeur) d'une durée de trois semaines consécutives pour les demandeurs d'emploi inscrits depuis trois mois au moins (75 000 bénéficiaires en 2001) ;
- des aides intensives sur une période de douze mois pour les demandeurs d'emploi dont *Centrelink* a considéré qu'ils étaient

1. *Lors de la création de* Job Network, *un organisme public constitué en société,* l'Employment National, *avait été créé pour suppléer aux opérateurs privés dans les territoires ou aucune autre offre de services n'avait été faite. Son activité, importante au début du programme, a été beaucoup plus limitée par la suite.*

2. Department of Employment, Workplace Relations and Small Business, *ou DEWRSB.*

exposés à de forts risques de chômage de longue durée (280 000 bénéficiaires en 2001). Le prestataire dispose d'une large autonomie pour définir le contenu des services à leur fournir.

450 millions d'euros ont été consacrés à ces trois niveaux de services ainsi qu'à des petits programmes complémentaires en 2001 [1]. Les aides intensives pour les chômeurs en difficulté ayant représenté à elles seules plus de 70 % de ce montant, notre analyse portera principalement sur ce type d'actions.

Conformément à son choix d'utiliser pleinement le marché pour améliorer l'efficience de la politique active de l'emploi, le gouvernement australien a défini des procédures permettant une mise en concurrence des opérateurs à deux niveaux :

- la sélection des prestataires admis à participer à la mise en œuvre du programme par les services du DEWRSB ;

- le choix des demandeurs d'emploi.

Par ailleurs, le système de rémunération devait inciter les opérateurs à obtenir des résultats conformes aux objectifs du gouvernement.

5.2. La sélection des prestataires

La sélection des opérateurs a été réalisée à la suite d'un appel d'offres lancé pour la réalisation des prestations sur l'ensemble de la période 2000-2003. Le DEWRSB avait découpé le territoire australien en marchés locaux de l'emploi (plus de 1 100 pour le programme d'aide intensive) et défini le volume des prestations à assurer sur chaque marché local. Les candidats pouvaient concourir sur tout ou partie de ces territoires, sachant qu'un même opérateur ne pourrait assurer plus de 50 % des prestations dans une même région (19 régions au total). La sélection s'est opérée principalement en fonction de la qualité des propositions et des références des candidats, mais le prix proposé a été également pris en compte, même s'il était considéré comme un critère de « second rang ».

---

1. Compte tenu du nombre de demandeurs d'emploi en Australie (630 000, dont 150 000 chômeurs de longue durée), ce montant est faible si on le compare aux dépenses de politique active de l'emploi en France (plus de 10 milliards d'euros pour un nombre de bénéficiaires potentiels quatre à cinq fois plus élevé).

Au total, 120 opérateurs ont été sélectionnés pour réaliser le programme. Chacun s'est vu fixer un plafond d'activité par zone où il avait été retenu ; inversement, il était assuré qu'un flux régulier de demandeurs d'emploi serait orienté vers ses services. La moitié environ des aides intensives à assurer ont été confiées à des entreprises privées, l'autre moitié à des organismes sans but lucratif.

5.3. Le choix des demandeurs d'emploi

Chaque fois que cela s'est avéré possible, plusieurs opérateurs ont été sélectionnés par zone pour permettre aux demandeurs d'emploi d'exercer leur choix. Si ces derniers n'exprimaient aucune préférence, ils étaient affectés par un système de tirage aléatoire à l'un des opérateurs. Conscient de la difficulté pour les demandeurs d'emploi de disposer des renseignements qui leur étaient indispensables pour choisir à bon escient, le gouvernement australien a mis en place une base très complète d'informations sur les opérateurs. Celle-ci s'est traduite en particulier par la mise en place d'un système ambitieux d'évaluation des performances de chaque opérateur, [1] dont les résultats sont mis à la disposition des demandeurs d'emploi.

5.4. La rémunération des opérateurs

Les modalités de rémunération ont été déterminées afin d'assurer un certain équilibre entre plusieurs objectifs dont la conciliation n'est pas aisée :

- inciter l'opérateur à orienter toute son action vers le reclassement professionnel de ses clients en conditionnant une bonne part de sa rémunération aux résultats obtenus en termes d'accès à l'emploi durable ;
- minimiser le coût des prestations en faisant du prix proposé par l'opérateur un critère de sélection ;

---

1. Celui-ci repose sur une modélisation économétrique tenant compte des résultats antérieurs des opérateurs, mais aussi des conditions dans lesquelles ces résultats ont été obtenus (état du marché local, caractéristiques des publics...). L'opérateur se voit attribuer un nombre d'étoiles en fonction des résultats du modèle. Cette notation devait aussi être un critère déterminant de choix des opérateurs pour la troisième période du programme débutant au printemps 2003.

- éviter les phénomènes d'écrémage en obligeant les opérateurs à accepter toutes les personnes adressées par *Centrelink* et en rémunérant plus les prestations fournies et les résultats obtenus avec des personnes dont la distance à l'emploi est importante ;

- rémunérer, au moins partiellement, les efforts engagés par l'opérateur quels que soient ses résultats afin d'éviter de le placer dans une situation trop difficile si, par exemple, les offres d'emploi se raréfient dans les zones où il intervient ;

- encourager le respect des procédures d'action préconisées par le ministère de l'Emploi et éviter que l'opérateur ne se contente d'offrir un minimum de prestations aux personnes qu'il juge peu employables.

Il en est résulté un système de rémunération complexe. Il est composé d'une avance forfaitaire versée pour toute entrée d'un demandeur d'emploi dans le dispositif et complétée ensuite par des « paiements au résultat » distinguant, d'une part, résultats intermédiaires et résultats finaux et, d'autre part, résultats secondaires (par exemple, l'obtention d'un diplôme ou d'une certification) et résultats primaires (l'accès à l'emploi), mieux rémunérés. Le niveau de l'avance forfaitaire et du paiement des résultats intermédiaires est fonction du prix proposé par l'opérateur dans son offre. Le niveau du paiement des résultats finaux est fixé par le gouvernement et ne varie pas d'une zone à l'autre. Deux tarifs sont appliqués suivant que le demandeur d'emploi est considéré, ou non, comme très éloigné de l'emploi.

5.5. Les principaux éléments de bilan

Les évaluations ayant été nombreuses et approfondies, il n'est pas possible ici d'en reprendre tous les enseignements. Nous insisterons seulement sur les conclusions qui nous paraissent particulièrement utiles pour guider la réflexion sur les orientations qui pourraient être prises en France :

- on constate une augmentation de l'efficience de la politique de l'emploi depuis la mise en place de *Job Network*. Mais cette amélioration s'explique par l'obtention, pour un coût bien moindre, de résultats à peu près équivalents à ceux obtenus précédemment par le

Service public de l'emploi [1] et non par une augmentation manifeste des chances de retour à l'emploi pour les bénéficiaires du programme [2]. Les évaluations estiment toutefois que la dynamique de sélection des opérateurs qui est à l'œuvre dans le programme devrait à terme permettre de concentrer l'offre de service sur les plus efficaces d'entre eux, d'autant que l'administration dispose d'outils performants pour évaluer leurs résultats ;

– le système de sélection, de rémunération et d'évaluation des opérateurs n'a pas permis jusqu'à présent d'éviter les phénomènes d'« écrémage » au détriment des personnes connaissant les plus grandes difficultés sociales et professionnelles. Celles-ci ne se voient offrir que peu de services par les opérateurs durant toute la période où elles sont censées bénéficier d'une aide intensive. La concurrence par les prix organisée par les procédures de sélection explique certainement en partie cette situation. Beaucoup d'opérateurs, pour être retenus, ont proposé un prix égal ou très proche du prix plancher défini par l'administration. Mais la rémunération qui leur est versée ensuite ne leur permet pas d'offrir à tous des services de qualité. Pour maximiser la rémunération liée au retour à l'emploi de leurs clients, ils concentrent leur action sur ceux qu'ils jugent les plus employables ;

– malgré la qualité de l'information sur les opérateurs fournie aux demandeurs d'emploi, la plupart d'entre eux n'exercent pas leur droit de choisir leur prestataire ou le font à partir du seul critère de proximité à leur domicile ;

– il s'avère difficile d'assurer une coordination des prestations proposées aux demandeurs d'emploi au cours du temps. Certains se voient proposer successivement plusieurs parcours dans les « aides

---

1. *Les programmes menés par le Service public de l'emploi au milieu des années quatre-vingt-dix bénéficiaient en effet de crédits plus de deux fois supérieurs à ceux qui ont été engagés pour* Job Network. *Toutefois, la situation de l'emploi était alors sensiblement moins bonne qu'elle ne l'était en 2000 ou 2001. Le taux de chômage atteignait presque 11 % à la fin de l'année 1994, avec une forte proportion de chômeurs de longue durée, contre un peu plus de 6 % en 2000.*
2. *Dans les « messages clefs » de son rapport, déjà cité, la* Productivity Commission *conclut ainsi* (page 20 de la synthèse du rapport) : « The effects of Job Network programs on net employment outcomes are small, similar to past programs. However, the total costs are much less than previous programs. »

intensives » sans que les services qui leur avaient été offerts lors de leurs premiers passages soient connus des nouveaux prestataires ;

- l'administration éprouve encore des difficultés à trouver un équilibre entre, d'une part, le souhait de laisser une grande liberté à l'opérateur dans la définition des services à proposer à ses clients afin qu'il puisse innover et adapter son action à l'environnement et, d'autre part, la tendance à lui imposer plus de contraintes sur les actions à mener et à multiplier les procédures de contrôle afin d'éviter les phénomènes d'écrémage évoqués précédemment.

CHAPITRE 8

Les transformations du contexte national

Envisager les évolutions possibles de l'action du Service public de l'emploi suppose, certes, de placer la réflexion dans l'environnement européen. Mais il est tout aussi nécessaire de bien percevoir les facteurs d'évolution propres au contexte national. Or ceux-ci apparaissent aujourd'hui particulièrement nombreux et potentiellement porteurs de beaucoup d'inflexions significatives, bien qu'encore difficiles à cerner, dans les logiques d'action de l'État en matière d'emploi. Nous en avons retenu quatre, qui semblent particulièrement importants :

- les évolutions du marché du travail liées au retournement démographique prévu à partir de 2006 ;
- la nouvelle étape de la décentralisation qui devrait voir le jour après l'adoption des projets de loi relatifs aux responsabilités locales et à la décentralisation en matière de revenu minimum d'insertion ;
- l'engagement accru des partenaires sociaux dans la politique active de l'emploi ;
- les réformes internes à l'État et, en premier lieu, la mise en place de la loi organique relative aux lois de finances.

Par rapport à la situation actuelle, aucun de ces facteurs n'implique obligatoirement un reflux ou, à l'inverse, un accroissement du recours aux opérateurs externes. Ils ouvrent des perspectives nouvelles d'action, ils font apparaître des opportunités pour surmonter les difficultés rencontrées jusqu'à présent, mais ils peuvent aussi être à l'origine de risques nouveaux en déstabilisant les relations que le SPE a réussi à construire avec ses sous-traitants et ses partenaires. Il est donc essentiel de bien percevoir les enjeux qui s'y attachent.

1. Les évolutions du marché du travail

Les débats relatifs aux conditions d'un retour au « plein emploi » [1] ont mis en lumière la nécessité de mieux appréhender les conséquences, pour le fonctionnement du marché du travail, du retournement démographique de la population active qui est envisagé à partir de 2006 [2]. Le lien entre population active et chômage est complexe, comme l'ont montré les évolutions passées. Le chômage peut présenter une composante structurelle importante – inadéquations entre structures de l'offre et de la demande de travail, freins à la mobilité, etc. – et, dans ce cas, il n'est pas exclu que le chômage, notamment le chômage de longue durée, ne diminue pas malgré une baisse de la population active.

Les travaux de prospective menés sur ce thème [3] mettent en évidence que les mobilités professionnelles peuvent être amenées à évoluer profondément et que, dans un contexte économique favorable, on pourrait assister à un fort accroissement de ces mobilités, renforçant les difficultés de recrutement dans certaines zones et certains secteurs, et les réduisant dans d'autres.

La persistance d'un chômage de longue durée et de situations très précaires impliquant des retours fréquents au chômage pour les moins qualifiés, l'accroissement des mobilités professionnelles, les difficultés de recrutement récurrentes sur une partie du territoire et dans certains métiers créeraient une situation inédite sur le marché du travail qui aurait nécessairement un impact important sur l'activité du Service public de l'emploi et des autres offreurs de services aux demandeurs d'emploi et aux entreprises.

---

1. *Boissonnat (J.),* Le Travail dans vingt ans, *Commissariat général du Plan, Odile Jacob, 1996 ; Pisani-Ferry (J.),* Plein emploi, *Conseil d'analyse économique, La Documentation française, 2000 ; Marchand (O.),* Plein emploi, l'improbable retour, *Folio actuel, 2002.*
2. *Nauze-Fichet (E.), Lerais (F.), « Projections de population active, un retournement progressif »,* INSEE Première, *n° 838, 2002.*
3. Avenirs des métiers, *rapport du groupe Prospective des métiers et des qualifications du Commissariat général du Plan présidé par C. Seibel, La Documentation française 2002 ; Germe (J.-F.), Monchatre (S.), Pottier (F.),* Les Mobilités professionnelles : de l'instabilité dans l'emploi à la gestion des trajectoires, *Commissariat général du Plan, La Documentation française, 2003.*

Les conséquences de cette situation sur la politique active de l'emploi, sur l'organisation interne du SPE et sur le recours aux opérateurs externes restent très incertaines aujourd'hui. Les thèmes qui dominent actuellement le débat social amènent toutefois à privilégier l'hypothèse que le besoin d'un tel recours continuera à être vif dans tous les champs d'intervention où il se manifeste aujourd'hui :

- une baisse globale du chômage devrait, certes, conduire à une diminution tendancielle des crédits de politique de l'emploi, même si le chômage de longue durée perdure. Mais on peut penser que l'accroissement des disparités dans le fonctionnement du marché du travail selon les territoires et les secteurs d'activité devrait plutôt amener à prolonger l'orientation observée depuis quelques années : réaliser des économies sur les mesures de masse (CIE, CES, etc.) et concentrer les crédits sur les prestations individualisées en faveur des publics prioritaires, même si les moyens financiers consacrés à ces prestations ne connaissent pas dans l'avenir la croissance observée au cours de ces dernières années. Cette tendance risque d'être d'autant plus marquée qu'apparaîtront aussi des difficultés de recrutement pour des métiers peu qualifiés, incitant les pouvoirs publics à construire des programmes de reconversion professionnelle ou d'appui à la mobilité géographique supposant des prestations d'accompagnement individualisé dans la durée ;

- les thèmes de l'« assurance emploi », de la « formation tout au long de la vie » ou des « marchés transitionnels » ouvrent des perspectives nouvelles d'articulation entre la protection sociale, la formation professionnelle et la politique de l'emploi, ou encore entre les actions en direction des salariés et celles consacrées aux chômeurs. Concernant tous les actifs, leur mise en pratique ne mobilisera pas seulement les crédits de la politique de l'emploi, mais elle pourrait se traduire par une utilisation sensiblement accrue de prestations financées par elle et elle serait largement assurée par des opérateurs externes : bilans de compétences approfondis, évaluations en milieu de travail, actions de reconversion lors de licenciements collectifs, accompagnements pour la construction de projets professionnels, etc. ;

- les mutations du marché du travail devraient amener nombre d'entreprises à repenser profondément leurs pratiques de recrutement et de GRH. Les pouvoirs publics devraient donc disposer de nombreuses opportunités pour engager des actions ambitieuses d'appui-conseil dans ce champ, en particulier sur le créneau de la gestion des âges dans l'entreprise ;

- l'appui à la création d'activités continuera, très vraisemblablement, à être une priorité des pouvoirs publics, comme le montre la récente loi pour l'initiative économique qui prévoit notamment l'extension du dispositif EDEN.

Ces évolutions devraient conduire à la mise en œuvre d'une politique de l'emploi plus affinée et plus qualitative encore que naguère. Dès lors, la politique de l'emploi devrait s'appuyer plus encore sur le concours d'opérateurs et de partenaires diversifiés.

2. L'approfondissement de la décentralisation

2.1. L'état des lieux en 2003

Le schéma institutionnel mis en place à compter de 1982 a permis de définir les bases d'un partage des tâches entre les collectivités territoriales, assignant un rôle dominant à chaque niveau d'administration :

- la région a en charge les actions structurantes à long terme : développement économique et programmation des équipements. Ces attributions ont été fort logiquement étendues à la formation professionnelle continue (loi n° 83-8 du 7 janvier 1983, loi quinquennale du 20 décembre 1993…) ;

- le département a un rôle essentiel en matière de services et d'actions de solidarité, ce que traduisent les compétences que lui reconnaît la loi en matière d'aide et d'action sociales, d'équipement rural, de transports scolaires en zone rurale ou de gestion des collèges ;

- la commune est le lieu de l'administration de proximité, qui offre aux habitants les services quotidiens dont ils ont besoin (transports urbains, gestion des écoles maternelles ou primaires, urbanisme…).

La politique active de l'emploi est, en théorie, restée à l'écart du mouvement de décentralisation dans les années quatre-vingt et quatre-vingt-dix. L'État et ses établissements publics (ANPE, AFPA) ont continué à jouir d'une compétence exclusive dans ce champ. Une analyse par grands domaines d'intervention de la politique active de l'emploi [1] conduit toutefois à un diagnostic beaucoup plus nuancé, la participation des collectivités territoriales à la mise en œuvre de cette politique étant loin d'être négligeable. Cette réalité était d'ailleurs reconnue dès 1984 dans la circulaire du ministère organisant les relations au sein du SPE [2].

La politique d'intervention sur le marché du travail relève pour l'essentiel du SPE, mais les collectivités territoriales sont amenées à y concourir dans le cadre de leurs compétences, ce qui se traduit par une multiplicité de partenariats au plan local :

- avec les Conseils régionaux pour le montage d'actions de formation, notamment en faveur des jeunes ;

- avec les Conseils généraux, principalement pour le cofinancement d'actions de formation et d'insertion destinées aux allocataires du RMI ;

- avec les communes et les structures intercommunales pour la création des PLIE, le cofinancement des missions locales, le partenariat à fin de placement avec l'ANPE.

Plus généralement, les collectivités territoriales sont de plus en plus associées au SPE à tous les niveaux pour participer à la réalisation des diagnostics territoriaux et à l'élaboration de ses plans d'action.

L'État, pour *sa politique de soutien au développement d'activités et d'emplois* dans les secteurs marchand et non marchand, dispose de

---

1. *Est reprise ici la distinction entre les domaines d'action principaux de la politique active de l'emploi présentée dans le chapitre 2 de ce rapport : intervention sur le marché du travail, appui au développement local, intervention dans l'entreprise. Cette distinction est inspirée du rapport de l'IGAS intitulé* La Décentralisation dans le champ du travail, de l'emploi et de la formation professionnelle, *Boulanger (J.-M.), 2002. Nous résumons ici un certain nombre des conclusions de ce rapport quant au partage effectif des compétences entre l'État et les collectivités territoriales dans ces trois domaines.*

2. *Selon la circulaire de 1984,* « l'efficacité commande que soient également associés au fonctionnement du SPE les interlocuteurs naturels que sont les élus territoriaux et les partenaires sociaux ».

nombreuses mesures dont il peut assurer, seul, le financement (EDEN, contrats jeunes en entreprise, conventions promotion de l'emploi, programme NSEJ, etc.). Toutefois, les collectivités territoriales ont aussi compétence pour accorder des aides directes aux entreprises (article L. 1511-2 du code général des collectivités territoriales) qui ont un effet sur le développement de l'activité et de l'emploi. D'autre part, l'appui au développement local est un domaine privilégié d'action des collectivités territoriales, ce qui se traduit par des intervention multiples, soit en partenariat avec l'État (dans le cadre des contrats de Plan État-région en particulier), soit avec le concours du FSE, soit directement.

Enfin, en matière *d'intervention dans l'entreprise*, l'action des collectivités territoriales se déploie principalement dans le cadre de plans de réindustrialisation de sites menacés ou de procédures visant à faciliter la reprise d'entreprise. Les régions peuvent également intervenir, au titre de leur compétence de formation, dans l'appui au développement de la formation professionnelle continue des salariés sur certains territoires ou dans les PME.

Au total, l'impact des interventions des collectivités territoriales sur les relations qu'entretient le SPE avec les opérateurs externes se manifeste principalement sous trois formes qui coexistent actuellement dans de nombreux territoires et que l'on peut ordonner selon le degré de coordination entre le SPE et les collectivités territoriales qu'elles impliquent :

- la création de structures d'intervention communes dans lesquelles les services du ministère et les collectivités territoriales s'engagent durablement (missions locales, PLIE, etc.). Celle-ci suppose que la définition des objectifs de la structure et l'octroi des moyens nécessaires à la réussite de ses actions relèvent d'une responsabilité complètement partagée entre ces institutions ;

- le cofinancement, ponctuel ou plus durable, d'actions réalisées par des opérateurs externes (actions d'accompagnement d'allocataires du RMI, soutien financier à des structures d'insertion par l'activité économique, par exemple). Il peut se réaliser à partir de la définition d'objectifs communs ou à partir d'objectifs qui restent, au moins pour partie, propres à chaque cofinanceur. Dans ses relations avec l'opérateur, le

SPE doit tenir compte du fait qu'il n'est pas le seul à financer les actions qu'il souhaite voir réaliser ;

- le financement en ordre dispersé, par le SPE d'une part et par les collectivités territoriales d'autre part, d'actions distinctes, mais aux contenus équivalents ou proches. Cette situation donne du pouvoir aux opérateurs qui peuvent plus facilement exercer des choix quant aux actions sur lesquelles ils acceptent de se positionner, en fonction des conditions financières qui leur sont proposées, du contenu des procédures qui leur sont imposées, des perspectives de pérennité de ces actions.

2.2. La nouvelle étape de la décentralisation

Le projet de loi relatif aux responsabilités locales [1] n'introduit pas de modifications fondamentales quant aux compétences respectives de l'État et des collectivités territoriales sur le champ de notre évaluation. Plusieurs orientations sont toutefois susceptibles d'influer sur le devenir de la conduite de la politique de l'emploi.

La confirmation des compétences de l'État et des missions de l'ANPE dans la mise en œuvre de la politique de l'emploi a pour premier effet de permettre la poursuite, dans un cadre inchangé, de la majorité des actions qui donnent lieu actuellement au recours à des opérateurs externes : sous-traitance et co-traitance de l'ANPE, soutien à l'insertion par l'activité économique et aux PLIE, insertion des travailleurs handicapés, cellules de reclassement, aide au conseil aux entreprises, appel au CNASEA pour le paiement des mesures d'aide aux emplois du secteur non marchand, gestion par l'UNEDIC des contrats jeunes en entreprise.

Le projet de loi prévoit toutefois un transfert aux collectivités territoriales d'un certain nombre d'actions qui relevaient jusqu'à présent des services du ministère. La région voit son rôle de coordination des interventions économiques sur le territoire régional renforcé, ce qui se traduit, dans le champ de notre évaluation, par le transfert des aides au développement d'entreprises nouvelles (EDEN, chèques-conseil). L'élargissement des compétences des régions en matière de formation professionnelle,

1. Le projet de loi était en discussion au Parlement au moment de la rédaction du rapport.

d'apprentissage et de coordination de la politique d'accueil, d'information et de conseil à l'orientation des publics a aussi des conséquences importantes : transfert progressif aux régions des crédits relatifs aux actions de formation de l'AFPA, transfert aux régions de la part de l'État dans le financement du réseau d'accueil des jeunes et de la responsabilité du développement de ce réseau (missions locales, PAIO), pleine responsabilité de la région dans les volets « accompagnement vers l'emploi » et « aide à la création et à la reprise d'entreprises » et copilotage avec l'État du volet « activités sociales » du nouveau programme CIVIS d'insertion sociale et professionnelle des jeunes, qui se substitue à partir de 2004 aux programmes TRACE et NSEJ.

Parallèlement, le projet de loi portant sur la décentralisation en matière de revenu minimum d'insertion (RMI) et créant un revenu minimum d'activité (RMA) [1] prévoit que le département dispose, à partir de 2004, du pilotage intégral du revenu minimum d'insertion et bénéficie d'un transfert de ressources pour assurer cette mission. Si les modalités de l'accompagnement des bénéficiaires du RMI et du RMA ne sont pas encore précisées, [2] la conséquence directe de la réforme sera certainement de faire émerger une nouvelle demande des Conseils généraux en matière d'accompagnement des bénéficiaires du RMI vers l'emploi.

La nouvelle étape de la décentralisation aura pour effet le plus évident d'« ouvrir » le marché de l'offre de services dans le champ de la politique active de l'emploi, en modifiant les équilibres actuels entre commanditaires. Qu'il s'agisse des services aux demandeurs d'emploi ou aux employeurs, les collectivités territoriales verront certainement, dans l'avenir, leur rôle accru par rapport au SPE, même si ce dernier conserve une place essentielle dans la structuration de ce marché.

Il n'est guère possible de prévoir l'impact de cette ouverture sur les relations qu'entretiendra le SPE avec les opérateurs externes auxquels il fera appel et les transferts de compétences nécessiteront de rechercher de nouveaux modes de coordination entre le SPE et les collectivités territoriales.

---

1. *Le projet de loi n'avait pas encore été examiné par le Parlement au moment de la rédaction du rapport.*
2. *L'exposé des motifs du projet de loi précise que* « la mise en œuvre du RMA est conditionnée pour l'employeur par des activités de tutorat, de suivi individualisé, et de formation destinées à favoriser l'insertion professionnelle du bénéficiaire ».

Un haut degré de coopération entre eux peut engendrer la création de nouvelles structures communes d'intervention ou permettre, tout au moins, le développement des structures existantes, mais avec un élargissement à de nouveaux partenaires. Le transfert aux régions de la responsabilité du développement des missions locales et des PAIO ne signifie pas, par exemple, la fin des relations entre les services du ministère et ces organismes. Le projet de loi ouvre d'ailleurs la possibilité d'une coordination des actions de l'État et des régions en ce domaine.

Inversement, on ne peut exclure le développement des situations où la coopération sera faible et où chaque commanditaire fera appel, pour ses propres besoins, aux mêmes opérateurs, sans recherche réelle d'articulation de sa commande avec celle des autres institutions.

3. L'engagement accru des partenaires sociaux dans la politique active de l'emploi

3.1. Des relations diversifiées entre le SPE et les organismes placés sous la responsabilité des partenaires sociaux

Les partenaires sociaux sont, de longue date, des acteurs majeurs du système de formation professionnelle continue des salariés, ce que vient confirmer l'accord national interprofessionnel du 20 septembre 2003 relatif à l'accès des salariés à la formation tout au long de la vie professionnelle. Leur engagement dans les actions d'appui à l'insertion professionnelle des jeunes est également ancien (accord interprofessionnel du 26 octobre 1983 sur les formations en alternance) et se trouve renforcé avec la décision, dans l'accord du 20 septembre 2003, de créer et de financer un contrat de professionnalisation pour les jeunes et pour les demandeurs d'emploi de plus de 26 ans.

Pour l'ensemble de ces actions, les partenaires sociaux disposent de leurs propres opérateurs – OPCA, FONGECIF – qui ne reçoivent pas de financements de l'État et dont le fonctionnement n'avait pas, de ce fait, à être examiné dans ce rapport. L'action des partenaires sociaux et des organismes qui relèvent de leur responsabilité s'inscrit néanmoins dans le champ de notre évaluation à plusieurs titres :

- depuis 2001, les financements de l'UNEDIC ont permis à l'ANPE de renforcer sensiblement ses moyens d'intervention (et donc le volume de son recours aux opérateurs externes) dans le cadre de la convention d'assurance chômage ayant institué le PARE ;

- en 2002, le ministère a confié à l'UNEDIC la gestion de la mesure « contrat jeunes en entreprise » ;

- dans le cadre du PARE, l'UNEDIC finance la mesure d'aide progressive à l'employeur pour l'embauche de chômeurs de longue durée, dont la demande est déclenchée par l'ANPE ;

- le ministère et les partenaires sociaux sont conjointement impliqués dans la conduite de la politique nationale d'aide à l'insertion professionnelle des personnes handicapées. Si les partenaires sociaux désignent une majorité des membres du conseil d'administration de l'AGEFIPH, l'État exerce la tutelle de cet organisme et la relation entre les deux parties se double d'une convention quinquennale d'objectifs ;

- plusieurs des réseaux avec lesquels l'ANPE a développé des relations de co-traitance pour la mise en œuvre du PARE/PAP relèvent de la pleine responsabilité des partenaires sociaux (APEC) ou sont très dépendants de leurs décisions (le réseau Cap Emploi est financé par l'AGEFIPH) ;

- les partenaires sociaux sont associés à des instances locales, telles que le Conseil départemental de l'insertion par l'activité économique (CDIAE), qui ont à prendre des décisions en matière de recours ou de soutien à des opérateurs externes.

L'engagement des partenaires sociaux dans la politique active de l'emploi et la nécessité de coordonner leur action avec celle de l'État se traduisent donc par une très grande diversité des relations entre les organismes dont ils ont la charge et le Service public de l'emploi. L'ANPE joue le rôle d'« opérateur externe » de l'UNEDIC pour le PARE, alors que l'UNEDIC est l'« opérateur externe » du ministère pour le contrat jeunes en entreprise. Des formes de partenariat aux modalités opérationnelles différentes ont été développées pour marquer la responsabilité conjointe des partenaires sociaux et de l'État dans les actions d'appui à l'insertion professionnelle de certaines catégories de public (co-traitance de l'ANPE, pilotage de l'AGEFIPH, etc.). Les partenaires sociaux assurent seuls le pilotage de leurs opérateurs pour la gestion des formations en alternance des jeunes.

3.2. Une offre de services accrue par l'« ouverture du marché » ?

Tout comme pour les collectivités territoriales, il est très difficile de prévoir l'impact de l'engagement accru des partenaires sociaux dans la politique active de l'emploi sur les évolutions à venir des relations qu'entretient le SPE avec les organismes placés sous la responsabilité de ces derniers [1] et, plus généralement, avec l'ensemble des opérateurs externes.

La réflexion sur ce sujet doit aussi prendre en compte le projet annoncé par le gouvernement de supprimer le monopole juridique de l'ANPE sur l'activité de placement. Cette suppression n'aurait pas d'impact immédiat sur le fonctionnement du marché du travail puisque depuis longtemps l'ANPE exerce, de fait, sa fonction de placement dans un environnement concurrentiel.

La simultanéité de cette décision avec l'élargissement des compétences des collectivités territoriales et la réaffirmation de l'engagement des partenaires sociaux dans la politique active de l'emploi peut toutefois avoir un impact direct sur la nature et le volume de l'offre de prestations. Elle peut en effet apparaître comme le signe qu'un marché dont le fonctionnement était jusqu'à présent très dépendant des décisions du SPE (niveau des crédits consacrés aux actions, choix de réaliser en interne ou de confier à des opérateurs externes) voie ses modalités de fonctionnement largement transformées par l'importance accrue d'autres commanditaires, développant leur propre logique d'action et de recours aux opérateurs externes.

---

1. En septembre 2003, le ministre des Affaires sociales, du Travail et de la Solidarité a demandé à Jean Marimbert, conseiller d'État, de lui faire des propositions afin d'amplifier le mouvement de rapprochement entre les acteurs de la politique de l'emploi. Il s'agit tout particulièrement de faire des propositions susceptibles de renforcer :

- *les synergies entre l'ANPE et l'UNEDIC ;*
- *le travail en réseau entre l'ANPE, l'AFPA, l'APEC, l'AGEFIPH et les missions locales ;*
- *les relations entre l'ANPE et l'UNEDIC d'une part, les collectivités territoriales d'autre part.*

Ce sentiment d'« ouverture du marché » peut notamment inciter à la création de nouveaux organismes, à l'installation en France d'opérateurs actifs dans d'autres pays européens (Pays-Bas, Royaume-Uni, etc.) ou au repositionnement d'organismes intervenant jusqu'à présent sur les seuls créneaux de la formation professionnelle, du travail temporaire, du conseil aux entreprises ou de l'action sociale. Aux yeux des opérateurs, la montée en puissance d'autres commanditaires peut en effet être perçue comme l'annonce d'une demande plus stable, moins soumise aux aléas conjoncturels de la politique nationale de l'emploi et aux critères de choix du seul SPE. Il peut en résulter, pour ce dernier, une moindre maîtrise du marché si sa part dans la commande globale de services diminue sensiblement. Dans la fixation des prix des prestations, dans la définition des conditions de leur réalisation, dans les procédures de choix des opérateurs, le SPE devra alors tenir compte des pratiques des autres commanditaires, plus qu'il ne l'a fait jusqu'à présent.

Parallèlement, la faculté offerte à l'ANPE dans le projet du gouvernement de prendre des participations, de participer à des groupements et de créer des filiales, et la possibilité de créer des groupements d'intérêt public dans le domaine de l'emploi ouvrent des perspectives nouvelles de partenariat avec des opérateurs publics ou privés. Elles permettent aussi à l'ANPE d'envisager une offre de prestations payantes aux entreprises [1] sur certains créneaux d'activité où seuls les opérateurs privés étaient rémunérés jusqu'à présent : actions de reclassement suite à des licenciements économiques, appui aux entreprises dans la gestion de la mobilité interne de leurs salariés grâce aux méthodes développées à l'Agence.

4. Les réformes internes à l'administration d'État : la LOLF

La loi organique relative aux lois de finances (LOLF) du 1er août 2001 n'a pas, *a priori*, un impact direct sur le volume et sur les modalités de recours aux opérateurs externes. Toutefois, le cadre d'action rénové qu'elle offre à l'ensemble des ministères et dont la mise en œuvre devra être effective au 1er janvier 2006 est porteur d'une réforme qui va bien au-delà du seul contenu managérial de la gestion publique. Il est susceptible d'induire des

1. *Cf. l'entretien accordé au journal* Le Monde *par Michel Bernard, directeur général de l'ANPE (édition du 12 novembre 2003).*

effets en chaîne sur l'ensemble des acteurs et des structures qui participent à l'action publique et sur la réorganisation de leurs rapports [1].

L'amélioration du pilotage des opérateurs par l'État est, on l'a vu, une condition majeure de la maîtrise de l'externalisation : définition précise des raisons qui motivent le recours aux opérateurs externes, des objectifs assignés à leur intervention et des résultats attendus ; partage clair des responsabilités ; qualité de la remontée d'informations permettant le suivi et l'évaluation de l'action des opérateurs. Les objectifs de la LOLF et les modalités d'action proposées pour les atteindre devraient grandement y contribuer grâce à la mise en place d'un pilotage plus resserré de l'ensemble de la chaîne de l'action publique et grâce à une mesure plus poussée de la performance, dans ses trois dimensions d'efficacité socio-économique, de qualité de service et d'efficience [2].

L'action publique devra dorénavant s'organiser en programmes auxquels sont associés des objectifs précis. Ces programmes donnent lieu à la désignation d'un responsable (dit « *responsable de programme* ») et à l'affectation d'un budget donné (le « *budget opérationnel de programme* »). Le programme constitue donc le support des crédits budgétaires, qui, en son sein, sont fongibles et peuvent être redéployés par le gestionnaire. La contrepartie de cette souplesse de gestion est une obligation de rendre compte, pour le gestionnaire, des résultats obtenus sur son programme et du respect des objectifs à travers la rédaction d'un « *rapport annuel de performance* ».

L'impact sur la conduite de la politique de l'emploi sera sans doute multiple. La LOLF conduit, en premier lieu, à sérier les champs d'intervention du ministère autour de plusieurs programmes, à définir des objectifs afférents à ces programmes, ainsi que les modalités de leur évaluation. Ce travail est en cours dans les services du ministère.

En deuxième lieu, la LOLF invite à désigner le responsable de chacun des programmes, au niveau central et aux niveaux déconcentrés. La définition des budgets opérationnels de programme est tout aussi porteuse d'enjeux pour le ministère : on a déploré, dans la partie précédente, le lien distant

1. *Bouvier (M.), « La nouvelle gestion publique comme condition de la nouvelle gouvernance »,* Revue française de finances publiques, *n° 82, 2003.*
2. *Cf. notamment le guide d'audit initial des programmes du Comité interministériel des programmes (CIAP), mars 2003.*

entre crédits d'intervention et crédits de fonctionnement, et l'insuffisante lisibilité au sein du ministère entre le contenu des actions à mener et les moyens humains mobilisés pour leur mise en œuvre. L'élaboration du budget opérationnel de programme devra s'accompagner d'une analyse fine des moyens alloués par programme et, au-delà, par action.

En troisième lieu, la mise en place de la LOLF s'accompagne d'une réflexion sur les relations à établir entre les services de l'administration et les « grands opérateurs » à qui peut être confiée la mise en œuvre de certaines actions [1]. Pour répondre à l'esprit du texte et permettre la mesure de la performance, la note d'orientation énonce notamment que ces opérateurs devront intégrer les objectifs du programme et participer à la production des informations qui doivent améliorer et enrichir les rapports annuels de performance. [2] Plus largement, la décision d'externaliser ou non une mesure devra progressivement être prise au regard de la performance de l'opérateur et, par-delà, de son efficience. Cette exigence devrait conduire, à terme, à la définition de critères d'efficacité motivant la décision de recourir à des tiers, qui n'existent pas aujourd'hui.

On peut, enfin, s'interroger quant aux effets à moyen terme de la LOLF sur le volume des actions externalisées et sur la nature des relations développées avec les opérateurs. La fongibilité permise au sein d'un programme est en effet asymétrique, en ce qu'une limite importante est posée : les crédits ouverts sur le titre des dépenses de personnel de chaque programme constituent le plafond des dépenses de cette nature : la masse salariale est ainsi plafonnée. Les crédits de personnel ne peuvent donc être majorés par des crédits relevant d'un autre titre. Ils peuvent en revanche en abonder les crédits, ce qui pourrait amener les services à développer le recours aux opérateurs externes.

---

1. Note d'orientation du ministère des Finances en date du 11 avril 2003. Dans le champ de la politique de l'emploi cette note concerne en premier lieu les relations entre les services du ministère et les autres composantes du SPE (ANPE, AFPA), ou encore le CNASEA. Mais ces recommandations peuvent avoir, à terme, des conséquences sur toute la chaîne d'action, y compris donc sur les relations qu'entretient le SPE avec l'ensemble des opérateurs externes.

2. Cette préconisation est amplifiée pour les opérateurs d'État définis comme « des entités réalisant une mission de service public dans des conditions étroitement définies par l'État » *(cas de l'ANPE, AFPA), dont les budgets seront, pour partie, intégrés dans les budgets opérationnels de chacun des programmes.*

Il n'est pas sûr non plus que la LOLF soit neutre par rapport à la nature des relations que le SPE sera amené à établir avec les autres acteurs de la politique de l'emploi. On peut penser qu'une définition très centralisée des objectifs des actions, des résultats qui en sont attendus et des indicateurs qui doivent en rendre compte pourrait conduire à privilégier plutôt une forme de relation commanditaire/sous-traitant, peu favorable au développement, dans les territoires, de relations plus « partenariales » supposant une co-construction des objectifs des actions et des résultats attendus (*cf.* chapitre 4).

Aussi, les marges de liberté qui seront laissées aux échelons territoriaux pour définir des objectifs et construire des indicateurs de performance qui leur soient propres, en complément des objectifs et des indicateurs nationaux, et en cohérence avec eux, de même que la capacité dont feront preuve les services pour se saisir de ces marges, revêtent certainement une importance particulière. À cet égard, les évolutions dans les missions et l'organisation territoriale de l'État prévues dans le projet de loi relatif aux responsabilités locales (titre VIII, chapitre Premier), évoqué précédemment, peuvent être un puissant moyen pour renforcer l'aptitude de l'État en région à jouer ce rôle. L'élargissement du pouvoir du préfet de région, *« afin de contribuer à un État territorial plus cohérent, plus responsable et plus réactif »,* [1] s'il ne concerne pas directement le champ du partenariat local et des rapports aux opérateurs externes, apparaît en effet susceptible de créer les conditions favorables à la définition d'une stratégie d'action de l'État en région facilitant la clarification des relations avec les autres acteurs et la coordination des actions à partir d'objectifs partagés.

---

1. Exposé des motifs du projet de loi.

CHAPITRE 9

Les perspectives

Le bilan présenté dans les chapitres précédents montre que les pratiques actuelles ont permis d'obtenir les effets qui étaient attendus en priorité de l'externalisation : accroissement de la diversité des services offerts aux usagers, souplesse de gestion, possibilité pour le SPE de concentrer son activité sur son « cœur de métier ». Il apparaît toutefois que des progrès dans les pratiques du SPE sont encore nécessaires pour que soient totalement atteints trois autres objectifs essentiels de la politique de l'emploi, dont le recours aux opérateurs externes doit favoriser la réalisation :

- accroître l'efficience de la politique active de l'emploi ;
- assurer l'effectivité du principe d'égal accès aux droits et aux services ;
- améliorer la qualité du service offert aux usagers.

Pour les actions qui continueront à relever de la responsabilité propre du SPE, progresser vers ces objectifs suppose, d'une part, de préciser une stratégie d'action susceptible d'encadrer efficacement l'ensemble des relations que le SPE est amené à nouer avec ses opérateurs et, d'autre part, de remédier aux faiblesses techniques qui apparaissent encore dans la gestion d'une partie des actions externalisées (*cf.* chapitre 6). Les propositions de l'instance d'évaluation sur ces thèmes font l'objet de la première partie de ce chapitre. Il est à noter que ces propositions peuvent s'appliquer aussi aux autres institutions susceptibles de confier des actions de politique active de l'emploi à des opérateurs externes.

Mais le SPE devra aussi tenir compte d'un contexte en profonde mutation pour tracer ses perspectives d'action. Jusqu'à présent, l'État était dans une situation où sa prééminence était incontestable en matière de politique active de l'emploi. Même si les collectivités territoriales et les organismes dépendant des partenaires sociaux engageaient quelques actions dans ce champ, le Service public de l'emploi paraissait détenir, seul, la maîtrise de la régulation de l'offre de services. Il pouvait définir à tout moment le niveau et le contenu des actions qu'il souhaitait externaliser, sans que les interventions des autres institutions ne viennent influencer ses décisions.

Les travaux de l'instance d'évaluation ont, certes, conduit à nuancer cette perception. Le positionnement de la politique active de l'emploi, à l'intersection du social et de l'économique, rend depuis longtemps inévitables les interactions avec de nombreux volets de l'action publique dont la responsabilité relève d'autres institutions : assurance chômage, formation professionnelle, développement économique et aménagement du territoire, action sociale. Ces interactions ont déjà eu une influence, directe ou indirecte, sur le volume et sur les modalités des relations entre le SPE et ses opérateurs externes.

Mais les évolutions institutionnelles qui se dessinent aujourd'hui – projet de loi relatif aux responsabilités locales ; rôle accru des partenaires sociaux – vont avoir pour effet de modifier sensiblement les équilibres antérieurs, en donnant plus de poids aux collectivités territoriales et aux partenaires sociaux dans la « commande publique » d'actions en faveur de l'emploi. Ainsi, le nombre et le rôle des commanditaires sont en passe de s'accroître fortement dans le futur.

La question de la régulation de l'offre de services ne se poserait plus alors dans les mêmes termes qu'auparavant. La dispersion actuelle de l'offre de services entre de nombreux organismes de petite taille, peu coordonnés et souvent fragiles financièrement, est un obstacle à la professionnalisation des opérateurs et à l'amélioration de la qualité de l'offre de services (*cf.* chapitre 3). À l'avenir, et si l'on n'y prend garde, à la dispersion des opérateurs peut se superposer une dispersion plus grande encore des « commanditaires », au détriment de la transparence, de la rationalité et de l'équité sur le marché du travail.

Or l'observation du passé montre que la coordination nécessaire est loin d'avoir toujours été réalisée. Dans un certain nombre de cas, des accords entre institutions ont pu manifester une forte volonté de coopération impliquant un réel partage du pouvoir de décision. Les missions locales, les PLIE, la politique d'aide à l'insertion professionnelle des personnes handicapées en sont autant d'exemples. Mais dans d'autres cas, chaque institution a été amenée à prendre des décisions pour des actions relevant de sa seule initiative et ne donnant lieu à aucune coordination avec les autres acteurs de la politique active de l'emploi.

Face aux risques d'une régulation insuffisante de la relation entre l'offre et la demande de services, face aux risques d'incohérence dans la conduite de la politique du marché de l'emploi, l'État conserve une mission spécifique à exercer. Celle-ci tient à la fois à la compétence générale qui demeure la sienne en matière de politique active de l'emploi et au rôle propre qui lui est reconnu dans le contexte institutionnel décrit précédemment : assurer la régulation de l'action publique ; être le garant, en dernier ressort, de l'intérêt général. Ce point fait l'objet de la seconde partie de ce chapitre.

1. Des relations entre le SPE et ses opérateurs répondant mieux aux objectifs de la politique de l'emploi

Au fur et à mesure que le recours aux opérateurs externes a pris de l'ampleur, les relations entre le SPE et ces derniers se sont diversifiées pour apparaître de moins en moins comme de simples rapports de sous-traitance. Deux facteurs principaux sont à l'origine de ce mouvement :

- l'internalisation d'actions imaginées par d'autres acteurs, et que l'État a souhaité intégrer à la politique de l'emploi ;

- la prise de conscience de l'intérêt, pour le SPE, de faire appel à des intermédiaires entre ses agents et les organismes chargés de fournir le service final aux usagers, intermédiaires dont la fonction peut être assimilée à de l'« appui à la maîtrise d'ouvrage », ou encore à un rôle de coordonnateur. Il a pu également apparaître utile de faire appel à des opérateurs jouissant d'une large autonomie pour optimiser l'usage des moyens que le SPE leur déléguait (*cf.* chapitre 6).

Il en résulte des formes d'externalisation où la répartition des fonctions assurées, [1] d'une part, par le Service public de l'emploi et, d'autre part, par les opérateurs externes varie énormément d'une action à l'autre.

1. *Cf. chapitre 2 pour une présentation de ces diverses fonctions.*

L'examen de l'ensemble des mesures et prestations de la politique active de l'emploi pour lesquelles il y a intervention d'opérateurs externes amène à conclure qu'il n'y a que deux fonctions qui relèvent toujours de la responsabilité exclusive du Service public de l'emploi : la rédaction des textes (lois, décrets, circulaires), ainsi que le contrôle d'une exécution de l'action conforme à ces textes. Pour toutes les autres fonctions existent des exemples d'externalisation. Ce constat s'applique tout particulièrement aux fonctions qui correspondent à la phase de mise en œuvre, mais il se révèle vrai aussi, même si l'externalisation y est moins fréquente, pour les deux phases où la responsabilité de l'État apparaît très directement engagée : la conception de la politique active de l'emploi et son évaluation.

Il y a donc aujourd'hui fort peu de « domaines réservés » du SPE dans la conduite de la politique active de l'emploi et il est bien difficile, à partir de l'observation du passé, de mettre en évidence les éléments permettant de dégager une conception, même implicite, de ce qu'il est légitime d'externaliser.

On a fait l'hypothèse (*cf.* chapitre 8) que la mise en œuvre d'une politique de l'emploi plus affinée et plus qualitative encore que par le passé devrait conduire à développer les formes d'actions confiées aujourd'hui, totalement ou partiellement, à des opérateurs externes. Dans cette perspective, proposer des éléments d'une stratégie visant à faire en sorte que le recours aux opérateurs externes participe, au mieux, à la réussite de la politique de l'emploi suppose de répondre à trois questions :

- L'équilibre actuel entre la réalisation en interne des actions et le recours aux opérateurs externes nécessite-t-il d'être profondément modifié ? Y a-t-il des dysfonctionnements majeurs dans la mise en œuvre des actions de la politique active de l'emploi qui ne semblent pouvoir être évités que par un appel sensiblement accru aux opérateurs externes ou, au contraire, par une « réinternalisation » des actions ?

- Quelles sont les fonctions que le SPE doit continuer à assurer et quelles sont celles qui peuvent être externalisées ? Le SPE doit-il faire appel à des intermédiaires pour coordonner l'action des opérateurs et doit-il laisser une large autonomie à certains opérateurs dans l'utilisation des moyens qui leur sont délégués ?

- Quelle doit être la place d'une logique de marché pour réguler les relations du SPE avec les opérateurs ? Dans quelle mesure faut-il faire jouer la concurrence entre les opérateurs ? Faut-il rémunérer les opérateurs en fonction des résultats qu'ils obtiennent ou en fonction des moyens qu'ils engagent ? Faut-il que l'usager choisisse lui-même l'opérateur qui lui fournira les services auxquels il a droit ?

1.1. Un équilibre entre réalisation en interne et recours aux opérateurs externes qui peut être préservé globalement

L'appel aux opérateurs externes s'est principalement développé dans trois domaines :

- les services individualisés aux demandeurs d'emploi ;
- l'appui-conseil aux entreprises ;
- les tâches de gestion des mesures pour l'emploi.

Revoir l'équilibre global entre la réalisation en interne et le recours aux opérateurs externes revient donc à modifier cet équilibre dans l'un ou l'autre de ces domaines.

1.1.1. Les services aux demandeurs d'emploi

Au sein du SPE, le choix a été fait de confier à l'ANPE la responsabilité de la délivrance des prestations aux demandeurs d'emploi. L'ANPE apparaît donc comme le « maître d'œuvre délégué » du ministère pour un volet de la politique active de l'emploi dont on a constaté l'importance croissante. Pour remplir cette mission, l'ANPE fait elle-même un large appel aux opérateurs externes. La transformation de la situation actuelle pourrait résulter :

a) d'une remise en cause par le ministère de la nature de ses relations avec l'ANPE ;

b) d'une décision de l'ANPE de modifier sensiblement le volume des actions qu'elle confie aux opérateurs externes.

a) Le ministère pourrait décider d'attribuer à ses services la responsabilité de la gestion de ces prestations, actuellement confiée à l'ANPE. Ce type d'organisation existe dans quelques pays en Europe (*cf.* chapitre 7). Elle peut conduire le ministère à externaliser entièrement la mise en œuvre des prestations (Pays-Bas) ou à mettre partiellement en concurrence le Service public de l'emploi avec des opérateurs privés (Royaume-Uni). Une telle transformation, qui représenterait une rupture complète avec les orientations définies en France pour le SPE jusqu'à présent, ne pourrait trouver sa pleine justification qu'au regard d'un double constat :

- un manque d'efficacité avéré de l'ANPE dans la mise en œuvre des actions de politique active de l'emploi et une incapacité à travailler en collaboration étroite avec des acteurs privés. Les conclusions de l'instance d'évaluation, du rapport récent de l'IGAS et de l'IGF, du rapport intermédiaire d'évaluation du troisième contrat de progrès de l'ANPE se rejoignent pour souligner au contraire les progrès réalisés par l'ANPE dans la maîtrise de son système de gestion et des relations avec ses sous-traitants, dans la cohérence de son architecture d'ensemble, dans sa capacité à réagir rapidement à des impulsions politiques fortes, telles que le PARE/PAP ;

- la capacité des services du ministère à assurer la gestion des prestations dont la responsabilité leur serait ainsi transférée. Or une gestion interne n'est pas envisageable, compte tenu des moyens humains disponibles dans les services, et les conclusions de l'évaluation vont plutôt dans le sens d'une moindre maîtrise de la gestion des opérateurs externes dans les services du ministère qu'à l'ANPE.

Ces constats conduisent l'instance d'évaluation à préconiser la confirmation de la compétence de l'ANPE pour la délivrance des prestations financées par l'État et destinées aux publics de la politique active de l'emploi. La responsabilité de l'ANPE pourrait même être utilement étendue aux quelques prestations en direction des demandeurs d'emploi (accompagnement CES, suivi post-SIFE, autres actions de ce type financées sur la ligne d'actions spécifiques) qui relèvent encore de la responsabilité directe des services du ministère et dont celui-ci externalise la mise en œuvre. La modicité des crédits consacrés à ces actions, la faiblesse de leurs enjeux tels qu'ils sont perçus par les agents au niveau central comme aux niveaux déconcentrés amènent à s'interroger sur l'existence d'une dynamique interne aux services du ministère qui serait susceptible de favoriser l'amélioration de procédures dont l'évaluation a montré les lacunes actuelles. Aussi, paraît-il préférable de transférer la gestion de ce type de prestations à l'ANPE qui pourrait les intégrer dans la gestion de ses autres prestations, en évitant ainsi les risques d'une mauvaise coordination entre elles.

b) La période qui s'est ouverte avec la conclusion du troisième contrat de progrès entre l'État et l'ANPE a été marquée par une augmentation importante de l'offre de prestations aux demandeurs d'emploi et du poids des crédits consacrés à la rémunération des opérateurs externes, chargés de réaliser la majeure partie de ces prestations. Si, conformément à l'hypothèse de l'instance d'évaluation, le volume global des prestations à délivrer aux demandeurs d'emploi ne diminue pas dans les années qui viennent, la question se pose pour l'ANPE de savoir quelles missions assurer en priorité en interne dans la perspective, probable compte tenu des contraintes budgétaires de l'État, où ses moyens en personnel resteraient à peu près constants.

Les évolutions prévisibles du marché du travail (coexistence de tensions sur le marché du travail et d'un chômage encore important), de même que la nécessité de progresser encore dans l'organisation de l'offre de services aux demandeurs d'emploi (articulation, dans la durée, des diverses prestations fournies à un même demandeur d'emploi, contrôle qualité) pourraient amener l'ANPE à concentrer l'activité de ses agents sur d'autres domaines que la réalisation des prestations : mise en relation offre/demande d'emploi ; diagnostic des besoins des demandeurs d'emploi et orientation vers les prestations adéquates ; suivi de l'activité des prestataires ; conseil aux employeurs. Mais la part de la sous-traitance et de la co-traitance dans la réalisation des prestations est déjà très élevée (plus de 70 % en 2002) et il paraît utile de préserver dans l'avenir la stratégie qui consiste à demander aux agents de l'ANPE de mettre eux-mêmes en œuvre une partie des prestations. Cette fonction est valorisée par de nombreux agents, elle leur permet de développer leurs compétences et leur procure l'expérience nécessaire pour apprécier la qualité du travail des opérateurs à qui sont confiées les mêmes catégories d'action. Enfin, dans un souci d'amélioration de l'efficience, la comparaison coût/efficacité entre la réalisation en interne et l'appel aux opérateurs externes peut être réalisée. Au total, la part des prestations externalisées par l'ANPE pourrait donc encore augmenter, mais dans des proportions limitées.

1.1.2. Le conseil aux entreprises

En comparaison des services individualisés aux demandeurs d'emploi, les actions d'appui-conseil aux entreprises financées par la politique de l'emploi sont restées d'un volume modeste, si l'on excepte les sommes importantes consacrées pendant quelques années à l'appui-conseil ARTT.

Les perspectives du ministère quant à l'importance future des actions dans ce domaine demeurent incertaines. Dans le projet de loi relatif aux responsabilités locales, les mesures d'aide au développement d'entreprises nouvelles dont le ministère avait la responsabilité jusqu'à présent doivent être transférées aux régions. En revanche, les mutations à venir du marché du travail pourraient amener le SPE à engager des programmes ambitieux d'appui-conseil en recrutement et en GRH, tout particulièrement en direction des PME-PMI.

Jusqu'à présent, les services du ministère ont toujours eu recours à des opérateurs externes pour la réalisation des actions dont ils avaient la charge, compte tenu des difficultés techniques éprouvées par les agents pour les mettre en œuvre directement. Rien n'indique qu'elles pourraient être réalisées plus facilement en interne dans l'avenir. L'instance d'évaluation estime donc que le recours aux opérateurs externes devrait demeurer la modalité générale de réalisation de ce type d'action.

L'ANPE, quant à elle, a prévu la possibilité de sous-traiter des prestations de conseil en recrutement, mais a très peu utilisé cette faculté au cours des dernières années. Un contexte de tensions accrues sur le marché du travail, amenant l'Agence à développer son action de conseil aux entreprises, pourrait la conduire à accroître son appel aux opérateurs externes.

1.1.3. L'externalisation des tâches de gestion

Les services du ministère ont externalisé très largement la fonction de paiement pour les principales mesures de politique de l'emploi dont ils ont la charge. Cette option a permis d'améliorer la qualité du service offert aux usagers en termes de délai de paiement et elle a été un important facteur de souplesse de gestion. La convention entre le ministère et le CNASEA a posé les bases d'une relation équilibrée et de long terme entre les deux parties, et assure au ministère les moyens d'un suivi strict de l'action du CNASEA et d'une bonne gestion des mesures concernées.

Les effectifs des services du ministère ne seront certainement pas amenés à croître dans les années qui viennent. Dans un environnement territorial complexe et conduit à évoluer sensiblement dans les prochaines années avec la nouvelle étape de la décentralisation et avec l'engagement des partenaires sociaux dans la politique active de l'emploi, les services déconcentrés ont certainement à développer en priorité leurs capacités à définir des stratégies d'action leur permettant de jouer tout leur rôle dans les partenariats indispensables à la réussite de l'action publique (*cf. infra*). Aussi, le recentrage de leur activité sur des tâches lourdes de gestion courante des mesures paraît-il contradictoire avec les fonctions que le ministère doit développer dans ses services.

La situation est différente à l'ANPE, où le choix a été fait de faire évoluer l'organisation et les compétences des agents afin de pouvoir assurer en interne les tâches nouvelles de gestion que supposait le recours accru aux opérateurs externes. L'efficacité reconnue du système actuel de gestion, la création dans chaque ALE d'un « pôle appui-gestion », les expérimentations de mutualisation des fonctions de gestion au niveau d'un bassin montrent que l'ANPE a su trouver en interne les ressources nécessaires. Recourir dans l'avenir à des opérateurs externes pour assurer les tâches de gestion semble donc comporter plus de risques de fragilisation du système actuel que d'avantages. Se pose aussi la question de la gestion des mesures d'incitation à l'embauche qui s'adressent aux entreprises. Celle-ci est actuellement partagée entre l'ANPE – qui gère le CIE, de même que les stages d'accès à l'entreprise (SAE) [1] – et l'UNEDIC, à qui a été confiée par le ministère la gestion du contrat jeunes en entreprise. Dans la mesure où l'activité des deux organismes devrait être de plus en plus étroitement coordonnée, [2] cette séparation ne semble pas comporter d'inconvénients majeurs pour l'usager en termes d'accès à l'information ou de facilité des démarches administratives. Dans un souci d'optimisation de la qualité des services rendus à l'usager et d'efficience, il pourrait toutefois être utile de mener prochainement une évaluation

1. *Ceux-ci sont destinés le plus souvent à répondre à une offre d'emploi difficile à satisfaire en adaptant le stagiaire aux besoins exprimés par l'entreprise. Ils débouchent en général sur une embauche du stagiaire par l'entreprise.*

2. Cf. *la mission confiée par le ministre des Affaires sociales, de la Solidarité et du Travail à Jean Marimbert, déjà citée.*

comparée de la mise en œuvre de ces mesures [1] pour déterminer qui, à l'avenir, paraît le mieux à même d'en assurer la gestion.

1.2. Les fonctions à conserver en interne et les fonctions susceptibles d'être externalisées

1.2.1. Maintenir un grand pragmatisme dans les décisions

L'imprévisibilité des évolutions du chômage et des transformations qualitatives du marché du travail, de même que l'hétérogénéité des actions de politique de l'emploi et la diversité des usagers concernés par ces actions ont conduit le SPE à faire preuve d'un grand pragmatisme dans les modalités d'externalisation qui ont été adoptées au cas par cas. Suivant le contenu et le volume de l'action à mettre en œuvre, suivant les contraintes internes d'organisation rencontrées par le SPE au moment des décisions à prendre, suivant les caractéristiques des publics et des employeurs que l'on espérait toucher par cette action, des choix très différents ont pu être réalisés.

Il en est résulté des avantages : souplesse de gestion ; adaptation aux besoins des usagers et aux objectifs de l'action ; mobilisation plus facile des intervenants sur le marché du travail, dans leur diversité de statuts. Mais l'évaluation a également mis en évidence les inconvénients de ce pragmatisme. Ceux-ci tiennent principalement aux difficultés rencontrées par le SPE pour caractériser précisément la nature des relations qu'il entend mettre en place avec les opérateurs, ainsi que pour définir et pour gérer les procédures nécessairement diversifiées qui doivent encadrer ces relations. Celles-ci ne peuvent pas se fondre, en effet, dans un cadre complètement standardisé régissant les rapports de commanditaire à sous-traitant, contrairement aux schémas retenus dans d'autres pays (*cf.* chapitre 7).

L'instance d'évaluation estime que les avantages potentiels résultant de la diversité des relations avec les opérateurs externes doivent conduire à maintenir un grand pragmatisme dans les décisions du SPE quant aux fonctions à externaliser et quant aux degrés de liberté laissés aux opérateurs dans la mise en œuvre des actions pour lesquelles ils reçoivent

---

1. Des analyses de ce type avaient d'ailleurs été menées pour le transfert de l'inscription des demandeurs d'emploi de l'ANPE à l'UNEDIC.

des financements. Ces avantages potentiels ne pourront être toutefois concrétisés, sans entrer en contradiction avec les autres objectifs qui doivent être ceux de l'appel aux opérateurs externes – favoriser l'efficience et le respect du principe d'égal accès aux services –, qu'à certaines conditions.

1.2.2. La nature des fonctions qui doivent relever du ministère

La première condition a trait à la nature des fonctions qui, quelles que soient les modalités d'externalisation, doivent être conservées par l'administration en charge de la politique de l'emploi. Trois principes d'action peuvent être avancés :

a) Les fonctions qui, jusqu'à présent, ont toujours été assurées par l'administration – rédaction des textes et contrôle – doivent continuer à l'être car elles restent au cœur des missions de l'État.

b) La maîtrise directe de trois autres fonctions apparaît indispensable en considération des objectifs d'efficience et de respect du principe d'équité :

– la conception de l'architecture d'ensemble des systèmes d'information, afin d'assurer leur cohérence ;

– l'exploitation de ces systèmes d'information par chacune des composantes du SPE dans les champs d'action qui la concernent ;

– l'évaluation.

Ces fonctions revêtent également une importance primordiale par rapport à la nécessité de réguler l'offre de services dans un contexte marqué par une plus grande dispersion de la commande publique (*cf.* sous-partie suivante).

Les systèmes d'information s'avèrent encore souvent insuffisants pour assurer au SPE les moyens d'un pilotage efficace et d'un compte rendu fiable des actions externalisées. Cette situation peut avoir plusieurs causes :

– un déficit d'intérêt porté par les services au suivi d'actions qui sont jugées marginales par rapport aux principales mesures de la politique de l'emploi. Ceci se traduit par une demande réduite d'informations aux opérateurs, par une faible pression exercée sur les opérateurs lorsqu'il s'avère qu'ils ne fournissent pas toutes les informations demandées, ou encore par l'absence, en interne, d'un système d'exploitation susceptible de traiter l'ensemble des informations demandées aux opérateurs afin d'en tirer tous les renseignements utiles au pilotage de l'action ;

- des difficultés techniques à construire un système d'information susceptible de fournir toutes les indications nécessaires à la conduite de l'action compte tenu de la complexité du service rendu à l'usager par les opérateurs, de sa variabilité en fonction des besoins individuels ou de problèmes de compatibilité entre les systèmes d'information préexistants au sein du SPE et chez les opérateurs ;

- le non-respect, par les opérateurs, des clauses de fourniture d'informations, soit du fait des déficiences de leur propre système d'informations, soit parce qu'ils estiment, sans nécessairement l'expliciter, qu'ils n'ont pas à rendre des comptes au SPE sous la forme et selon les modalités définies par ce dernier.

Il ressort de ce constat que plusieurs conditions doivent être remplies pour que le SPE dispose de systèmes d'information qui soient à la hauteur des enjeux qui s'y attachent :

- les agents du SPE doivent être eux-mêmes persuadés de l'importance de ces systèmes, ce qui suppose, à tous les niveaux, une restitution d'informations utiles à leur action sous des formes facilement assimilables ;

- les conventions passées avec les opérateurs doivent comporter des clauses détaillant la nature des informations à fournir, les méthodes pour les obtenir, les délais de leur restitution, les conséquences du non-respect de ces clauses ;

- les critères de choix des opérateurs doivent inclure la capacité de ces derniers à fournir les informations demandées, tout particulièrement lorsque leur sont confiées des fonctions qui excèdent la simple délivrance de services ponctuels aux usagers ; on peut penser d'ailleurs que, dans ce cas, il est tout à fait utile d'associer, dans la mesure du possible, ces opérateurs ou les réseaux auxquels ils appartiennent à la conception du système d'information ;

– les services du ministère doivent encore développer leur capacité à concevoir l'architecture d'ensemble d'un système d'information répondant aux besoins de la conduite de l'action publique pour l'emploi, et chaque composante du SPE doit encore progresser dans sa capacité à l'exploiter aux niveaux national et régional.

En matière d'évaluation, il est nécessaire de distinguer l'évaluation globale de l'action dont la réalisation est confiée, en tout ou partie, à des opérateurs externes et l'évaluation des pratiques de ces opérateurs (*cf.* chapitre 5).

Progresser dans l'évaluation des actions suppose des améliorations portant à la fois sur les techniques et sur les procédures :

- À condition que soit assurée une bonne maîtrise du système d'information, le fait que des actions soient confiées à des opérateurs externes n'est pas source de problèmes techniques particuliers pour l'évaluation. Les obstacles à surmonter sont plutôt liés à la nature même des actions confiées aux opérateurs externes. Il s'agit souvent de prestations qui accompagnent la délivrance d'une mesure de politique de l'emploi pour en améliorer l'efficacité (le conseil aux employeurs dans le programme NSEJ par exemple) ou qui, combinées entre elles, deviennent le cœur de l'action publique pour l'emploi (le PARE/PAP). Les pratiques évaluatives de l'administration ont longtemps été centrées sur la recherche des effets globaux des principales mesures, sans chercher à apprécier les effets induits par les prestations qui pouvaient les accompagner. Les travaux d'évaluation les plus récents (nouveau panel de bénéficiaires de la DARES, analyse des effets de certaines prestations du PARE/PAP) commencent à prendre en compte cette dimension. Celle-ci doit être encore développée à l'avenir pour tenir compte du fait que la politique de l'emploi fait de plus en plus appel à ce type de prestations et moins aux grandes mesures qui, pendant longtemps, en ont constitué l'ossature. Cette orientation présente toutefois des difficultés méthodologiques qui ne peuvent être sous-estimées. Il est beaucoup plus aisé de rechercher les effets, pour un demandeur d'emploi, du passage dans une mesure bien identifiée que les effets de prestations plus ou moins ponctuelles, combinées entre elles ou à d'autres actions.

- Pour ce qui est des procédures, l'instance d'évaluation ne pense pas qu'il soit souhaitable de définir un dispositif standardisé d'évaluation, systématiquement placé sous l'unique responsabilité du ministère. L'expérience a montré toute l'importance de la phase d'appropriation des résultats d'une évaluation par les acteurs et la nécessité de disposer de procédures adaptées à leurs attentes pour que cette appropriation se réalise effectivement. Selon la nature des relations du SPE avec les opérateurs qui participent à la mise en œuvre de l'action à évaluer, selon les missions confiées à ces derniers, selon qu'ils se sont dotés ou non de formes collectives d'organisation, ils peuvent occuper une place plus ou moins importante dans la conduite des évaluations. Mais, dans tous les cas, l'administration doit faire en sorte que soient produits et rassemblés les éléments d'information indispensables à la réalisation des évaluations au niveau national comme au niveau des territoires. Elle doit également s'assurer, dès la création des actions, que les évaluations nécessaires à la conduite de la politique publique de l'emploi seront bien réalisées (introduction d'une obligation d'évaluation dans les textes législatifs, etc.) et qu'elles seront conçues de manière à fournir tous les éléments d'appréciation essentiels. C'est au ministère, et plus particulièrement à la DARES, de contrôler la qualité technique et le respect de la déontologie, et de fournir, si nécessaire, les appuis méthodologiques.

Les évolutions des modalités d'évaluation des opérateurs seront certainement très dépendantes des formes de gestion qui seront adoptées à l'avenir et, en particulier, de la place qui sera accordée aux diverses « modalités du marché » (*cf. infra*). En tout état de cause, il paraît indispensable de remédier à la faiblesse actuelle des procédures formalisées d'évaluation des opérateurs dans les services déconcentrés du ministère, due notamment à l'absence d'une « culture de l'évaluation » qui aurait pu, pourtant, se nourrir des apports méthodologiques des évaluations nationales.

La mise en place de la LOLF devrait contribuer à réduire le cloisonnement entre évaluation nationale des actions et évaluation locale des opérateurs. Mais des progrès sensibles en la matière supposent un effort particulier dans la conception des évaluations nationales et dans le développement des évaluations régionales, ainsi que dans la présentation et dans la diffusion de leurs résultats. Au-delà de l'aide à la décision gouvernementale et de l'information des citoyens, fonctions que les évaluations nationales remplissent bien aujourd'hui, les évaluations nationales et régionales doivent également permettre d'éclairer l'action des acteurs à tous les niveaux.

c) Le recours aux opérateurs externes est devenu une pratique consensuelle au sein du SPE pour de nombreuses fonctions. L'externalisation de certaines d'entre elles continue toutefois à susciter des interrogations, voire des controverses. C'est le cas en particulier de :

- la décision d'attribution des mesures ou prestations ;

- la fonction de coordination (sur un territoire notamment).

L'instance d'évaluation estime que, dans certains cas, le pouvoir de décision sur l'attribution des aides peut être confié à des opérateurs externes. La mesure EDEN en est un bon exemple. Les opérateurs externes qui ont été retenus sont spécialisés dans l'expertise de la viabilité économique des projets de création d'entreprise et disposent de fonds complémentaires à ceux de l'État pour appuyer les créateurs. Ils paraissent donc mieux à même de prendre de bonnes décisions sur les projets qui méritent d'être financés et d'être aidés efficacement que les services du ministère qui ne possèdent pas cette expertise et ne sont pas les mieux placés pour coordonner les circuits de financement nécessaires à la création d'entreprise.

Il faut néanmoins souligner que l'opportunité de confier à un opérateur le pouvoir de décision sur le choix des bénéficiaires d'une action dépend de son mode de rémunération par le SPE. Si l'on suppose, par exemple, que les opérateurs d'EDEN sont rémunérés en fonction du pourcentage de créateurs aidés qui réussissent à développer leur entreprise sur une courte période, il existe un risque élevé que les opérateurs ne décident d'aider que les candidats ayant des projets extrêmement solides au départ. Ceci se ferait au détriment de l'objectif de cette mesure qui cherche aussi à appuyer des créateurs plus fragiles mais qui, aidés efficacement, peuvent viabiliser leur projet. Ce raisonnement s'applique *a fortiori* lorsqu'il s'agit d'actions d'aide à l'insertion de publics en difficulté (*cf. infra*).

L'instance d'évaluation est beaucoup plus réservée quant à l'opportunité de confier à des opérateurs externes, pour des actions financées par le SPE, des fonctions qui supposent de coordonner l'activité d'acteurs aux compétences diversifiées, dépendant de différentes institutions. La fonction de coordination de la consolidation des emplois jeunes en est un exemple. Elle suppose de réaliser des diagnostics locaux sur l'existence d'une demande solvable pour le développement de diverses activités, de mettre en place des partenariats avec les institutions locales et les entreprises susceptibles d'apporter des financements, etc. Si l'on veut faire évoluer les missions des services déconcentrés vers le pilotage de projets territoriaux dans le champ de l'emploi et de l'insertion professionnelle, supposant souvent de larges partenariats, ne faut-il pas leur laisser la maîtrise de ce type d'action en leur fournissant les moyens (formations, appuis techniques, etc.) de gagner en compétence sur des fonctions de conduite de projet et de coordination d'acteurs diversifiés qu'ils maîtrisent encore insuffisamment ?

Une clarification de la nature des relations avec les opérateurs externes

Il ressort de l'évaluation que les relations de sous-traitance donnent lieu aujourd'hui à des procédures contractuelles plutôt bien définies, en particulier à l'ANPE, mais qu'il n'en va pas de même pour les relations d'une autre nature [1]. Celles-ci se trouvent très souvent regroupées sous le vocable de « partenariat », largement utilisé par le ministère en charge de l'emploi pour sa valeur symbolique [2]. Mais l'usage immodéré de la notion

---

1. *Cf. chapitre trois et chapitre 6 pour la présentation de ces autres formes de relation et pour l'analyse des difficultés qu'éprouvent les agents du SPE pour bien les maîtriser.*

2. *Un article récent de Renaud Denoix de Saint Marc, vice-président du Conseil d'État, sur la question de l'administration contractuelle résume bien les motifs qui conduisent l'administration à l'utilisation fréquente de ce terme :* « Il s'agit là d'une notion assez creuse, qui n'a pas, me semble-t-il, de contenu précis sur le plan juridique, mais qui a une valeur symbolique. Dans partenariat, il y a le substantif « partenaire » qui désigne celui avec lequel on est allié, comme dans une équipe sportive. Tous les partenaires d'une équipe sont réputés égaux. Ils ont tous la qualité d'« acteurs » et voilà encore un mot qui connaît un grand succès. Ainsi le partenariat efface toute idée de hiérarchie entre collectivités publiques ou toute idée d'opposition s'il s'agit d'associer à la fois des personnes publiques et des personnes privées, entreprises ou associations. Le vocable de « partenariat » *évoque ainsi un état d'esprit égalitaire et consensuel. Il évoque aussi l'alliance en*

de partenariat pour qualifier toute relation qui ne correspond pas à une simple sous-traitance brouille souvent la clarification indispensable de la nature de cette relation, fait obstacle à la définition précise des attentes du SPE vis-à-vis de l'opérateur, à la détermination des droits et des obligations de chaque partie, à la fixation des résultats attendus des financements apportés par le SPE.

Rien, techniquement, ou dans la nature des relations qui lient le SPE et les opérateurs n'empêche *a priori* ces clarifications [1]. On est là, principalement, devant un problème d'organisation des services du ministère et de capacité des agents à assurer une fonction de maîtrise d'ouvrage, dans la diversité des relations avec les opérateurs qu'elle peut impliquer. Or cette fonction a pris et prendra, selon toute vraisemblance, une place croissante dans les activités des services centraux et déconcentrés du ministère.

Penser l'organisation des services du ministère et le développement des compétences des agents afin que cette fonction soit bien assurée dans l'avenir constitue donc un enjeu essentiel pour que le recours aux opérateurs externes concoure effectivement à la réussite des objectifs attendus, tout particulièrement en termes d'efficience.

1.3. L'appel aux modalités du marché pour réguler les relations avec les opérateurs externes

La présentation, au chapitre sept, de quelques exemples de réformes à l'étranger visant à donner un rôle accru aux opérateurs externes a mis en relief une différence essentielle entre la France et des pays tels que l'Allemagne, le Royaume-Uni ou les Pays-Bas. En France, le développement du recours aux opérateurs externes a eu pour cause principale le souci du ministère de diversifier et d'enrichir les services proposés aux usagers et d'accroître la souplesse de gestion. Dans les autres pays, l'objectif premier a été de gagner en efficience grâce à un appel au marché, ce gain en efficience étant conçu à la fois en termes

---

vue de la réalisation d'un objectif commun, la solidarité entre les partenaires. » ADJA, *19 mai 2003.*

1. Ce diagnostic est moins vrai pour l'ANPE, dont on a vu que les problèmes rencontrés dans l'organisation de la « co-traitance » ne relevaient pas seulement de questions techniques mais qu'ils étaient liés aussi à la forte légitimité institutionnelle de chacun des co-traitants.

d'amélioration des résultats obtenus au regard des objectifs généraux de la politique de l'emploi (baisse du chômage, insertion professionnelle des personnes les plus éloignées de l'emploi) et en termes de maîtrise des coûts.

L'utilisation la plus large possible de tous les instruments permettant de s'approcher d'une forme de régulation marchande de l'offre de services aux « clients » a donc été très largement développée. Cela s'est traduit tout particulièrement par l'usage de trois modalités d'action :

- la mise en concurrence des opérateurs dans un marché largement ouvert à toutes les catégories d'intervenants potentiels ;

- le paiement des opérateurs en fonction des résultats obtenus, et non en fonction des moyens qu'ils engageaient dans les actions qui leur étaient confiées ;

- une certaine liberté laissée au « client » dans le choix de l'opérateur.

Dans les prochaines années, l'objectif de maîtrise des coûts a toutes chances d'être de plus en plus central pour la politique active de l'emploi, compte tenu des contraintes budgétaires très fortes qui vont peser sur elle. Les sommes consacrées aux mesures d'application générale d'abaissement du coût du travail vont croître fortement jusqu'en 2007 pour compenser la hausse des salaires liée à l'alignement progressif des différents niveaux de SMIC sur le niveau le plus avantageux (suite aux lois sur les 35 heures). Le budget global de la politique de l'emploi devant être lui-même contenu, il en résultera une pression particulière sur toutes les autres dépenses de politique de l'emploi. L'objectif d'améliorer les résultats obtenus restera également essentiel car la coexistence possible de pénuries de main d'œuvre dans certains secteurs d'activité et du maintien d'un nombre élevé d'actifs dans des situations durables de chômage mettra en évidence des dysfonctionnements du marché du travail auxquels les pouvoirs publics devront apporter des réponses.

La question de l'opportunité de développer en France l'appel aux modalités du marché se pose donc avec une acuité particulière. Les réformes menées à l'étranger permettent d'avoir aujourd'hui une idée assez précise des avantages et des inconvénients de ces méthodes. Au regard du bilan du fonctionnement actuel de l'appel aux opérateurs externes en France, il est possible d'en déduire des orientations quant à l'intérêt d'y introduire, ou d'y développer, ces modalités du marché, tout au moins pour la forme de relation qui, au vu des expériences étrangères, se prête certainement le mieux à une régulation par le marché : la sous-traitance. On peut, enfin, s'interroger sur les évolutions souhaitables des relations d'une autre nature que la sous-traitance : délégation de maîtrise d'œuvre, assistance à maîtrise d'ouvrage, coordination d'opérateurs, intégration dans la politique de l'emploi d'actions créées à l'initiative d'autres structures.

1.3.1. Les avantages et les inconvénients de ces modalités

Les évaluations des réformes présentées au chapitre 7, confiant aux opérateurs externes une part importante de la mise en œuvre de la politique active de l'emploi et développant les modalités d'action qui viennent d'être évoquées, aboutissent à des conclusions convergentes.

La *Productivity Commission*, dans son rapport d'évaluation sur la réforme australienne, présente une synthèse très éclairante de ces conclusions qui est reprise dans le tableau de la page suivante.

Il est superflu d'en faire un commentaire détaillé, mais il peut être utile d'ajouter quelques conclusions absentes du tableau et qui, pourtant, ressortent nettement des évaluations réalisées dans les divers pays, ainsi que d'expliciter les conséquences que l'on peut tirer de certaines des conclusions qui s'y trouvent. Il faut également signaler que les activités sous-traitées relèvent toujours de l'appui aux demandeurs d'emploi et non du conseil aux entreprises, dont on a vu qu'il représentait en France une part non négligeable de l'appel aux opérateurs externes. Ceci s'explique par l'absence de ce type d'action dans les politiques actives de l'emploi des pays observés.

Avantages et inconvénients potentiels de l'introduction des instruments d'une « régulation marchande » entre le SPE et ses opérateurs

	Avantages potentiels	Inconvénients potentiels
Compétition entre les opérateurs	Incite à l'adoption de meilleures pratiques Possibilité de coûts plus bas ou d'offrir des services à plus de clients pour le même budget Encourage la sortie des opérateurs les moins efficaces	Réduction possible de la qualité si la compétition est fondée principalement sur les prix Coopération plus faible, y compris pour la diffusion des meilleures pratiques Perte possible d'économies d'échelle
Paiement fondé sur les résultats obtenus	Oblige le SPE à clarifier ses objectifs Meilleure focalisation de l'action sur ces objectifs Plus grande flexibilité Permet de quantifier les résultats Permet d'éviter la dispersion des fonds sur des activités ayant peu de chances de conduire à des résultats Plus facile à piloter, une fois que la mesure de la performance est définie Ne nécessite pas de financer toujours l'opérateur à hauteur des dépenses qu'il a engagées	Inéquité – perçue ou réelle – du fait de pratiques de sélection et de mise à l'écart chez l'opérateur Focalisation possible de l'opérateur sur les revenus à court terme, au détriment de l'intérêt à long terme du client Difficultés à suivre les dépenses réellement engagées par l'opérateur Peut nécessiter une structure de paiement complexe Nécessité de prévoir des dispositions en cas de défaillance financière des opérateurs Complexité des contrats Faible information sur le contenu des actions qui se révèlent efficaces
Choix de l'opérateur par le client	Permet au client d'exprimer ses préférences Celui-ci peut ajuster son choix en fonction de ses besoins personnels Récompense le succès des opérateurs Incite les opérateurs à améliorer leurs services	Pertes d'économies d'échelle Occasionne des frais supplémentaires pour le client Coûts additionnels possibles quand le client modifie son choix Peut nécessiter un mécanisme d'orientation par défaut Risques de faillite Complique la standardisation

Source : Productivity Commission, *Independent Review of Job Network, Inquiry Report*, n° 21, 3 juin 2002, Australie

La mise en concurrence des opérateurs est un facteur d'efficience en ce qu'elle les incite à améliorer le contenu de leurs actions et à accepter de les réaliser pour un prix relativement bas. Néanmoins, l'une des conclusions qui s'impose dans tous les pays est que le choix des opérateurs ne doit pas s'opérer principalement en fonction des prix qu'ils proposent car le risque est trop élevé que les prestations fournies par la suite soient de faible qualité. Le fait que l'offre et la demande de services ne puissent pas s'ajuster spontanément par les prix est le signe qu'il est impropre de parler d'un « marché de l'offre de services » et que l'on se trouve plutôt dans des situations de « quasi-marché » [1]. C'est, surtout, la capacité de l'administration à fixer un prix standard (ou au moins un prix plancher) adéquat qui apparaît comme un facteur essentiel pour que l'appel aux opérateurs externes se révèle efficient.

Un autre facteur, non cité dans le tableau, peut venir contrecarrer la recherche d'efficience. Afin de s'assurer de la qualité des prestations que les opérateurs sont susceptibles de fournir, l'administration est amenée à rédiger des cahiers des charges très détaillés pour les appels d'offre et à exiger des candidats des réponses extrêmement complètes à ces cahiers, d'où des charges administratives très lourdes, à la fois pour l'administration et pour les opérateurs. Celles-ci amputent d'autant les budgets disponibles pour l'action. Cette situation a souvent amené les administrations à faire des appels d'offres attribuant des marchés pour plusieurs années. Elle les a aussi incités, dans certains cas, à reconduire d'office les contrats passés avec des opérateurs retenus dans les précédents appels d'offres et dont le travail avait été jugé satisfaisant, en les dispensant de répondre à un nouvel appel d'offres.

Dans les pays où la mise en concurrence a été introduite il y a déjà quelques années, un même phénomène d'accroissement initial du nombre des prestataires, puis de réduction assez sensible de ce nombre, a été observé. Ainsi, en Australie, est-on passé de plus de 260 opérateurs sélectionnés lors de la première vague d'appels d'offres pluriannuels à une centaine seulement lors de la troisième vague. La « maturité » du marché

---

1. Un rapport du Conseil d'analyse économique sur la formation professionnelle continue aboutit d'ailleurs à une conclusion similaire, selon laquelle il n'y a pas en France de « marché de la formation continue », faute d'ajustements par les prix Gauron (A.), Formation tout au long de la vie, *La Documentation française, 2000.*

semble donc se traduire par la sortie de nombreux prestataires jugés insuffisamment performants.

Les avantages et les inconvénients *du paiement basé sur les résultats* sont parfaitement explicités dans le tableau et ne nécessitent pas de commentaires supplémentaires. On soulignera seulement que cette modalité de paiement est d'autant plus facile à mettre en œuvre que les objectifs fixés au prestataire peuvent être quantifiés. La quantification du résultat semble relativement aisée pour une prestation longue d'accompagnement, devant déboucher sur l'accès à l'emploi. Elle l'est beaucoup moins pour une prestation ponctuelle : comment, par exemple, payer au résultat l'opérateur d'un atelier ayant pour but de fournir aux demandeurs d'emploi une meilleure maîtrise des techniques de recherche d'emploi ?

Pour tenter d'éviter les risques d'inégalité de traitement signalés dans toutes les évaluations lorsqu'il y a paiement au résultat, la plupart des pays ne laissent pas à l'opérateur le choix des demandeurs d'emploi auxquels ils auront à fournir des services. Ceux-ci sont orientés vers un opérateur par le Service public de l'emploi ou ils sont maîtres de leur choix.

Pour ne pas soumettre les opérateurs à des aléas trop grands quant à leurs chances d'atteindre les résultats qui leur sont fixés, aléas qui seraient extérieurs à la qualité de leur action (spécificité des personnes auxquelles ils doivent offrir des services, conjoncture de l'emploi, etc.), il paraît nécessaire de prévoir une taille et une durée du marché avec chaque opérateur qui ne soient pas trop faibles.

Enfin, laisser au demandeur d'emploi *la liberté de choisir son opérateur* suppose que, pour faire un choix éclairé, il puisse disposer d'une information riche et objective sur les opérateurs auxquels il peut s'adresser, sur l'activité de chacun, sur sa spécialisation, sur les résultats qu'il a obtenus par le passé, etc. La construction de ce système d'information par l'administration ou par un organisme indépendant suppose un travail lourd et continu reposant sur une connaissance fine de l'activité de chaque opérateur et sur l'évaluation de ses résultats. Cette liberté suppose aussi, pour qu'elle soit exercée, que le demandeur d'emploi soit motivé pour bénéficier des actions qui lui sont prescrites. La liberté de choix de l'opérateur semble donc devoir aller de pair avec un système où le demandeur d'emploi peut réellement définir, avec le prescripteur (SPE ou autre institution), le contenu des actions qu'il aura à suivre.

1.3.2. Est-il opportun de développer ces modalités en France ?

a) *La mise en concurrence des opérateurs* est une modalité d'action déjà très utilisée en France dans les relations avec les sous-traitants. Elle s'est encore développée et a été mieux formalisée avec la mise en place du nouveau code des marchés publics. Le problème principal induit par cette mise en concurrence est aujourd'hui la dispersion très grande de ces opérateurs et l'absence d'une dynamique perceptible de professionnalisation dans de très nombreux cas (*cf.* chapitre 3). L'enjeu essentiel est donc de construire des modalités de mise en concurrence qui favorisent la professionnalisation des opérateurs. Celle-ci passe en premier lieu par un resserrement de leur nombre, à l'exemple des mouvements constatés à l'étranger. Or, actuellement, la conjugaison de procédures d'habilitation assez lâches, quand elles existent, et d'un choix des opérateurs souvent effectué au niveau local ou départemental ne favorise pas ce resserrement. Des procédures d'habilitation plus strictes et/ou une mise en concurrence et un choix des opérateurs réalisés au niveau régional pourraient en revanche y contribuer. Dans tous les cas, le choix des opérateurs devrait très largement prendre en compte leurs réalisations antérieures afin de concentrer les financements publics sur ceux qui obtiennent les meilleurs résultats. Ceci suppose les améliorations des systèmes de suivi et d'évaluation précédemment évoqués.

Il ne s'agit pas pour autant de fermer le marché aux opérateurs nouveaux, en particulier quand ils cherchent à exercer dans des zones où l'offre de services est insuffisante. Le souci de choisir les opérateurs les plus performants ne doit pas non plus conduire à des procédures de mise en concurrence et de sélection tellement lourdes qu'elles détournent de l'action vers les usagers une partie non négligeable des moyens financiers et humains. Les pratiques développées en la matière dans d'autres pays (Royaume-Uni, Pays-Bas, Australie...) pourraient être utilement étudiées pour juger de leur adaptation à la situation française.

b) *Le paiement aux résultats* n'est pratiquement pas utilisé en France. Rien ne semble justifier qu'il en soit toujours ainsi à l'avenir. Par rapport aux pratiques actuelles, il aurait en particulier l'intérêt d'obliger le SPE à mieux préciser ses attentes à l'égard des opérateurs, à bien définir les objectifs qu'il leur fixe et à expliciter un niveau de résultats acceptable pour ces actions, tout comme il devra le faire avec la mise en place de la LOLF.

L'évaluation des réformes étrangères montre toutefois que le paiement aux résultats suppose, pour être avantageux à la fois pour le service public et pour les opérateurs performants, de bien maîtriser trois facteurs :

- une quantification adéquate des résultats attendus ;
- la prise en compte de variables telles que le niveau des difficultés rencontrées par les personnes, l'état du marché local du travail, la conjoncture de l'emploi ;
- une spécification des modalités de paiement qui soit fondée sur la performance des opérateurs, mais qui évite de les placer dans des situations financières trop difficiles en cas de résultats provisoirement décevants (qui peuvent d'ailleurs être dus à des facteurs extérieurs, mal pris en compte par le système de paiement). D'où des systèmes mixtes de rémunération intégrant le coût des actions mises en œuvre par les opérateurs, leurs résultats intermédiaires et leurs résultats finaux.

Les évaluations étrangères montrent la difficulté de prendre correctement en compte ces divers facteurs. On ne constate pas, pour autant, un abandon de ces méthodes dans ces pays, mais des essais successifs d'ajustement qui se traduisent parfois par une grande fréquence de modification des modalités de paiement, voire par une excessive instabilité. Ces constats conduisent l'instance d'évaluation à suggérer que soient réalisées des expérimentations portant sur des actions où la maîtrise de ces facteurs paraît la moins difficile (cellules de reclassement, prestation d'accompagnement individuel vers l'emploi de l'ANPE par exemple). Ces expérimentations devront être accompagnées de procédures d'évaluation assez complètes pour qu'on puisse en tirer des leçons avant de statuer sur l'opportunité de généraliser le paiement aux résultats et de l'étendre à d'autres catégories d'actions.

c) Les employeurs disposent déjà en France de *la liberté de choisir leur prestataire* d'appui-conseil parmi les opérateurs retenus à la suite de procédures d'habilitation en général assez souples. Permettre aux demandeurs d'emploi de disposer de ce même droit est un objectif intéressant, vers lequel on peut tendre, mais à moyen terme. La dispersion actuelle de l'offre de services et l'absence de toute information systématique sur le contenu et sur la qualité des prestations fournies par les opérateurs, qui pourrait être diffusée aux demandeurs d'emploi pour guider leur choix, conduisent l'instance d'évaluation à ne pas préconiser cette option pour le moment.

Les risques seraient grands d'aboutir rapidement à une situation qui ne garantirait nullement l'atteinte des objectifs d'efficience et d'équité. Le Service public de l'emploi, seul ou, si possible, avec les autres institutions actives sur le marché de l'emploi (*cf. infra*), doit s'attacher en priorité à assurer la transparence du marché et à mettre en place les structures de diffusion de l'information et de conseil aux demandeurs d'emploi indispensables pour les aider dans leurs choix. Là encore, des progrès sensibles ne pourront être réalisés que si un suivi et une évaluation systématiques des pratiques des opérateurs et de leurs résultats sont mis en place. Les procédures adoptées par les pouvoirs publics australiens dans ce domaine méritent, notamment, un examen attentif.

1.3.3. Développer l'intermédiation entre le SPE et les opérateurs finaux

Les démarches instituant un intermédiaire chargé d'organiser, pour le compte du SPE, l'action des opérateurs délivrant le service direct aux usagers ont pris beaucoup d'ampleur depuis la fin des années quatre-vingt-dix, qu'il s'agisse des services aux demandeurs d'emploi ou des services aux employeurs. La formalisation des partenariats de l'ANPE, le rôle central donné aux missions locales dans la mise en œuvre du programme TRACE, le soutien au développement des PLIE, la fonction de coordination confiée à l'ANACT, puis aux organisations professionnelles et aux organismes consulaires, pour l'appui-conseil à la réduction du temps de travail en sont quelques exemples.

Dans les limites des fonctions qu'il paraît légitime de confier à des opérateurs externes (*cf. supra*), l'instance d'évaluation considère que ce mouvement doit être poursuivi. Bien encadré, il permet en effet au SPE de combiner l'apport des compétences propres aux opérateurs externes et le souci d'assurer une cohérence de l'action publique qui pourrait souffrir de la dispersion de l'offre de services entre de très nombreux sous-traitants mis en concurrence.

La nature des relations entre ces intermédiaires et le SPE diffère de celles que ce dernier entretient avec ses sous-traitants car elles s'inscrivent d'emblée dans une perspective à moyen terme d'appui à la professionnalisation des opérateurs, de développement et de mise en cohérence de leur offre de services.

a) Préserver le rôle spécifique des réseaux associatifs et des autres organismes à but non lucratif

Les fonctions de coordination ont été jusqu'à présent assurées par deux grands types de structures : d'une part, des organismes publics ou des organismes à but non lucratif créés à l'initiative d'institutions publiques ; d'autre part, des réseaux associatifs. Ces derniers peuvent être des réseaux préexistants qui ont apporté leur appui à des initiatives locales et qui ont cherché à les développer sur l'ensemble du territoire, ou encore des réseaux associatifs plus récents qui se sont progressivement structurés à partir d'initiatives locales pour l'emploi et l'insertion professionnelle.

Y compris dans les pays les plus libéraux, le rôle spécifique des associations parmi les opérateurs privés est reconnu, en ce qu'elles permettent de dépasser, au moins partiellement, la limite principale de la régulation marchande – la difficulté à assurer l'égal accès aux droits et aux services –, grâce à des principes d'action reposant sur la mobilisation citoyenne et le bénévolat. Le ministère a aujourd'hui une assez longue expérience du travail en commun avec les réseaux associatifs nationaux dans le domaine de l'insertion par l'activité économique, ainsi qu'avec d'autres réseaux qui ont joué un rôle important dans le développement des actions d'appui à la création d'entreprise et de conseil aux employeurs.

Les instruments existent pour promouvoir ces formes de coopération sur le moyen/long terme. Les conventions « promotion de l'emploi » permettent, par exemple, de conclure des conventions pluriannuelles d'objectifs avec les têtes de réseaux associatifs, afin qu'elles puissent développer durablement leurs actions d'animation, de professionnalisation et d'élargissement de leurs réseaux. Ces conventions permettent aussi d'engager des actions prioritaires dont la définition est élaborée en commun.

L'instance d'évaluation estime que le rôle joué par ces réseaux doit être conforté. Cela suppose que le ministère s'engage sur les moyens financiers qui devraient leur être accordés sur un horizon de plusieurs années et qu'il remédie aux aléas constatés dans la délégation des crédits annuels qui leur sont destinés. Il faut également prendre soin de bien coordonner l'action de l'administration avec ces réseaux aux différents niveaux (national et régional).

La volonté de coopération ne doit pas, pour autant, empêcher une clarification des droits et des obligations de ces réseaux, dans leurs relations avec le ministère : définition précise des résultats attendus et des soutiens financiers qui leur sont apportés (sous forme de contrats d'objectifs) ; systèmes d'information à mettre en place ; modalités de suivi et d'évaluation de l'action des réseaux et de leurs membres.

Le ministère doit aussi développer sa capacité de repérer de nouveaux réseaux associatifs, se doter des moyens de tester la pertinence de leur démarche et les aider à se développer, afin d'éviter les risques de « fermeture » sur des réseaux plus anciens dont les capacités d'innovation et de développement s'affaibliraient.

b) Ouvrir l'intermédiation à d'autres opérateurs

Les difficultés constatées aujourd'hui pour atteindre les objectifs ambitieux de développement définis il y a quelques années pour certains réseaux montrent bien, pourtant, que la voie du soutien aux organismes à but non lucratif pour assurer des fonctions d'intermédiation n'est pas la seule possible. Le développement du marché de l'offre de services, de même que la diversification des commanditaires, amèneront sans doute des entreprises à se positionner sur ce segment d'activité.

Face à l'absence, sur une partie des territoires, de dispositifs d'intermédiation efficaces, et afin d'assurer l'effectivité du principe d'égal accès aux droits et aux services, il apparaît légitime que le ministère cherche à mobiliser l'ensemble de l'offre potentielle de services en organisant, sur ces territoires, des appels d'offres ouverts à toutes les catégories d'organismes.

2. Des relations organisées entre les commanditaires

L'organisation d'un marché des opérateurs externes plus transparent et plus efficient suppose que l'on porte une grande attention à l'évolution qui se dessine, ou se renforce, du nombre de commanditaires intervenant dans la gestion du marché du travail. Faute d'une coordination entre eux, le marché des opérateurs, et le marché de l'emploi lui-même, peuvent être soumis à des mouvements techniquement incohérents, économiquement coûteux et socialement inéquitables.

2.1. Les perspectives tracées pour l'action publique impliquent une mise en cohérence des différentes institutions commanditaires

La mise en cohérence des rapports que les institutions commanditaires (SPE, collectivités territoriales, organismes dépendant des partenaires sociaux) vont être amenées à développer avec des opérateurs externes doit être pensée à deux niveaux.

Le premier niveau concerne les actions qui relèvent précisément de la politique active de l'emploi : les services aux demandeurs d'emploi (services ponctuels, accompagnement vers l'emploi) et, à un moindre degré, l'appui-conseil aux entreprises (politiques de recrutement, de gestion des ressources humaines). Le partage des responsabilités, tel qu'il se dessine aujourd'hui, montre en effet que le recours à des opérateurs externes pour l'offre de services aux demandeurs d'emploi va venir à la fois :

- du Service public de l'emploi, qui aura à poursuivre ses actions actuelles ;
- des Conseils généraux, dans le cadre des nouvelles responsabilités qui leur sont confiées dans le champ de l'insertion professionnelle des bénéficiaires du RMI ;
- des Conseils régionaux, qui auront la charge de plusieurs des volets du nouveau programme CIVIS et qui assureront, plus généralement, une offre de services élargie pour les jeunes demandeurs d'emploi par l'intermédiaire des missions locales ;

- des organismes dépendant des partenaires sociaux, dans le cadre de la co-traitance avec l'ANPE pour le PARE/PAP, mais aussi dans le cadre des expérimentations de financement direct d'opérateurs externes par l'UNEDIC qui sont menées actuellement.

Or le contenu des prestations demandées aux opérateurs externes par chacune de ces institutions apparaît très proche, sinon identique, et il n'y a pas non plus de partage clair des publics, tous pouvant, ou non, être inscrits à l'ANPE et bénéficier des prestations qu'elle gère. Il est trop tôt pour apprécier les conséquences de cette situation, mais deux types de risques peuvent être d'ores et déjà soulignés, compte tenu de ce que l'on sait des expériences étrangères et, notamment, des difficultés rencontrées en Allemagne pour coordonner l'action des communes et du Service public de l'emploi en direction des bénéficiaires de l'aide sociale (*cf.* chapitre 7) :

- un risque d'inefficience et de mauvaise allocation des moyens, les mêmes services étant offerts aux mêmes personnes sur les mêmes territoires par plusieurs institutions alors qu'aucune d'entre elles n'organiserait une offre de services adéquate dans d'autres territoires ou pour d'autres publics ;

- un risque, pour les demandeurs d'emploi, de multiplier les démarches inutiles et de ne pas pouvoir bénéficier des services auxquels ils ont droit et qui leur faciliteraient l'accès à l'emploi, faute de disposer des informations nécessaires pour repérer l'interlocuteur susceptible de les faire accéder à ces services.

Le second niveau de la coordination nécessaire porte sur le lien à établir entre l'offre de services de la politique de l'emploi et l'offre de services dans les champs voisins de la formation professionnelle, de l'appui au développement économique, ou encore de l'action sociale. La nécessité de coordonner ces offres tient à deux raisons :

- d'une part, les opérateurs qui sont susceptibles d'intervenir sur ces divers domaines d'action sont, en grande partie, les mêmes (*cf.* chapitre 3). Une modification dans les volumes ou dans les modalités de la commande publique dans l'un de ces domaines (prix, priorités d'action, procédures et critères de choix des opérateurs) risque donc d'avoir des effets quasi immédiats sur l'offre de services dans les autres domaines ;

– d'autre part, les évolutions du contexte socio-économique et les situations inédites qui vont en résulter sur le marché du travail appellent à définir un nouveau cadre d'action pour les pouvoirs publics. Celui-ci pourrait être résumé par l'objectif suivant : favoriser l'adaptation conjointe des hommes et des organisations afin que les entreprises disposent des compétences et de la souplesse nécessaires à leur performance, tout en offrant aux personnes les droits et les services indispensables à une meilleure maîtrise de leur carrière professionnelle et à une certaine sécurité de vie [1]. Des thèmes tels que l'« assurance emploi » ou le « droit à la formation tout au long de la vie » rendent compte, aujourd'hui, de cet objectif.

Sa traduction en actions concrètes suppose toutefois que les individus puissent bénéficier d'une continuité dans l'exercice de leurs droits et dans l'offre de services qui s'y rattachent. Or cette continuité n'est pas assurée aujourd'hui lorsqu'une personne passe d'un statut à l'autre, faute d'une coordination suffisante entre les diverses institutions responsables de l'offre de services pour chacun de ces statuts (salarié, travailleur indépendant, stagiaire, demandeur d'emploi, allocataire de minima sociaux, inactif).

2.2. Partenariats entre institutions et implication dans de nouvelles formes de gouvernance locale

Il n'appartient pas à l'instance d'évaluation d'envisager la nature des relations qu'entretiendra à l'avenir le SPE avec les autres institutions intervenant dans le champ de l'emploi et dans les champs connexes. Il est clair, néanmoins, que la nature de ces relations influencera grandement les modes de régulation du recours aux opérateurs externes. C'est dans cette optique que l'instance d'évaluation a souhaité reprendre certaines des analyses existantes sur les conditions d'un bon fonctionnement du modèle d'action qui paraît sous-tendre depuis de nombreuses années la politique d'appui aux initiatives locales développée par le ministère,

1. Gestion de l'emploi, gestion des compétences et formation professionnelle, *rapport du groupe de travail présidé par Marie-Laure Morin, Commissariat général du Plan, 2003.*

modèle qui s'est précisé depuis quelques années avec la mise en place de la « territorialisation ».

L'accent mis par le ministère sur la nécessaire territorialisation de la politique active de l'emploi correspond, en effet, à l'idée largement partagée aujourd'hui dans les pays développés, [1] qu'une action publique efficace, ayant pour ambition non seulement d'adapter les personnes aux besoins exprimés par les employeurs mais aussi de maintenir la cohésion sociale, passe par des formes nouvelles d'action locale, qu'il s'agit, bien sûr, d'articuler avec les autres niveaux de l'action publique (national, européen). S'inscrire dans ces perspectives suppose d'influer sur le fonctionnement des marchés locaux du travail dans un sens favorable au développement d'activités nouvelles riches en emplois, faisant converger initiatives privées et politiques publiques et susceptibles de favoriser l'accès à l'emploi des personnes en difficulté. L'insertion par l'activité économique et le programme « nouveaux services - emplois jeunes » sont très représentatifs de ces tentatives, mais d'autres instruments, comme les conventions promotion de l'emploi, poursuivent ce même objectif.

Les actions développées en ce sens en France comme à l'étranger comportent plusieurs points communs [2] :

- le recours aux partenariats entre administrations publiques et acteurs sociaux ;
- l'accent mis par ces partenariats sur les initiatives locales ;
- la volonté de déconcentrer les services publics ;
- le souhait de lier étroitement la compétitivité économique locale et l'insertion sociale.

Sans rejeter du tout les formes de relations marchandes entre les institutions et les autres intervenants sur le marché du travail, elles

---

1. Le consensus sur l'intérêt de ce type d'action se traduit notamment par des soutiens réguliers de la part de la Commission européenne (Pactes territoriaux pour l'emploi, financements du FSE) et de l'OCDE (programme LEED).

2. Cf. en particulier pour une présentation détaillée des actions menées dans divers pays : Local Partnerships for Better Governance, *Publications de l'OCDE (programme LEED), 2001.*

inscrivent ces relations dans des formes plus complexes de « gouvernance locale » qui visent à assurer l'efficience de l'action publique sur le moyen/long terme à partir de la constitution d'un « capital social et organisationnel » fondé sur la confiance, l'engagement, l'apprentissage du travail en commun, la programmation à long terme, etc.

Les analyses du fonctionnement de ces actions dans divers pays de l'OCDE mettent en évidence l'importance à attacher à de nombreux éléments qui s'avèrent essentiels pour leur réussite [1]. Sans les citer tous, il paraît utile de signaler ceux qui sont susceptibles d'apporter des enseignements précieux sur la nature et sur les modalités des relations que les institutions commanditaires pourraient, à l'avenir, entretenir entre elles et avec les opérateurs externes, ainsi que sur le rôle de l'État dans la construction et dans la régulation des relations avec ces opérateurs. Ces éléments sont les suivants :

– la nécessité d'une définition très claire des mandats du partenariat, sur deux points en particulier :

  • les formes de participation des services de l'État et le niveau de leur engagement. La capacité des partenariats locaux à mener à bien des actions de long terme dépend en effet largement de l'importance de cet engagement [2] ;

  • le choix de construire une structure partenariale délivrant elle-même des services ou de limiter le champ d'action du partenariat à la coordination des services délivrés par les organismes préexistants sur le territoire ;

– le rôle essentiel de principes de gestion reposant sur :

---

1. *Pour une présentation détaillée de ces questions,* cf. *Considine (J.), « Local Partnerships : Different Histories, Common Challenges – A Synthesis », in* Managing Decentralisation : A New Role for Labour Market Policy, *Publications de l'OCDE, 2003.*

2. *Considine (J.), «* L'un des paradoxes de la tendance générale vers la localisation et la décentralisation est qu'elle exige un leader puissant au niveau de l'État, faute de quoi le mandat est trop diffus pour étayer des actions à long terme. *», op. cit.*

- la nécessaire transparence des critères d'affectation des ressources ;

- des engagements financiers à long terme des institutions publiques, condition indispensable pour que des acteurs privés acceptent d'apporter leur contribution financière ;

- la possibilité pour les structures partenariales d'accumuler des fonds propres afin de disposer d'une certaine indépendance financière ;

– une définition des modalités d'évaluation des actions menées en partenariat devant concilier la nécessaire harmonisation des critères de performance fixés à ces actions avec les critères habituels de performance de chaque institution partenaire et l'introduction de critères propres d'évaluation, portant notamment sur l'appréciation de la « qualité de la gouvernance » au sein du partenariat ;

– une claire conscience, de la part des institutions, des compétences nécessaires aux agents impliqués dans ces actions. Celles-ci sont différentes des compétences qu'ils doivent mobiliser dans leur propre institution et il s'avère indispensable d'assurer la formation de cadres spécialisés dans la médiation entre institutions.

2.3. Régulation entre commanditaires et rôle central de l'État dans cette régulation

Parachever la réflexion sur le rôle de l'État dans la régulation de la commande publique de services aux opérateurs externes suppose qu'on s'affranchisse, à ce stade, du postulat de départ selon lequel l'instance d'évaluation n'avait pas à examiner les relations internes au Service public de l'emploi, l'activité du ministère et celle de l'ANPE n'étant observées que dans leurs fonctions de commanditaires d'opérateurs extérieurs au SPE. Il ne s'agit pas ici de prendre parti sur la forme que peut prendre la restructuration nécessaire des relations entre les différents commanditaires qui agissent, ou vont agir, sur le marché du travail, objet d'autres travaux. Mais, au regard des objectifs des travaux de l'instance, concernant les rapports entre commanditaires et opérateurs, un certain nombre de pistes fonctionnelles peuvent être exprimées. La façon dont l'État peut assurer une régulation de la commande publique dépend en effet étroitement de la manière dont évolueront ses relations avec l'ANPE, lesquelles, du fait des transformations du contexte présentées au chapitre 8, ne peuvent rester exactement les mêmes qu'auparavant.

En effet, les orientations qui se dessinent aujourd'hui pour l'avenir de l'ANPE semblent conduire à la coexistence de relations de nature différente avec diverses catégories de commanditaires :

- des relations étroites entre l'État et l'ANPE, continuant à être régulées par des contrats de progrès, intégrant éventuellement l'UNEDIC (*cf.* la convention en cours pour le PARE) ;

- une activité de l'ANPE, en tant qu'opérateur parmi d'autres, sur des marchés concurrentiels où les commanditaires seraient les collectivités territoriales (Conseils généraux en premier lieu), mais aussi les entreprises (dans le cadre des opérations de reclassement en particulier).

Ce double mode de régulation de l'activité du SPE est certainement réalisable. Si l'on se réfère à l'exemple de plusieurs autres pays (Pays-Bas, Australie, Royaume-Uni), il faut être conscient toutefois qu'il peut conduire, à plus ou moins brève échéance, à des scénarios très différents. C'est pourquoi l'instance d'évaluation préconise le maintien de la place de l'ANPE en tant que maître d'œuvre délégué pour l'ensemble des prestations aux demandeurs d'emploi financées par l'État. Tout en estimant qu'une déconcentration accrue de l'ANPE devrait lui permettre de mieux répondre aux attentes des institutions commanditaires autres que l'État, elle souhaite écarter les risques de tension et de contradiction de priorités, ou même d'éclatement, que pourrait subir l'ANPE en raison d'un affaiblissement de ses liens avec le ministère en charge de l'Emploi.

Ces risques écartés, l'action de régulation de l'État peut varier sensiblement dans son ampleur et dans ses méthodes. Elle peut également se modifier dans le temps, en fonction des bilans des actions passées. Un examen attentif du positionnement de l'État dans d'autres secteurs de l'action publique serait d'ailleurs précieux pour mieux cerner la diversité des postures possibles, leurs avantages et leurs inconvénients.

a) Plusieurs arguments peuvent être avancés pour retenir une orientation où le rôle régulateur de l'État serait fortement affirmé, en particulier au niveau régional :

- les risques d'incohérence évoqués plus haut ;
- le constat selon lequel l'action publique sur le marché du travail ayant été jusqu'à présent du seul ressort de l'État, les autres institutions manquent d'expérience en la matière ;
- la nécessité de disposer d'une information complète, fiable et homogène sur le fonctionnement du marché du travail et de pouvoir concentrer les moyens disponibles en vue d'actions ciblées et rapides, alors que s'annonce une transformation profonde de ce marché, susceptible d'entraîner de nombreuses tensions.

La formule du contrat de progrès verrait sa vocation élargie. Le contrat, comme à l'ordinaire, fixerait à l'ANPE des objectifs correspondant à ses missions classiques et à la délivrance des prestations que l'État finance. Son rôle serait aussi d'assurer la régulation de la commande publique de services aux opérateurs externes dans les conditions déjà évoquées. Le contrat devrait encore définir l'équilibre que l'ANPE devrait respecter entre la mission confiée par l'État et celles de ses autres commanditaires. Enfin, la régulation, tant pour des motifs de transparence que d'efficience et d'équité, pourrait justifier que soit réaffirmée l'obligation d'inscription à l'Agence pour tout demandeur d'emploi souhaitant bénéficier de prestations d'aide à l'insertion professionnelle, quel qu'en soit le financeur. On pourrait, encore, imaginer de s'inspirer des exemples néerlandais et australiens (*cf.* chapitre 7) pour confier à l'ANPE une fonction de diagnostic systématique sur le niveau de services nécessaire à chaque demandeur d'emploi avant tout financement de prestations par l'État ou par une autre institution.

Les coopérations qui se sont développées par le passé entre l'État et les autres institutions ont conduit à la création de nombreuses structures partenariales, à qui sont confiées des fonctions de maîtrise d'œuvre déléguée ou de coordination de l'action des opérateurs en direction de certains publics ou sur certains territoires : missions locales, PLIE, CDIAE, PDITH, etc. La nouvelle configuration institutionnelle (approfondissement de la décentralisation, rôle accru des partenaires sociaux) ne doit pas aboutir à la disparition de ces structures ou au retrait de certaines institutions, ce qui provoquerait une dispersion encore plus grande de la commande publique. Il est même possible que la création de nouvelles structures de ce type s'avère utile afin d'organiser l'offre de services pour des formes d'actions en développement et susceptibles d'être financées par différentes institutions.

La multiplication de telles structures est toutefois porteuse, elle aussi, de risques d'incohérence de l'action publique d'autant qu'elle ne se réalise pas de manière homogène : elle ne concerne souvent qu'une partie des territoires, que certains publics, que certaines catégories d'action. L'affirmation du rôle régulateur de l'État doit donc se traduire, là encore, par la mise en cohérence de l'offre de services émanant de ces structures partenariales, tout particulièrement vis-à-vis de l'offre de services de l'ANPE.

b) Une plus grande confiance dans les vertus du marché pour assurer la régulation de la commande publique peut amener à envisager une position différente ; le rôle de l'État serait alors principalement de construire les conditions d'une « concurrence praticable ».

L'objectif serait de permettre à chaque commanditaire d'organiser, dans de bonnes conditions, ses propres relations avec des opérateurs qu'il choisirait le plus souvent seul. Outre la production réglementaire relative aux garanties dont devrait être assortie cette liberté et le contrôle de son application, l'action de l'État pourrait alors se limiter aux fonctions que, dans tous les cas, il devrait continuer à assurer pour garantir un niveau de sécurité acceptable dans le fonctionnement du marché :

– organiser les systèmes d'information, de suivi et d'évaluation permettant :

    • d'assurer la transparence du marché : rassemblement, traitement et diffusion à l'ensemble des commanditaires et au public des informations sur l'offre de services existante et sur les performances passées des commanditaires ;

    • de favoriser l'efficacité de l'action des opérateurs (quelle que soit l'institution qui les finance) en mettant à leur disposition toutes les informations disponibles sur les offres d'emploi, sur l'état et sur les tendances du marché du travail ;

- organiser la concertation entre les commanditaires afin de stabiliser un système homogène de rémunération des services qui permette d'assurer l'efficience globale de la commande publique ;

- inciter l'ensemble des commanditaires à coopérer dans des dispositifs communs de soutien à la professionnalisation des opérateurs.

Cette deuxième stratégie est, aux yeux de l'instance, à considérer. Mais elle est à tout le moins prématurée dans le contexte des changements importants à venir, on l'a vu, du marché du travail et des institutions.

Les bouleversements en germe vont réclamer plus que jamais l'exercice par la puissance publique d'une fonction de régulation nécessaire à la sécurité et à l'efficience du fonctionnement du marché du travail. C'est, au surplus, à l'abri de cette régulation que pourra se développer harmonieusement et dans le consensus le marché des opérateurs, aujourd'hui partenaires inévitables des responsables de la politique de l'emploi. Rien n'interdira ensuite, le marché étant organisé et l'action des différents commanditaires mise en cohérence, que le « système » évolue vers une responsabilité plus grande de chacun, jusqu'aux demandeurs d'emploi eux-mêmes qui pourraient devenir davantage acteurs de leur propre reclassement et choisir, de manière éclairée et sûre, les opérateurs auxquels ils confient leur sort.

CONCLUSION

Comme en bien d'autres domaines, l'État, depuis plus de trente ans, a démultiplié son action en recourant aux compétences, au savoir-faire et aux capacités de multiples intervenants qui lui sont extérieurs.

Dans certains cas, l'État s'est adressé à des réseaux et des organismes déjà fortement constitués, indépendamment de lui, mais dont il a voulu, tantôt favoriser le développement, tantôt contrôler l'action. C'est ce que l'on observe dans le déploiement de la politique d'action sociale, en particulier depuis les grands textes de 1975, ce qui a conduit à une forte régulation étatique des activités concernées.

Dans d'autres situations, et on pense ici au domaine de la formation professionnelle, ce sont les droits et obligations nouveaux institués par la loi qui ont été à l'origine d'un foisonnement d'opérateurs nouveaux, agissant d'ailleurs davantage pour le compte de commanditaires privés que pour celui de l'État, même si celui-ci a eu souvent recours à eux. Cette situation, quelque peu ambiguë, a débouché sur un encadrement partiel de ces activités, dans la mesure où celles-ci sont inscrites dans un ensemble de règles de droit relativement précises, mais sans être doublées par une intervention régulatrice et opérationnelle de l'État.

Le domaine de l'emploi représente un cas encore différent. On a essayé de montrer, dans ce rapport, combien la puissance publique avait, d'elle-même et pour la conduite de sa propre action, développé le recours à des opérateurs externes. Bien que réalisé au coup par coup, sans stratégie organisée ni doctrine de gestion prédéterminée, ce recours s'est avéré, somme toute, positif vis-à-vis des objectifs de la politique de l'emploi comme des utilisateurs. Toutefois, les conditions techniques dans lesquelles s'est réalisée cette évolution laissent à désirer. L'évaluation, en particulier, est singulièrement absente des préoccupations.

Or cet appel des pouvoirs publics à des sous-traitants, co-traitants ou partenaires, ne peut que s'intensifier dans les années à venir pour des raisons multiples qui tiennent à la fois aux changements à venir sur le marché du travail, à un resserrement du rôle de l'État sur ses missions centrales, à un partage plus grand des responsabilités dans la politique de l'emploi, à l'évolution des conceptions en matière de gestion du marché du travail au sein de l'Union européenne.

Dans ces conditions, les améliorations qu'il convient d'apporter aux méthodes de recours aux opérateurs externes sont nécessairement à mettre en regard de la réorganisation inévitable qu'il faut opérer dans les relations, ou l'absence de relations, entre les commanditaires actuels et futurs de l'action dans le domaine de l'emploi.

De ce point de vue, à la différence des deux autres politiques évoquées plus haut, et même si comme elles deux elle ne met en cause aucune mission régalienne, la politique de l'emploi justifie, de la part de la puissance publique, une régulation tout à la fois juridique et opérationnelle. Si la responsabilité de chacun des acteurs de l'emploi doit être toujours recherchée, tant pour des raisons démocratiques que d'efficacité, l'insécurité qui règne encore sur le marché de l'emploi doit également être prise en compte pour trouver le meilleur équilibre des nouvelles formes de la régulation nécessaire.

ANNEXES

Annexe 1

Cahier des charges de l'instance d'évaluation

Contrairement à d'autres politiques sociales, largement décentralisées aujourd'hui, la politique active de l'emploi relève encore très largement de la compétence de l'État, bien que l'indemnisation du chômage ait été précocement confiée aux partenaires sociaux qui ont pu, par le passé, financer sur ces fonds quelques programmes d'activation. Les principaux instruments institutionnels de l'action de l'État ont été mis en place avant même l'apparition d'un chômage de masse, avec la création de l'ANPE, de l'AFPA et du Fonds national de l'emploi. Plus récemment, le regroupement des compétences en matière de travail, d'emploi et de formation professionnelle au sein des DRTEFP et des DDTEFP, et la constitution du Service public de l'emploi, chargé d'assurer la mise en œuvre de la politique de l'emploi aux différents échelons territoriaux par la mise en cohérence des moyens dont disposent les services déconcentrés, l'ANPE et l'AFPA, ont parachevé cette organisation.

Avec la montée du chômage, le Service public de l'emploi a dû toutefois faire face à divers types de problèmes :

- la croissance très rapide du montant des crédits à gérer, de la diversité des mesures à piloter et du nombre de leurs bénéficiaires n'a pas été accompagnée par un développement équivalent des moyens humains dont disposaient les services. La montée du chômage a en effet toujours été considérée comme un phénomène réversible et il ne paraissait donc pas opportun de faire croître inconsidérément des effectifs d'agents de l'État qui risquaient de se révéler inutiles quelques années plus tard ;

- le développement du chômage, et tout particulièrement du chômage de longue durée, a généré des phénomènes de paupérisation et d'exclusion que le Service public de l'emploi ne pouvait plus traiter uniquement par des actions standardisées visant à inciter les employeurs à modifier leurs comportements d'embauche ou à augmenter la qualification des chômeurs.

La nécessité de combiner plusieurs types d'actions de soutien aux demandeurs d'emploi dans le cadre de « parcours d'insertion » sur des périodes assez longues, la volonté de favoriser une croissance plus riche en emplois par le soutien au développement de nouvelles activités et par la modification des comportements traditionnels de gestion des ressources humaines (GRH) des entreprises ont considérablement élargi le champ des compétences à mobiliser pour mettre en œuvre la politique ;

- la décentralisation des politiques d'aide sociale et de formation professionnelle, la demande adressée par les habitants à leurs élus pour qu'ils interviennent sur le champ de l'emploi ont créé des zones multiples de recouvrement entre l'action de l'État, de plus en plus déconcentrée, et l'action des collectivités territoriales. Il en est résulté le développement de formes nouvelles de partenariat local dont il a fallu définir les modalités d'organisation.

Ces contraintes nouvelles ont concouru à ce que le Service public de l'emploi fasse de plus en plus appel à des opérateurs externes, associations ou sociétés de services, pour participer à la mise en œuvre de sa politique, sans que les motifs ayant conduit à ces décisions et sans que les conditions de cette externalisation aient été toujours très explicites.

1. Le champ de l'évaluation

La proposition présentée par le ministère de l'Emploi et de la Solidarité, lors de la réunion du Comité interministériel pour la réforme de l'État (CIRE) du 12 octobre 2000, consisterait à évaluer les pratiques de recours à des opérateurs externes pour la mise en œuvre de certaines politiques de l'emploi. Quelles sont les raisons de cette « sous-traitance » ? Comment est-elle organisée ? Quels effets produit-elle ? Quels sont les modes de suivi et d'évaluation mis en place ? Telles seraient les principales questions examinées.

L'évaluation ne traiterait pas la question de l'organisation du Service public de l'emploi et des relations entre ses différentes composantes, dans la mesure où l'ANPE et l'AFPA en font partie intégrante et restent très directement sous la tutelle de l'État. De plus, ces institutions, tout comme l'UNEDIC, n'ont pas comme première fonction de gérer des outils mais plutôt de répondre le mieux possible aux missions générales qui leur sont confiées. Enfin, les rapports entre l'État d'une part, l'AFPA et l'ANPE d'autre part sont régulés par des contrats de progrès qui font l'objet d'évaluations spécifiques.

L'évaluation ne porterait pas non plus sur le champ de la politique de l'emploi qui concerne la formation professionnelle, et donc sur les relations qui s'établissent entre le Service public de l'emploi et les organismes de formation à l'occasion de la définition des programmes de stages de formation pour les demandeurs d'emploi, du choix des organismes chargés de les assurer, du suivi et du contrôle de leur contenu et de leur qualité. Les conditions de mise en œuvre de la formation professionnelle ont toujours été très différentes de celles de la politique de l'emploi *stricto sensu*, et relèvent d'une logique différente qui justifierait un autre type d'évaluation. Enfin, l'évaluation ne concernerait pas les politiques structurelles de l'emploi (allègement du coût du travail) qui visent l'ensemble des agents économiques et qui ne font que très marginalement appel à des opérateurs extérieurs.

L'évaluation proposée concernerait les cas de figure où la prestation sous-traitée est déjà en partie, ou pourrait apparemment, être réalisée par le Service public de l'emploi, ou encore les cas où, au-delà de la sous-traitance d'une prestation technique, le ministère délègue une partie du pouvoir d'attribution des aides publiques, voire même d'élaboration de stratégies locales d'actions pour l'emploi.

On peut citer, à titre d'exemples, la sous-traitance des prestations techniques de suivi et d'accompagnement des demandeurs d'emploi par l'ANPE à des opérateurs privés ; le suivi et l'accompagnement des jeunes en difficulté, où les missions locales sont à la fois en position de commanditaires et de prestataires ; l'orientation et l'accompagnement des salariés en contrat emploi-solidarité réalisés sur des crédits gérés par les DDTEFP, avec un rôle particulier de coordination territoriale et d'expertise attribué à des structures associatives : les Fonds locaux emploi-solidarité ; les actions de conseil aux porteurs de projet dans le cadre du programme « nouveaux services - emplois jeunes ».

Le Service public de l'emploi (ANPE et AFPA) externalise également en partie l'élaboration de diagnostics et de bilans visant à préciser les besoins individuels en matière de formation, d'appui à la recherche d'emploi. Il confie aussi à des organismes extérieurs (des opérateurs privés, souvent des associations, parfois des entreprises) le soin d'instruire des dossiers (aide à la création d'entreprise dans le cadre du programme EDEN). Il confie même à des opérateurs privés le soin de donner des éléments d'évaluation sur l'action menée par ces mêmes organismes (l'APCE pour les actions d'appui à la création d'entreprise, les organismes de formation conventionnés qui peuvent être chargés de réaliser les enquêtes sur le devenir de leurs stagiaires).

Par ailleurs, la construction des partenariats locaux entre l'État et les collectivités territoriales a souvent conduit à mettre en place des structures associatives cofinancées par diverses institutions publiques qui peuvent se voir confier la charge de définir des stratégies locales d'action pour certaines catégories de publics et des modalités particulières d'utilisation des mesures de politique de l'emploi : les missions locales et les PLIE (plans locaux pour l'insertion et l'emploi) notamment.

2. Les axes de l'évaluation

Trois types de questions devront être traités :

- des questions relatives à la pertinence de la démarche d'externalisation de la mise en œuvre de certaines politiques de l'emploi dans le champ défini précédemment ;

- des questions relatives aux modalités de cette sous-traitance, au choix des opérateurs et à leur suivi ;

- des questions liées à l'impact de ces démarches sur leurs bénéficiaires et l'organisation des services rendus.

Il sera cependant nécessaire d'examiner au préalable la dimension historique de son développement, en recensant les actions qui ont fait l'objet d'une externalisation au cours de ces dix dernières années et en réalisant pour chacune un premier repérage des arguments avancés pour justifier la décision d'externaliser, des textes qui ont officialisé cette décision (loi, décret, circulaire...) et de la façon dont ces textes ont défini les rôles respectifs du Service public de l'emploi et des organismes à qui devait être confiée la sous-traitance. Un tel examen permettra de mettre en évidence les moments clés d'accélération ou de recul de ce mouvement.

C'est à partir de ce recensement préalable que devront être choisies les actions qui paraissent représentatives des diverses configurations d'externalisation rencontrées jusqu'à présent et qui feront l'objet d'une analyse approfondie dans le cadre de l'évaluation.

Celle-ci devra traiter de trois grands domaines.

a) Les déterminants de la décision d'appel à cette formule, les objectifs assignés, les modalités de définition des actions à sous-traiter, la place effective de la sous-traitance :

- Dans quel contexte a été effectué ce choix ?

- Sur la base de quels critères ou de quelles contraintes affichés ou cachés (budgétaires, statutaires ou conjoncturelles) et avec quels objectifs (simple mesure d'adaptation conjoncturelle aux moyens ou compétences mobilisables, orientation structurelle correspondant à des choix stratégiques) a-t-on décidé de faire appel à des organismes extérieurs ?

- Comment a été déterminée la décision de recourir à cette formule ? Qui a été impliqué au niveau central (DGEFP, DG ANPE...) ? Comment et par quels services ont été rédigés les textes précisant les modalités de l'externalisation ? Y a-t-il eu concertation avec les services régionaux ou départementaux et, si oui, à quels moments : avant la prise de décision, pendant la phase de définition des procédures d'externalisation ? quel a été le rôle des associations, des collectivités locales, des partenaires sociaux dans la genèse des opérations ?

- Quelles marges d'appréciation ont été laissées par l'administration centrale aux échelons territoriaux pour le recours à la sous-traitance : dans la gestion financière des crédits, dans la définition du champ des opérations à sous-traiter, dans les procédures de choix des opérateurs, de suivi et d'évaluation de leurs prestations ? Si des marges de manœuvre existaient, comment et à quel échelon territorial ont été prises les décisions : en concertation dans les réunions du Service public de l'emploi régional ou départemental, ou bien à un niveau infradépartemental, en interne (DDTEFP, Agence locale pour l'emploi, etc.) ?

- Peut-on dire finalement qu'il y a d'un territoire à l'autre une grande homogénéité dans le contenu des prestations sous-traitées, dans le partage des tâches entre le Service public de l'emploi et les sous-traitants ? Si tel n'est pas le cas, comment s'expliquent ces différences ? Constate-t-on, par ailleurs, des écarts entre le contenu des prestations sous-traitées, tel que le prévoyaient les textes, et les pratiques ?

b) La mise en place du processus et la mise en œuvre de sa gestion

La manière dont est encadrée effectivement la sous-traitance détermine la maîtrise que le commanditaire peut avoir sur le processus et les résultats : l'accent peut n'être mis que sur les procédures, on encadre le processus ; il peut ne porter que sur les résultats, ceux-ci sont contrôlés ou évalués, le processus ne faisant pas l'objet d'une attention soutenue. Il est donc essentiel de distinguer la phase de mise en place de l'externalisation de sa phase de mise en œuvre.

Pour la phase de mise en place, on devra s'interroger sur :

- la définition de la prestation ou de l'action retenue et des résultats attendus ;

- les conditions d'appel à candidatures et/ou à projets. Quels ont été les effets de la loi sur la délégation de service public et les directives européennes sur la concurrence ?

- les modalités de sélection des candidats ou des projets. Quels sont, s'il y en a, les critères de sélection des sous-traitants ? Qui choisit ?

- les modes de contractualisation. De quelle nature sont les relations conventionnelles entre ces organismes et les services de l'État ? Que peut-on dire à ce sujet des procédures d'engagements réciproques pluriannuelles ?

- les clauses contenues dans les contrats. Qu'en est-il précisément de la collecte et du traitement des informations ?

On essaiera dans chaque cas de faire la part entre ce qui est confié aux opérateurs publics, et aux opérateurs privés ou associatifs.

Pour la phase de mise en œuvre, on s'interrogera sur :

- le suivi d'exécution. Comment s'opère en particulier le suivi financier de ces organismes ? De quelle façon est-il mis en relation avec le suivi des résultats ?

- le contrôle du service fait. Les procédures sont-elles formalisées ? Sont-elles proches ou éloignées de celles prônées par la Commission européenne ?

- l'évaluation par les services de l'État du travail réalisé par ces organismes. Avec quels moyens d'information et de contrôle ?

- les modalités de rétribution du prestataire.

c) Les résultats et l'impact de l'externalisation

On s'interrogera enfin :

- sur la conformité des prestations réalisées par les opérateurs externes avec les objectifs définis initialement pour la politique ayant fait l'objet de cette externalisation ;

- sur la qualité de la prestation et sur son rapport coût-efficacité au regard de ce que le Service public de l'emploi aurait pu faire ;

- sur la relation avec les usagers. Comment ceux-ci perçoivent-ils l'opérateur ? Est-il assimilé au Service public de l'emploi, est-il bien distingué ? L'externalisation permet-elle une individualisation du service rendu et une adaptation à la demande de l'usager qu'un traitement en interne ne permettrait pas ?

- sur le partenariat avec les autres acteurs publics. Dans le cas notamment où l'externalisation porte sur des programmes cofinancés par d'autres institutions, l'État et les partenaires parviennent-ils à se coordonner dans la définition de leurs commandes à l'égard du prestataire, des objectifs qu'ils lui assignent, des moyens qu'ils lui fournissent, des critères d'évaluation qu'ils lui imposent, afin que l'action du prestataire reste bien adaptée aux attentes des services de l'État ?

- sur l'organisation et le fonctionnement des services. Entre autres choses, comment le commanditaire dépourvu de compétences pour réaliser la prestation ou l'action s'est-il organisé pour conserver la maîtrise sur la mise en place et/ou sur la mise en œuvre de l'externalisation ?

- sur les métiers et le travail des agents publics (dans quelle mesure le recours à des opérateurs externes modifie-t-il les missions, voire les métiers ?), mais aussi sur la qualité de l'emploi dans les structures sous-traitantes (effets de la mobilité sur la permanence des prestations, capitalisation du savoir-faire...).

Pertinence de l'appel à externalisation et rôle de l'État

De façon concrète, et en partant des quelques cas de recours à des opérateurs externes sélectionnés au préalable et analysés selon la grille esquissée ci-dessus, l'instance d'évaluation devra répondre finalement à la question du bien-fondé de l'appel par le Service public de l'emploi à ces pratiques, en tant que telles et dans la manière dont elles s'opèrent.

Le recours à des opérateurs externes est-il le signe que de nouvelles compétences doivent être mobilisées, qui ne peuvent pas l'être en interne du Service public de l'emploi ? S'agit-il, dans certains cas, de compétences qui, par nature, ne peuvent être trouvées au sein du service public, parce qu'on recherche l'implication de la société civile ou *a minima* l'intervention d'un tiers, médiateur entre l'État et la société civile ?

L'instance devra également dégager les critères pertinents permettant de choisir entre externalisation et réalisation en propre par le Service public de l'emploi, préciser les conditions d'application de ces critères et les modalités de mise en œuvre, de suivi, de contrôle et d'évaluation des actions sous-traitées.

Au final, l'évaluation devrait apporter des éclaircissements sur le positionnement de l'État en matière de conduite et de mise en œuvre des politiques d'emploi : quelles missions se donne-t-il (État animateur, régulateur, incitateur) ? En tire-t-il toutes les conséquences en termes de moyens organisationnels, juridiques et financiers de les assurer ? Réussit-il à atteindre ses objectifs ?

3. Conduite et méthodes

Plutôt que de retenir une procédure de préétude qui porterait sur l'ensemble de la politique de l'emploi, afin de repérer la place occupée par les procédures d'externalisation et de définir un champ précis d'actions à évaluer, il est proposé de désigner aussi vite que possible le président de l'instance et son (ses) rapporteur(s). Ainsi constitué, le comité de pilotage devra consacrer une étape préliminaire des travaux de l'instance à la définition du périmètre précis des programmes et des dispositifs entrant dans le champ de l'évaluation à partir d'un premier examen des actions externalisées depuis dix ans. Parallèlement, les membres de l'instance seraient choisis en accord avec le président. Début septembre, l'instance serait réunie et pourrait choisir les objets précis qui seraient soumis à la démarche d'évaluation.

D'ores et déjà, on peut penser que les travaux commandités par l'instance pourraient comprendre :

- une étude historique préliminaire, réalisée principalement à partir des textes officiels relatifs aux dispositifs de la politique de l'emploi et d'entretiens avec des personnes ayant exercé au cours de ces dix dernières années des responsabilités à la DGEFP, à la DG ANPE et à l'IGAS en matière de définition et de gestion de ces dispositifs. Cette étude devra aboutir au recensement et à une première caractérisation des actions ayant donné lieu à externalisation ;

- une étude [1] relevant plutôt de la sociologie de l'administration, mais aussi de la sociologie politique, pour répondre aux questions évoquées en a) : les déterminants de la décision d'appel à l'externalisation, les objectifs assignés, les modalités de définition des actions à sous-traiter, leur place effective ;

---

1. Il appartiendra à l'instance de déterminer le contenu de ces études et leur découpage, le choix d'un ou de plusieurs organismes pour les traiter et les compétences précises qu'ils devront mobiliser.

- une étude relevant du droit administratif pour traiter en particulier du b) : les modalités de passation des conventions avec les opérateurs, les clauses contenues dans les contrats, le contrôle du service fait ;

- une étude réalisée par des spécialistes de la gestion pour traiter de questions relevant de chacun des trois axes d'interrogation : les modalités de détermination des enveloppes financières consacrées aux actions externalisées ; la manière dont les responsables du choix des opérateurs définissent ce qu'ils estiment être un « juste prix » des prestations à réaliser ; la nature des conventions annuelles ou pluriannuelles ; leur suivi financier ; le jugement sur l'efficience de l'externalisation par rapport au rapport coût/efficacité qui pourrait être attendu d'une action réalisée en interne ; les compétences nécessaires aux agents du SPE en matière de gestion pour bien maîtriser les procédures d'externalisation ;

- une étude réalisée par des spécialistes de la GRH pour répondre en particulier aux questions relatives aux évolutions de l'organisation et du fonctionnement des services, et aux évolutions des métiers impliquées par le recours accru à l'externalisation ;

- une étude sur les systèmes d'information, de suivi et d'évaluation existants ou souhaitables pour apprécier le contenu, la qualité et les résultats des actions externalisées. Cette étude porterait sur le circuit d'information entre le prestataire et le service qui le suit dans le SPE, mais aussi sur la diffusion de cette information aux autres membres du SPE, aux institutions locales partenaires du SPE pour ces actions et à l'administration centrale, afin d'examiner précisément qui a aujourd'hui l'information nécessaire pour porter un jugement sur les actions externalisées ;

- enfin, une enquête auprès des personnes recevant les prestations externalisées afin de voir comment elles identifient le prestataire et comment elles jugent la qualité des relations avec lui et des services qu'il lui fournit, par rapport aux services qu'elles ont pu recevoir par ailleurs en étant directement en contact avec des agents du SPE (ou d'autres administrations sociales).

Le volume financier à consacrer à ces études est difficile à chiffrer car il dépend notamment des modalités de réalisation de l'enquête auprès des bénéficiaires de prestations. Hors de cette étude, le montant nécessaire nous semble être d'environ 280 000 euros.

Annexe 2

Composition de l'instance d'évaluation

Président

M. Balmary (Dominique), conseiller d'État, Conseil d'État

Rapporteurs

Mme Chevrier-Fâtome (Carine), Inspectrice, Inspection générale des Affaires sociales

M. Simonin (Bernard), chargé de mission, Commissariat général du Plan

M. Lucas (Bruno), administrateur civil, Inspection générale des Affaires sociales (jusqu'en décembre 2002) [1]

Membres

M. Barbier (Jean-Claude), directeur de recherches au CNRS, Centre d'études de l'emploi

M. Berthet (Thierry), chargé de recherches au CNRS, Laboratoire pouvoir, action publique, territoire, Institut d'études politiques de Bordeaux

Mme Bouygard (Françoise), sous-directrice du suivi et de l'évaluation des politiques de l'emploi et de la formation professionnelle, Direction de l'animation de la recherche, des études et des statistiques, ministère des Affaires sociales, du Travail et de la Solidarité

---

1. Bruno Lucas a été rapporteur de l'instance d'évaluation de février à décembre 2002, alors qu'il effectuait sa mobilité à l'Inspection générale des Affaires sociales. Il a été ensuite appelé à d'autres fonctions.

M. d'Hervé (Jean-Louis), premier conseiller, Cour administrative d'appel de Lyon

M. Gagnaire (Marc), directeur adjoint, Fédération nationale des Associations d'accueil et de réinsertion sociale (FNARS)

M. Guin (Frédéric), chef du bureau 6-A, Direction du budget, ministère de l'Économie, des Finances et de l'Industrie

M. Jecko (Alain), directeur général adjoint, Agence nationale pour l'emploi

Mme Maurel (Élisabeth), ingénieure d'études, Institut d'études politiques de Grenoble

M. Outin (Jean-Luc), chargé de recherches au CNRS, directeur du MATISSE, université Paris-I – CNRS

Mme Pascaud (Élisabeth), chef de la mission Action territoriale, Délégation générale à l'emploi et à la formation professionnelle, ministère des Affaires sociales, du Travail et de la Solidarité

M. Raucher (Armand), vice-président de EUROPLIE, directeur du PLIE d'Angers

M. Roigt (Jean), Inspecteur général, Inspection générale des Affaires sociales

M. Thierry (Dominique), délégué général, Développement et Emploi

Annexe 3

Liste des auditions et des entretiens réalisés par l'instance d'évaluation

Auditions

Mme Barbaroux (Catherine), déléguée générale à l'emploi et à la formation professionnelle, ministère des Affaires sociales, du Travail et de la Solidarité

M. Barbezieux (Philippe), chef de service, Délégation générale à l'emploi et à la formation professionnelle, ministère des Affaires sociales, du Travail et de la Solidarité

M. Bernard (Michel), directeur général de l'Agence nationale pour l'emploi

M. Barbier (Jean-Paul), chef de la mission Marché du travail, Délégation générale à l'emploi et à la formation professionnelle, ministère des Affaires sociales, du Travail et de la Solidarité

Mme Biletta (Isabella), chef de la mission Développement de l'activité et de l'insertion professionnelle, Délégation générale à l'emploi et à la formation professionnelle, ministère des Affaires sociales, du Travail et de la Solidarité

Mme Buhl (Christine), sous-directrice, Direction du budget, ministère de l'Économie, des Finances et de l'Industrie

Mme Frichet-Thirion (Élisabeth), chef de la mission Promotion de l'emploi, Délégation générale à l'emploi et à la formation professionnelle, ministère des Affaires sociales, du Travail et de la Solidarité

M. Gateau (Gilles), ancien conseiller technique pour l'emploi, le travail et la formation au Cabinet du Premier ministre

Mme Annaïck (Laurent), adjointe au chef de la mission Interventions sectorielles, Délégation générale à l'emploi et à la formation professionnelle, ministère des Affaires sociales, du Travail et de la Solidarité

M. Meynet, Confédération française démocratique du travail

Mme Silvent-Madi (Karima), chef de la mission Fonds national de l'emploi, Délégation générale à l'emploi et à la formation professionnelle, ministère des Affaires sociales, du Travail et de la Solidarité

M. Smolar (Roland), chef de la mission Insertion professionnelle des jeunes, Délégation générale à l'emploi et à la formation professionnelle, ministère des Affaires sociales, du Travail et de la Solidarité

Contribution écrite

M. Fournier (Hubert), préfet de la région Midi-Pyrénées et M. Chaze (Jean-Paul), directeur régional du Travail, de l'Emploi et de la Formation professionnelle

D'autre part, de très nombreux entretiens ont été réalisés par les équipes à qui l'instance d'évaluation avait confié la réalisation des six études qu'elle avait commanditées, soit environ :

– soixante entretiens en face à face avec des opérateurs ;

– cent cinquante entretiens en face à face avec des agents des services déconcentrés du ministère et de l'ANPE ;

– quarante entretiens en face à face avec des agents des services centraux du ministère et de l'ANPE ;

– vingt entretiens en face à face avec des responsables de l'administration de l'emploi et avec des experts de la politique de l'emploi en Allemagne, aux Pays-Bas et au Royaume-Uni ;

– quatre réunions de groupe avec des demandeurs d'emploi ;

– cent soixante entretiens téléphoniques avec des employeurs.

Annexe 4

Bibliographie

1. Liste des études commanditées par l'instance d'évaluation

COACHING GROUP, *Les modes de gestion de l'externalisation*, mai 2003.

DUBOUCHET-BERLIOZ CONSULTANTS, *L'influence du contexte territorial sur les pratiques d'externalisation du service public de l'emploi*, avril 2003.

HERBILLON (J.-M.), *Les pratiques de recours aux opérateurs externes pour la mise en œuvre de la politique de l'emploi aux Pays-Bas*, avril 2003.

HERBILLON (J.-M.), *Les pratiques de recours aux opérateurs externes pour la mise en œuvre de la politique de l'emploi au Royaume-Uni*, mai 2003.

HERBILLON (J.-M.), *Les pratiques de recours aux opérateurs externes pour la mise en œuvre de la politique de l'emploi en Allemagne*, juin 2003.

INSEP CONSULTING, *Les conséquences de l'externalisation sur l'organisation et sur les métiers de l'administration*, avril 2003.

LATOURNERIE WOLFROM & ASSOCIES, *Étude politico-juridique*, mai 2003.

OBEA, *L'appréciation des effets de l'externalisation sur la qualité et sur la performance des services rendus aux usagers*, avril 2003.

2. Ouvrages cités en référence

AUCOUTURIER (A.-L.), BERTRAND (H.) et VERMEL (N.), « Les cellules de reclassement – à quoi servent-elles ? », *Cahier Travail et Emploi*, DARES, La Documentation française, 1995.

BABIN (L.) et LIGNIERES (P.), « L'externalisation : au cœur des préoccupations de l'État », *Droit Administratif,* mai 2002.

BARAILLER (C.), « Effets sur les trajectoires des chômeurs d'un passage dans deux dispositifs de politique de l'emploi (CES, SIFE) », *Rapport du GREQAM pour la DARES,* 1999.

BARBIER (J.-C), « Les mesures d'aide aux emplois du secteur non marchand : une analyse comparative européenne », *in* ROBINEAU *(Y.), Les mesures d'aide aux emplois du secteur non marchand,* Conseil national de l'évaluation et Commissariat général du Plan, La Documentation française, 2002.

BARBIER (J.-C.), « Politiques publiques de l'emploi : de la production de services à leur évaluation », *in* « Les Politiques publiques d'emploi et leurs acteurs », *Cahier du Centre d'études de l'emploi,* n° 34, Presses universitaires de France, 1995.

BARBIER (J.-C.), SAMBA SYLLA (N.), « La stratégie européenne pour l'emploi : les représentations des acteurs en France », *Dossier de recherches du CEE,* n° 7, Centre d'études de l'emploi, 2002.

BAUDEQUIN (I.), CHANUT (A.) et MELIVA (A.), « Étude de la démographie des organismes de formation continue », *Document d'études de la DARES,* n° 45, 2001.

BERTHET (T.), CUNTIGH (P.), GUITTON (C.), « Politique d'emploi et territoires », *Bref Céreq,* n° 182, 2002.

BERTHET (T.), CUNTIGH (P.) et GUITTON (C.), « La territorialisation progressive des politiques de l'emploi : 1982-2002 », *Premières Synthèses,* n° 24-2, DARES, 2002.

BLANC (C.), *Pour un État stratège, garant de l'intérêt général,* Commissariat général du Plan, La Documentation française, 1993.

BOISSONNAT (J.), *Le Travail dans vingt ans,* Commissariat général du Plan, Éditions Odile Jacob, 1996.

BOUVIER (M.), « La nouvelle gestion publique comme condition de la nouvelle gouvernance », *Revue française de Finances publiques*, n° 82, 2003.

BREGIER (O.), « Les dispositifs publics d'accompagnement des restructurations en 2002 », *Premières Synthèses*, n° 35.1, DARES, 2003.

CHAZAL (C) et al., « Les sorties du chômage vers l'emploi », *Premières Synthèses*, n° 11.1, 2003.

CEALIS (R.) et SMYK (A.), « Insertion par l'activité économique : plus de la moitié des salariés retrouvent un emploi hors structure », *Premières Synthèses*, n° 26.1, DARES, 2003.

COLLEGE COOPERATIFPROVENCE-ALPES-MEDITERRANEE, CEREQ, LEST *Coordonnateur emploi-formation, activités et compétences*, 1995.

COMMISSION DES FINANCES DU SENAT, « Mieux employer les personnels du ministère de l'Emploi », *Rapport d'information*, n° 65, 2000-2001.

CONSIDINE (J.), « Local Partnerships : Different Histories, Common Challenges – A Synthesis », *Managing Decentralisation : A New Role for Labour Market Policy*, Publication de l'OCDE, 2003.

DARES, *Les politiques de l'emploi et du marché du travail*, Collection Repères, La Découverte, 2003.

DARES, « Bilan de la politique de l'emploi en 2001 », *Dossier de la DARES*, n° 2003-1, La Documentation française, 2003.

DARES, *Quarante Ans de politique de l'emploi*, La Documentation française, 1995.

DELEVOYE, (J.-P.), *Cohésion sociale et territoires*, Commissariat général du Plan, La Documentation française, 1997.

DENOIX DE SAINT MARC (R.), « La question de l'administration contractuelle », *ADJA*, 19 mai 2003.

DOCKERY (A.-M.) et STROMBACK (T.), « Externalisation des services publics de l'emploi : évaluation préliminaire de l'expérience australienne », *Revue internationale du Travail*, vol. 140, N° 4, 2001.

EVEN (K.), « Formation et accompagnement dans les dispositifs de politique de l'emploi : les principaux enseignements du panel des bénéficiaires », *Premières Synthèses*, n° 44.1, DARES, 2003.

EYMARD-DUVERNAY (F.) et al., « Les politiques d'emploi, le rôle des agents locaux », *La lettre du Centre d'études de l'emploi*, n° 33-34, 1994.

FAY, (R.), « Making the Public Employment Service More Effective Through the Introduction of Market Signals », *Occasional Papers*, n° 25, OCDE, 1997.

FINN (D.), *Joining up Welfare and Work – Welfare Reform and the Role of « Public Private Partnership » in Australia and Britain*, document de travail, université de Portsmouth, 2002.

FLACHAIRE (V.), « L'offre de formation : reprise de l'activité en 2000 », *Premières Synthèses*, n° 18.1, DARES, 2003.

FREYSSINET (J.) « Les services publics de l'emploi. Le cas de la France » in *Guide technique du BIT sur les services publics de l'emploi*, IRES, 1998.

GAURON (A.), *Formation tout au long de la vie*, Conseil d'analyse économique, La Documentation française, 2000.

GELOT (D.) et NIVOLLE (P.), « Les intermédiaires des politiques publiques d'emploi », *Cahier Travail et Emploi*, DARES, La Documentation française, 2000.

GERME (J.-F.), MONCHÂTRE (S.) et POTTIER (F.), *Les Mobilités professionnelles : de l'instabilité dans l'emploi à la gestion des trajectoires*, Commissariat général du Plan, La Documentation française, 2003.

GILQUIN (A.), « Liberté et responsabilité des acteurs », *Actualité de la formation permanente*, n° 180, 2002.

HOLCBLAT (N.), « Stratégie européenne et politique française de l'emploi (1997-2001) », *Cahier Travail et Emploi*, DARES, La Documentation française, 2002.

IGAS, « Politiques sociales de l'État et territoires », *rapport annuel 2002*, La Documentation française, 2002.

IGAS, *La décentralisation dans le champ du travail, de l'emploi et de la formation professionnelle*, rapport, 2002.

IGAS, *Rapport sur l'adéquation entre les missions et les moyens des Directions régionales du travail, de l'emploi et de la formation professionnelle*, rapport, 2001.

IGAS, *Contrôle de l'Association pour la Gestion du fonds pour l'insertion professionnelle des personnes handicapées (AGEFIPH)*, rapport, 2000.

IGAS, « Les acteurs de la politique de l'emploi face au chômage », *rapport annuel 1999*, La Documentation française, 1999.

IGAS, « La Mutation des services du ministère du Travail », *rapport annuel 1996*, La Documentation française, 1996.

IGAS « Le Rapprochement de l'ANPE et de l'UNEDIC », *rapport annuel 1994*, La Documentation française, 1994.

IGAS, IGF, *Les procédures de gestion à l'ANPE*, rapport, 2003.

IGAS, IGF *L'activité du CNASEA dans le secteur de la formation professionnelle et de l'emploi*, rapport, 2002.

IGF, IGAS, IGA, *La gestion prévisionnelle des emplois et des métiers dans la fonction publique : constats et propositions à partir de l'étude de cinq ministères*, La Documentation française, 1996.

KIRSCH (E.), « La mise en œuvre des aides publiques à l'emploi, un processus complexe », in « Les Politiques publiques d'emploi et leurs acteurs », *Cahiers du Centre d'études de l'emploi*, n° 34, Presses universitaires de France, 1995.

KONING de (J.), « Comment renforcer l'efficacité des politiques actives ? Le rôle de l'organisation, de la mise en œuvre et de l'allocation optimale dans une politique active du marché du travail », *document de travail*, OCDE, 2000.

LAMBERT (T.), *Égalité et équité, antagonisme ou complémentarité ?*, Economica, 1999.

LERAY (R.), « Le chômage de longue durée », Conseil économique et social, *Journal Officiel*, 1991.

MARCHAND (O.), *Plein emploi, l'improbable retour*, Folio actuel, 2002.

MAS (S.), « TRACE, un parcours accompagné vers l'autonomie », *Premières Synthèses*, n° 44.4, DARES, 2003.

MAS (S.), « Un jeune sur deux en emploi à la sortie du dispositif TRACE », *Premières Synthèses*, n° 34.1, DARES, 2002.

MAUREL (E.), BOUT DE L'AN (C.), *Bilan des travaux réalisés concernant les publics des structures d'insertion par l'activité économique*, GREFOSS, IEP de Grenoble, 2001.

MENY, (Y.) et THOENIG (J.-C.), *Politiques publiques*, Presses universitaires de France, 1989.

MICHEAU (J.) et al., « Le service personnalisé pour un nouveau départ vers l'emploi : programme français d'accompagnement des chômeurs », *Premières Synthèses*, n° 18.1, DARES, 2001.

MICHEAU (J.), POUJOULY (C.) et POMMIER (P.), « Le service personnalisé pour un nouveau départ vers l'emploi : programme français d'accompagnement des chômeurs », in Bilan de la politique de l'emploi en 2000 », *Les Dossiers de la DARES* n° 4-5, La Documentation française, 2001.

MINISTERE DE L'EMPLOI ET DE LA SOLIDARITE, « L'Inspection du travail en France en 2000 : les chiffres clés », *rapport au Bureau international du travail*, La Documentation française, 2002.

MORIN (M.-L.), *Gestion de l'emploi, gestion des compétences et formation professionnelle*, Commissariat général du Plan, 2003.

MOSLEY (H.), « Concilier souplesse administrative et imputabilité des résultats », *Managing Decentralisation : A New Role for Labour Market Policy*, publication de l'OCDE, 2003.

NAUZE-FICHET (E.) et LERAIS (F.), « Projections de population active, un retournement progressif », *INSEE Première*, n° 838, 2002.

OCDE, *Local Partnerships for Better Governance*, publication de l'OCDE, 2001.

OCDE, « Les politiques du marché du travail et le service public de l'emploi : principales caractéristiques, nouveaux enjeux », *document de travail*, OCDE, 2000.

PAUGAM (S.) et CLEMENÇON (M.), « Détresse et ruptures sociales », *Recueils et documents*, n° 17, FNARS, 2002.

PEREZ (C.), « Évaluation du programme de l'Objectif 3 du FSE en France (1994-1999). Évaluation de la mesure 13 », *document de travail du Centre d'études de l'emploi*, n° 99/32, Centre d'études de l'emploi, 1999.

PEREZ (C.), « Les plans locaux d'insertion par l'économique », *4 Pages du CEE*, n° 34, Centre d'études de l'emploi, 1999.

PISANI-FERRY (J.), *Plein emploi*, Conseil d'analyse économique, La Documentation française, 2000.

PRODUCTIVITY COMMISSION, *Independent Review of Job Network*, Inquiry Report, n° 21, 2002.

RICOCHON (M.), « Un dialogue renforcé avec les organismes de formation », *Actualité de la formation permanente*, n° 180, 2002.

ROBINEAU (Y.), *Les mesures d'aide aux emplois du secteur non marchand*, Conseil national de l'évaluation, Commissariat général du Plan, La Documentation française, 2002.

ROGUET (B.), « La dépense pour l'emploi en 1999 », *Premières Synthèses*, n° 31.1, DARES, 2002.

ROGUET (B.), « Le coût de la politique de l'emploi en 2001 », « *Bilan de la politique de l'emploi* » *en 2001, Les Dossiers de la DARES*, La Documentation française, 2003.

ROUSSET (P.) et VERO (J.), « L'offre de formation continue. Regard des prestataires sur leur activité », *Bref Céreq*, n° 199, 2003.

SCHWARTZ (B.) (*dir.*), *L'insertion professionnelle et sociale des jeunes, rapport au Premier ministre*, La Documentation française, 1981.

SEIBEL (C.), *Avenirs des métiers*, Commissariat général du Plan, La Documentation française, 2002.

SIMONIN (B.), « Les politiques publiques d'insertion », in ALLOUCH (J.) (dir.), *Encyclopédie des ressources humaines*, Magnard et Vuibert, 2003.

SIMONIN (B.), « Politique de l'emploi et territoires : de nouvelles capacités d'action partenariale », in *Ville et emploi : le territoire au cœur des nouvelles formes de travail*, Éditions de l'Aube, 2000.

SOL (E.), « Government Governance and Beyond », *Managing Decentralisation : A New Role for Labour Market Policy*, publication de l'OCDE, 2003.

VERDIER (E.) et MIROTCHENKO (K.), « Contrat et action publique, le cas de la formation professionnelle continue », *Travail et Emploi*, n° 72, 1997.

WUHL (S.), « L'insertion : conceptions et pratiques », in BOUILLAGUET (P.) et GUITTON (C.), (coord.), *Le Chômage de longue durée : comprendre, agir, évaluer*, Syros Alternatives, 1992.

WUHL (S.), *L'égalité, nouveaux débats*, Presses Universitaires de France, 2003.

Annexe 5

Liste des sigles utilisés dans le rapport

ACCRE	Mesure d'aide aux chômeurs créateurs et repreneurs d'entreprise
ACE	Mesure d'aide au conseil aux entreprises
ACOSS	Agence centrale des organismes de sécurité sociale
ADIE	Association pour le Droit à l'initiative économique
AFPA	Association pour la Formation professionnelle des adultes
AFR	Allocation formation-reclassement (pour les chômeurs indemnisés en stage de formation)
AGEFIPH	Association pour la Gestion du fonds pour l'insertion professionnelle des personnes handicapées
AI	Association intermédiaire
AIF	Mesure « action d'insertion et de formation »
ALE	Agence locale pour l'emploi
ANACT	Agence nationale pour l'amélioration des conditions de travail
ANPE	Agence nationale pour l'emploi
APEC	Association Pour l'emploi des cadres
ARACT	Agence régionale pour l'amélioration des conditions de travail
ARTT	Aménagement et réduction du temps de travail
ASI	Prestation d'appui social individualisé

BAE	Bourse d'accès à l'emploi (pour les jeunes du programme TRACE)
BCA	Prestation ANPE « bilan de compétences approfondi »
CDD	Contrat à durée déterminée
CDIAE	Comité départemental d'insertion par l'activité économique
CEC	Mesure « contrat emploi consolidé »
CEE	Centre d'études de l'emploi
CEREQ	Centre d'études et de recherches sur les qualifications
CES	Mesure « contrat emploi-solidarité »
CEV	Mesure « contrat emploi de ville »
CFA	Centre de formation d'apprentis
CIBC	Centre interinstitutionnel de bilan de compétences
CIE	Mesure « contrat initiative emploi »
CIVIS	Mesure « contrat d'insertion dans la vie sociale »
CNASEA	Comité national d'aménagement des structures des exploitations agricoles
CNIAE	Conseil national de l'insertion par l'activité économique
COORACE	Fédération de Comités et d'organismes d'aide aux chômeurs par l'emploi
CRAE	Prestation ANPE « cercle de recherche active d'emploi »
DARES	Direction de l'animation de la recherche, des études et des statistiques du ministère des Affaires sociales, du Travail et de la Solidarité
DDA	Direction déléguée de l'ANPE (souvent au niveau départemental)
DDTEFP	Direction départementale du travail, de l'emploi et de la formation professionnelle

DG ANPE	Direction générale de l'ANPE
DGEFP	Délégation générale à l'emploi et à la formation professionnelle du ministère des Affaires sociales, du Travail et de la Solidarité
DLA	Diagnostic local d'accompagnement (dans le cadre du programme « nouveaux services-emplois jeunes »)
DRA	Direction régionale de l'ANPE
DRTEFP	Direction régionale du travail, de l'emploi et de la formation professionnelle
ECCP	Prestation ANPE « évaluation des compétences et des capacités professionnelles »
EDDF	Mesure « engagement de développement de la formation »
EDEN	Mesure « encouragement au développement d'entreprises nouvelles »
EI	Entreprise d'insertion
EMT	Prestation ANPE « évaluation en milieu de travail »
EMTPE	Prestation ANPE « évaluation en milieu de travail préalable à l'embauche »
EPCE	Prestation ANPE « évaluation du projet de création d'entreprise »
EPSR	Équipe de préparation et de suite du reclassement (pour les travailleurs handicapés)
ETTI	Entreprise de travail temporaire d'insertion
FLES	Fonds local emploi-solidarité
FNARS	Fédération nationale des Associations d'accueil et de réinsertion sociale
FNE	Fonds national de l'emploi
FONGECIF	Fonds de gestion du congé individuel de formation
FOREC	Fonds de financement de la réforme des cotisations patronales de sécurité sociale

FSE	Fonds social européen
GPEC	Gestion prévisionnelle des emplois et des compétences
GRETA	Groupement d'établissements scolaires (pour assurer des actions de formation continue)
GRH	Gestion des ressources humaines
IAE	Secteur de l'insertion par l'activité économique (en font partie : les AI, les EI, les ETTI, les régies de quartier, les chantiers d'insertion, etc.)
IGA	Inspection générale de l'Administration
IGAS	Inspection générale des Affaires sociales
IGF	Inspection générale des Finances
INTEFP	Institut national du travail, de l'emploi et de la formation professionnelle (formation des agents du ministère)
LAS	Ligne d'actions spécifiques (crédits à la disposition des services déconcentrés pour financer des prestations au bénéfice des publics de la politique de l'emploi)
LEED	Programme « Local Employment and Economic Development » de l'OCDE
LIGE	Mesure « ligne d'innovation pour la gestion de l'emploi »
LOLF	Loi organique relative aux lois de finances
NSEJ	Programme « nouveaux services-emplois jeunes »
OCDE	Organisation de coopération et de développement économique
OEG	Prestation ANPE « objectif emploi en groupe »
OEI	Prestation ANPE « objectif emploi individuel »
OIP	Organisme d'insertion et de placement (pour les travailleurs handicapés)

OPCA	Organisme collecteur paritaire agréé (pour la gestion des fonds versés par les entreprises pour la formation profes-sionnelle de leurs salariés et des jeunes)
OPG	Prestation ANPE « objectif projet en groupe »
OPI	Prestation ANPE « objectif projet individuel »
PADE	Prestation ANPE d'accompagnement dans l'emploi
PAIO	Permanence d'accueil, d'information et d'orientation (pour les jeunes)
PAP	Projet d'action personnalisé (pour chaque demandeur d'emploi à l'ANPE dans le cadre du PARE)
PARE	Plan d'aide au retour à l'emploi (de l'UNEDIC)
PDITH	Programme départemental d'insertion des travailleurs handicapés
PIB	Produit intérieur brut
PLIE	Plan local pour l'insertion et l'emploi
PME-PMI	Petites et moyennes entreprises, petites et moyennes industries
PNAE	Plan national d'action pour l'emploi
RMA	Revenu minimum d'activité
RMI	Revenu minimum d'insertion
SAE	Mesure « stage d'accès à l'entreprise »
SEPES	Service d'études, de prospective, d'évaluation et de statistiques des DRTEFP
SIAE	Structures d'insertion par l'activité économique
SIFE	Mesure « stage d'insertion et de formation à l'emploi »
SPE	Service public de l'emploi
SPNDE	Service personnalisé pour un nouveau départ vers l'emploi (programme de l'ANPE avant la création du PAP)

TRACE	Programme « trajet d'accès à l'emploi » (pour les jeunes en difficulté d'insertion)
UNEDIC	Union nationale pour l'emploi dans l'industrie et le commerce

Impression D.F.

Achevé d'imprimer : Mai 2004